Der Wissenschaftsjournalist Jürgen Schaefer plädiert auf der Basis von Erkenntnissen aus Neuro- und Sozialwissenschaft, aus Evolution und Philosophie für eine neue Kultur der Fehlergelassenheit. Erst wer das Recht hat, Fehler zu begehen, entwickelt Mut und Kreativität, Wagnisse einzugehen, unbekanntes Terrain zu erkunden. Denn nur wo wir irren dürfen, sind wir frei – und es gilt: »Wir funktionieren nicht, wir leben.«

JÜRGEN SCHAEFER, geboren 1965, hat als Journalist lange in New York und Havanna gelebt. Heute bereist er als Redakteur der Zeitschrift GEO vor allem Südamerika und die USA. 2011 erschien sein erstes Buch »Genie oder Spinner«.

Jürgen Schaefer

Lob des Irrtums

Warum es ohne Fehler
keinen Fortschritt gibt

btb

MIX
Papier aus verantwortungsvollen Quellen
FSC® C014496

Verlagsgruppe Random House FSC® N001967
Das für dieses Buch verwendete FSC®-zertifizierte
Papier *Lux Cream* liefert Stora Enso, Finnland.

1. Auflage
Genehmigte Taschenbuchausgabe Februar 2016,
btb Verlag in der Verlagsgruppe Random House GmbH, München

Umschlaggestaltung: semper smile, München
Umschlagmotiv: © world of vector/Shutterstock
Druck und Einband: GGP Media GmbH, Pößneck
LW · Herstellung: sc
Printed in Germany
ISBN 978-3-442-71359-2

www.btb-verlag.de
www.facebook.com/btbverlag
Besuchen Sie auch unseren LiteraturBlog www.transatlantik.de

»There is a crack in everything/
That's how the light gets in.«

Leonard Cohen

Inhalt

Einleitung

Wie wir lernen, unsere Fehler zu lieben

Warum sind es immer die peinlichsten Momente in unserem Leben, die wir nicht vergessen können?

Eugene Richards gehört zu den bedeutendsten Fotografen der Gegenwart, er gilt als schwieriger Interviewpartner. Er ist, wie die meisten Künstler, besonders sensibel, wenn es um die Wahrnehmung seiner Arbeit geht. Vor allem, hatten mich Richards' Kollegen gewarnt, kann er es nicht leiden, mit dem vielleicht noch bekannteren Fotografen Eugene Smith verwechselt zu werden, der den gleichen, seltenen Vornamen trug.

Eugene Smith – FALSCH!

Eugene Richards – RICHTIG!

Sollte zu schaffen sein, oder?

Allerdings war ich auf dem Weg zum Interview spät dran, und die New Yorker U-Bahn kroch von Baustelle zu Baustelle durch Brooklyn. Als klar war, dass ich es nicht pünktlich schaffen würde, griff ich zum Mobiltelefon. Sagte mir noch einmal im Stillen, »Eugene *Richards*«, sah aus dem Fenster der U-Bahn. Als der Anruf beim Gegenüber durchklingelte, fiel mein abwesender Blick auf das Schild der Station, in der die Bahn gerade eingefahren war, es war – ausgerechnet! – die *Smith* Street. In diesem Moment meldete sich mein Interviewpartner, und es passierte, was passieren musste.

»Verzeihung, *Mr. Smith,* ich werde ein paar Minuten später da sein«, hörte ich mich sagen. Und wäre am liebsten sofort umgekehrt.

Ein harmloser Fehler, sicher, und Eugene Richards verzieh ihn großzügig. Doch es ist – wie so oft – ein interessanter Fehler, weil er offenlegt, wie wir versuchen, unser Leben zu kontrollieren, und wie und warum wir dabei immer wieder scheitern. Der amerikanische Psychologe Daniel M. Wegner nennt diese Art Missgeschick einen »ironischen Fehler«. Die Ironie liegt darin, dass uns nicht nur einfach ein Lapsus unterläuft, sondern dass wir am Ende genau das tun, was wir unbedingt vermeiden wollten.

Der Grund dafür liegt in der Art und Weise, wie unser Arbeitsgedächtnis funktioniert. Im Arbeitsgedächtnis spielt sich unsere psychologische Gegenwart ab, das Hier und Jetzt: Dort verarbeiten wir Eindrücke, wägen Handlungsalternativen ab. Im Arbeitsgedächtnis entscheiden wir, was wir als Nächstes tun werden, und beobachten uns zugleich selbst. Diese Überwachung läuft normalerweise im Hintergrund mit; sie sorgt zum Beispiel dafür, dass wir NICHT »Mr. Smith« sagen, wenn wir es nicht sollen.

Allerdings hat das Arbeitsgedächtnis nur eine begrenzte Kapazität, und es ist sehr anfällig für Stress. Wenn wir es überlasten – entweder, indem wir es unter Zeitdruck setzen, oder indem wir mehrere Dinge gleichzeitig tun, oder indem wir versuchen, Anspannung oder Angst zu unterdrücken –, kann es zu einem Handlungskurzschluss kommen. Dann wird das, was wir aktiv versuchen zu unterdrücken, plötzlich eine Handlungsanweisung. Ironisch daran ist, dass genau der Versuch, eine Handlung zu verhindern, diese Handlung erst im Arbeitsgedächtnis verankert – und so den Lapsus verursacht. In meinem Fall hatte dazu noch das Stationsschild der U-Bahn mit der Aufschrift »SMITH ST« als unbewusster Auslöser beigetragen.

Ironische Fehler passieren in allen Lebensbereichen und können peinliche Situationen heraufbeschwören – etwa, wenn wir bei einer ernsten Auseinandersetzung mit einem Kunden oder einem Vorgesetzten grundlos anfangen zu lächeln. Derartige Reaktionen lassen sich gezielt provozieren: Menschen, die sich auf keinen Fall rassistisch oder sexistisch äußern wollen, tun genau das, wenn sie unter Zeitdruck gesetzt werden. Gerade die Tatsache, dass sie sich ansonsten so gut im Griff haben, verschärft die Gefahr, unter Druck einzubrechen.

Ironische Fehler gibt es auch im Sport. Forscher an der Universität Bangor in Großbritannien haben festgestellt, dass Athleten viel häufiger als gedacht genau das passiert, was sie unbedingt vermeiden wollten: Sprinter produzieren Fehlstarts und werden disqualifiziert, wie der Zehnkämpfer Jürgen Hingsen bei den Olympischen Spielen in Seoul. Golfer putten zu kurz, obwohl sie sich an die goldene Regel »Niemals zu kurz!« halten wollten. Und Fußball-Elfmeterschützen schießen in den Himmel, obwohl sie genau davor die meiste Angst hatten. Die Erklärung dafür ist einfach, wenn man das Prinzip der ironischen Fehler zugrunde legt: Im Wettkampf stehen die Sportler unter einem extremen mentalen Stress. Sie haben jahrelang für diesen Moment trainiert, und konzentrieren sich nun mit aller Macht darauf, nur nicht jenen Lapsus zu begehen, der all die Arbeit zunichte macht.

Ironische Fehler besitzen noch eine zweite, sozusagen inverse Ironie: Sie lassen sich nur dadurch verhindern, indem wir sie zulassen. Denn nur dadurch, dass wir Angst davor haben, diese Fehler zu begehen, bekommen sie die Macht, unser Arbeitsgedächtnis zu besetzen und dort unsere Absicht zu torpedieren. Je mehr kognitive Ressourcen wir darauf verwenden, den Fehler zu verhindern, und je mehr wir uns darauf konzentrieren – umso höher der Stress für unser Arbeitsgedächtnis und umso größer ist die Gefahr, dass uns dies nicht gelingt.

Ironische Fehler entstehen, wenn wir von uns Fehlerlosigkeit erwarten, eine Eigenschaft, die uns Menschen nicht gegeben ist. Sie entstehen, wenn wir keinen Spielraum haben. Doch das ist eine Umgebung, in der wir Menschen nicht gedeihen. Deswegen müssen wir lernen, unsere Fehler zu akzeptieren.

Von dieser Art der Fehlergelassenheit handelt dieses Buch.

Fehlergelassenheit ist keine Eigenschaft, die wir uns verordnen können; sie ist das Ergebnis eines Lernprozesses. Der erste Schritt auf diesem Weg ist das Erkennen der eigenen Fehlbarkeit und der Gründe dafür: Wir irren, weil wir nur einen Bruchteil der Welt um uns herum wahrnehmen und weil wir aus dieser bruchstückhaften Information unlogische Entscheidungen treffen.

Irren ist so menschlich, dass wir Menschen den Irrtum zur Kunstform erhoben haben. Davon handeln die ersten beiden Kapitel in diesem Buch. Die psychologische Forschung kennt mehr als zwei Dutzend Denkfallen und Wahrnehmungsverzerrungen: Wir sehen in Gebirgen auf dem Planeten Mars die Skulptur eines menschlichen Gesichts (Apophänie) und rätseln über Außerirdische, die diese Plastik wohl geschaffen haben – weil es uns schwerfällt zu akzeptieren, dass fast alles um uns herum aus purem Zufall geschieht. Deswegen glauben wir auch beim Würfeln, dass nach hundert Würfen ohne »Sechs« die Wahrscheinlichkeit für diese Zahl höher liegen müsse (Spielerfehlschluss), und schütteln den Würfelbecher ein wenig länger, um das gewünschte Ergebnis herbeizuführen (Kontrollillusion). Die Verfügbarkeitsheuristik führt dazu, dass wir uns mehr vor Flugzeugabstürzen fürchten als vor der Sepsis, weil wir Bilder von Flugzeugabstürzen gesehen haben, aber vermutlich noch nie eine ernste Blutvergiftung. (Durch Sepsis starben in Deutschland im Jahr 2012 rund 80 000 Menschen, bei Flugzeugabstürzen: null.)

Wir halten unsere Erinnerungen für Blitzlichtaufnahmen: scharf, präzise, unveränderlich. Dabei sind es eher Skulpturen aus weichem Wachs, die wir jedesmal, wenn wir sie hochholen, neu überformen. Wir reden uns und anderen ein, dass wir ein Ereignis genau so vorhergesagt haben (den Untergang der DDR etwa oder den sicheren Wahlsieg von Präsident Obama in den USA), auch wenn wir in Wahrheit zuvor das genaue Gegenteil prognostiziert hatten. Wir lassen uns jede denkbare und undenkbare Erinnerung einreden: dass wir im Kaufhaus verloren gingen, dass wir als Kind missbraucht wurden, dass wir im satanischen Rausch Kleinkinder getötet haben – alles Beispiele aus der Realität, die nie passiert waren, an die sich Menschen aber glasklar »erinnern« konnten.

Diese löchrige Wahrnehmung und die wachsweiche Erinnerung daran sind das Material, auf das wir unsere Entscheidungen gründen – als vernunftbegabte Menschen, sicher. Und doch: Wenn Richter würfeln und eine hohe Zahl würfeln, bestrafen sie hinterher einen Täter härter (Ankerheuristik). Wenn wir mit Aktien handeln, kaufen wir aus völlig unlogischen Gründen lieber Papiere heimischer Firmen; und wenn eine Aktie an Wert verliert, halten wir viel zu lange daran fest (Verlustaversion).

Lässt uns all das an uns zweifeln? Nein, weil wir die Unlogik nicht wahrnehmen. Im Gegenteil, je weniger wir von einer Sache wissen, umso eher halten wir uns für sie befähigt (Dunning-Kruger-Effekt) – etwa, unser Leben in einer

Biographie zusammenzufassen (irgendwann schreibe ich ein Buch darüber!) oder ein politisches Amt zu begleiten oder (natürlich!) die deutsche Fußball-Nationalmannschaft zu trainieren. Ohnehin glauben die meisten von uns, sie seien überdurchschnittlich gut (Vermessenheitsverzerrung). Zum Beispiel überdurchschnittlich gute Autofahrer (90 Prozent aller Schweden), überdurchschnittlich intelligent (70 Prozent aller Oberstufenschüler) oder überdurchschnittlich gute Forscher (94 Prozent aller Universitätsprofessoren) – wo doch, aus Gründen der Statistik, immer nur 50 Prozent besser sein können als der Durchschnitt.

Diese Mischung aus Selbstüberschätzung und fehlender Klarsicht ist der Boden, auf dem der Irrtum gedeiht. Der Irrtum an sich ist harmlos, weil er aus sich heraus keine Folgen hat. Die Menschheit lebte Jahrtausende im Glauben, die Sonne bewege sich am Himmel, ohne dass deshalb jemand Schaden genommen hätte.

Heute ist die Wissenschaft weiter und tappt doch in die Irrtumsfalle der Gegenwart: Seit Anbeginn des menschlichen Forscherstrebens versuchen wir, der Welt um uns herum Sinn zu geben, sie zu verstehen, und eilen dabei von Irrtum zu Irrtum. Davon handelt das vierte Kapitel. Die meisten Theorien, Hypothesen überstehen kaum eine Generation, bis sie angepasst, erweitert, verworfen werden müssen – etwa die Idee des Lichtäthers, der das Weltall füllt; oder die Idee der »mala aria«, der schlechten Luft, die Krankheiten verursacht. Jede vorhergehende Generation irrte, doch lernen wir daraus nicht, dass auch unser Wissen um die Welt lückenhaft ist und schon in einer Generation belächelt werden wird – nein, wir haben das unbestimmte Gefühl, »angekommen« zu sein. Dabei enthüllt ein Blick in die aktuelle Forschung eine schaurige Bilanz.

80 Prozent aller aktuellen wissenschaftlichen Studien sind komplett wertlos, warnt der griechisch-amerikanische Mediziner John Ioannidis: schlampige Datenerhebung, zu kleine Basis, mangelhafte Auswertung, geschönte Präsentation. Dabei handelt es sich, wohlgemerkt, um die besten, klügsten, weisesten Köpfe des Planeten; jene, die das Projekt Menschheit, das Projekt Aufklärung vorantreiben. Selbst die besten medizinischen Studien lassen sich oft nicht nachvollziehen – die Ergebnisse halten der Überprüfung nicht stand.

Im Irrtum ist der Keim des Fehlers angelegt. Der Fehler entsteht im Feld der Handlung und kann hier schwerwiegende Folgen haben. Etwa, wenn Ärzte in aller Welt Frauen mit Hormonen behandeln, weil eine Studie dies empfiehlt, die sich später als falsch herausstellt.

Gefährlich sind Fehler vor allem im Umgang mit Technik, und das betrifft in der modernen Welt uns alle, wie das vierte Kapitel zeigt. Fehler entstehen aus Nachlässigkeit oder aus einem Irrtum heraus, bewusst oder unbewusst oder durch eine Mischung aus beidem: Etwa, wenn wir beim Autofahren telefonieren, obwohl wir wissen, dass wir das nicht tun sollten – zugleich aber glauben, wir hätten die Situation trotzdem im Griff. Fehler entstehen oft zur ungünstigsten Zeit: ausgerechnet am Ende eines Projekts, wenn alle erschöpft sind, unter Zeitdruck stehen, aber auch nichts mehr schiefgehen darf. Je dringlicher es ist, dass ein Fehler nicht geschieht, umso eher geschieht er: Dieses ironische Potenzial wohnt allen Fehlern inne.

Alle Fehler, die passieren können, passieren auch – es ist nur eine Frage der Zeit. Dies ist das erste Grundgesetz des Fehlers, das zweite: *Alle Menschen machen Fehler* (»… deswegen hat jeder Bleistift am Ende einen Radiergummi«, wie ein japanisches Sprichwort sagt). Diese beiden Erkenntnisse sind wichtig in der modernen Welt, denn sie bedingen, dass eine Technik, die auf der Idee der Fehlervermeidung beruht, zum Scheitern verurteilt ist. Wird ein technisches System darauf ausgelegt, dass die Menschen, die es bedienen, *immer* funktionieren, *immer* ihre vorgesehene Aufgabe erfüllen, wird es irgendwann versagen. Auch der Versuch, diesen Zeitpunkt durch hartes Training der Crew, durch zusätzliche Sicherheitsebenen in eine ferne Zukunft zu verschieben, kann nicht gelingen: Je komplexer ein System, umso größer die Gefahr, dass wir Bediener es nicht mehr durchschauen. Das Restrisiko des Bedienungsfehlers wird niemals null sein, und selbst der unwahrscheinlichste Fall, der vielleicht nur einmal alle 100 000 Jahre auftritt, kann auch *morgen* passieren.

Diese Erkenntnisse sind logisch und in sich banal, doch für uns schwer zu verstehen. Noch immer arbeiten viele Organisationen *gegen* den Fehler, versuchen eine Kultur der Fehlerlosigkeit durchzusetzen. Die Perversion eines derartigen fehlerfeindlichen Systems ist der Perfektionismus, von der das fünfte Kapitel handelt. Perfektionismus ist auch eine deutsche Tugend: In einer internationalen Studie zur Toleranz gegenüber Fehlern landet Deutschland auf dem vorletzten Platz. Perfektion wird vielfach mit Höchstleistung verwechselt, dabei führt das Streben nach Perfektion zum Gegenteil: Wer versucht, ein Projekt fehlerfrei zu Ende zu bringen, schiebt die Fertigstellung auf unbestimmte Zeit hinaus. Denn nur die Zukunft kann perfekt sein, die Gegenwart ist stets »messy«, unscharf, unfertig und fehlerbehaftet. In vielen Unternehmen werden Perfektionisten erst als Vorbilder präsentiert, als Verkörperung des Qualitätsanspruchs. Doch mit der Zeit kristallisiert sich heraus, dass Perfektionisten den Betrieb aufhalten, das Arbeitsklima verderben. Die Obsession der Fehlerlosigkeit macht sie zu Opfern des Fehlers; der ständige Stress erhöht das

Risiko, Fehler zu machen (auch hierin steckt Ironie). Die unvermeidliche Folge ist Überforderung; zwei Drittel aller Burnout-Betroffenen geben an, ihr Streben nach Perfektion sei ein Grund für den Zusammenbruch gewesen. Der Perfektionsforscher Paul Hewitt hat selbst unter Obdachlosen Perfektionisten gefunden: Menschen, die über ihre Obsession den Job, die Familie und ihre Habe verloren haben.

Das Gegenmodell zur Perfektion heißt »Fehlerfreundlichkeit«, ein Konzept, das die Biologin Christine von Weizsäcker definiert hat. Ausgerechnet in der angeblich gnadenlosen Natur hat sie ein Prinzip entdeckt, das zeigt, wie wir mit dem vermeintlich Falschen umgehen können. Die Natur liebt den Fehler, wie das sechste Kapitel in diesem Buch aufzuzeigen versucht. Denn wer Evolution nur als »Survival of the Fittest« definiert, als Auslese der Stärksten, hat das Wesen der Entwicklung nicht verstanden. Evolution wäre ohne Fehler undenkbar. Jedem Entwicklungsschritt geht eine Mutation voraus, ein simpler Kopierfehler im Erbgut. Die meisten Kopierfehler führen nicht zu lebensfähigen Organismen, und dennoch werden nicht alle Mutationen einfach verworfen – viele leben als rezessive Erbanlagen im Genpool weiter. Diese rezessiven Erbanlagen gelten gemeinhin als schwach, weil sie meist von dominanten Erbanlagen unterdrückt werden; in Wahrheit sind sie die eiserne Reserve einer Spezies. Wenn sich die Lebensumstände ändern, weil das Klima kippt oder ein Meteorit auf der Erde einschlägt, sichern womöglich ganz andere Eigenschaften das Überleben, wird der Fehler von heute der Lebensretter von morgen. So konnten die Dinosaurier in den Vögeln weiterleben. Die Evolution sucht nicht den Stärksten, sie strebt nicht nach Perfektion; im Gegenteil: Evolution will Vielfalt, denn nur Vielfalt bedeutet Zukunftsoffenheit. Die Natur »weiß«, dass die Zukunft unvorhersehbar ist und es deswegen nie ein endgültiges »richtig« oder »falsch« geben kann.

Fehlerfreundlichkeit geht also viel weiter, gründet viel tiefer als bloße »Fehlertoleranz«. Die Toleranz besagt nur, dass wir einen Fehler – notgedrungen – dulden. Fehlerfreundlichkeit bedeutet dagegen, dass wir ihn begrüßen, weil er uns womöglich aufzeigt, wo wir in einer Sackgasse stecken, und uns zugleich einen neuen Weg weist. In einer Familie mit vier Generationen Stahlkochern und einem Kult von Männlichkeit und Unverwüstlichkeit mag der schwule Sohn, der Balletttänzer werden will, wie eine Fehlentwicklung wirken. Doch ist er womöglich der Einzige, der in der Zukunft ökonomisch überleben kann.

Evolutionäre Entwicklungen gibt es auch in der Technik. Der Physiker Freeman Dyson zeigt auf, dass die Entwicklung der modernen Luftfahrt diesem Prinzip folgte: Zu Beginn der Flugzeugentwicklung gab es 100 000 verschiedene Prototypen, die reihenweise vom Himmel fielen. Erst durch das massenhafte Scheitern war es möglich, am Ende Flugzeuge zu entwickeln, die so sicher, effizient und vielseitig sind, wie wir sie heute kennen. Wird eine Technologie dagegen zum Erfolg verdammt – dürfen die Ingenieure also auch am Anfang der Entwicklung niemals Fehler machen, niemals etwas ausprobieren –, ist sie ultimativ zum Scheitern verurteilt. In der Gegenwart steht vor allem die Software-Entwicklung für evolutionäre Prozesse: Manche Programme werden auf den Markt geworfen, bevor sie fertig sind, und werden dann jahrelang in einem permanenten »Beta«-Status weiterentwickelt, verfeinert, angepasst. Derartige Software ist nie perfekt, aber immer aktuell und flexibel.

Dieses Prinzip der Unfertigkeit lässt sich nicht auf alle Bereiche anwenden. Schließlich möchte niemand mit 200 Stundenkilometern über die Autobahn fahren, in einem Auto, das sich noch im »Beta«-Stadium befindet. Oder gar an einem Beatmungsgerät hängen, dessen Entwickler noch nicht ganz sicher sind, dass tatsächlich alles funktioniert. Doch gerade in Bereichen, in denen Systemzusammenbrüche fatale Folgen haben, spielt der offene Umgang mit Fehlern eine entscheidende Rolle. Meist ist es nicht ein einzelner Fehler, der zur Katastrophe führt, sondern eine Fehlerkette. Je früher diese Kette unterbrochen wird, umso besser; doch dafür braucht es einen offenen Umgang mit Fehlern, wie das siebte Kapitel aufzeigt.

Die Idee einer progressiven »Fehlerkultur« ist in den meisten Unternehmen geläufig, doch weit davon entfernt, Realität zu sein. Es sei einfacher, mit Managern über ihre Sexualität zu sprechen als über ihre Fehler, seufzt der deutsche Fehlerforscher Michael Frese. Ein gescheitertes Projekt gilt noch immer als Karrierekiller. Eine solche Haltung hat Folgen, die weit schlimmer sind als die möglichen Fehler selbst. Fehlerängstlichkeit führt dazu, dass Missgeschicke vertuscht werden; dabei ist das Vertuschen schlimmer als das Aufdecken: Wer einen Fehler vertuscht, entzieht der Organisation die Information, die der Fehler offeriert. Aus einem vertuschten Fehler kann nichts gelernt werden, und er kann jederzeit wieder passieren.

Andere verharren aus Angst vor dem Scheitern im Status quo, wagen keinen Ausbruch. Oder sie sichern sich ab: Aus der Angst einzelner, die Verantwortung für ein mögliches Scheitern zu tragen, werden ganze Bürokratien geschaffen. Jeder Projektplan wird in möglichst großer Runde diskutiert und muss von oben und dann von ganz oben abgezeichnet werden. Längst gescheiterte Projekte werden dann über Monate oder Jahre weiterbetrieben, weil niemand es wagt, das Scheitern einzugestehen. Ein solches Unternehmen macht nichts falsch, aber auch nichts richtig. Wer mit minimaler Marge um Zehntelprozente Marktanteile kämpft, muss ins Risiko gehen, weil nur dort der Vorsprung vor der Konkurrenz erarbeitet werden kann.

Natürlich geht es auch anders. Eine kanadische Hilfsorganisation veröffentlicht jedes Jahr einen »Fehlerreport«, ein Kompendium der gescheiterten Ideen: Nur so lässt sich verhindern, dass, wie in der Entwicklungshilfe leider üblich, die gleichen Fehler wieder und wieder und wieder begangen werden. Manche Spender haben sich nach der Veröffentlichung des Fehlerreports von der Organisation abgewendet, die meisten jedoch wissen die Ehrlichkeit zu schätzen. Jeder weiß, dass die meisten Entwicklungshilfeprojekte nur einen Bruchteil dessen leisten, was sie versprechen; doch nur wenige wagen es, darüber zu reden.

Was lässt sich daraus lernen? Die Management-Professorin Amy Edmondson von der amerikanischen Harvard-Universität fordert generell eine Fehlerkultur der »psychologischen Geborgenheit«. Mitarbeiter brauchen die Chance, sich frei zu äußern: »Gehen Sie auf den Überbringer der schlechten Nachricht zu! Lassen Sie ihn leben. Gratulieren Sie ihm zu seinem Mut.« Die anschließende Fehleranalyse verlangt brutale Offenheit, ohne die üblichen Ausflüchte, dass »der Markt nicht bereit war für unser Produkt«, oder die Konjunktur ungünstig. Der Lohn der Analyse: Unternehmen mit offener Fehlerkultur sind profitabler und erfolgreicher. Weil sie Innovation zulassen, und dadurch kreative Köpfe anziehen.

Von all dem handelt dieses Buch. Es soll keine Verteidigungsschrift für Schlamperei sein, schon gar nicht für Betrug, den absichtlichen Fehler. Sondern eine Expedition in die Welt der Fehlerforschung. Die Beschäftigung mit dem Fehler hat dabei auch etwas Tröstliches: Irrtum und Scheitern sind im menschlichen Streben nach Reichtum, Ansehen oder Erleuchtung nicht die Ausnahme, sondern eher die Regel. »Erfolg besteht darin, von Fehlschlag zu Fehlschlag zu eilen, ohne darüber die Begeisterung zu verlieren«, sagte Winston Churchill einmal.

Und wenn wir all das wissen – erreichen wir am Ende die Gelassenheit, unsere Fehler und die der anderen zu akzeptieren, womöglich sogar zu begrüßen? Einfach ist dies nicht: Fehler und Irrtümer rütteln an den Grundfesten unseres Selbstbildes und Weltbildes. Ständig versuchen wir, die Welt um uns herum zu erfassen, dem Geschehen Sinn zu geben. Ständig passen wir unser Bild der Welt diesem Geschehen an, passen uns selbst und unser Selbstbild an, um es einzufügen ins große Ganze. Offenbart sich ein Irrtum, lauert dahinter ein Abgrund: Was vorher bekannt war, verschwindet im Unbekannten, im Dunkel. Passiert uns ein Fehler, verlieren wir für einen Moment den Zugriff auf die Gegenwart.

All das erklärt, warum wir den Fehler als Störung empfinden, doch genau in dieser Störung liegt der Wert des Fehlers. Fehler fordern kreative Problemlösungen. Indem Fehler das fest gefügte Weltbild erschüttern, eröffnen sie neue Wege, eröffnen sie uns die Chance, zu lernen, zu wachsen, uns zu verändern. Dafür brauchen wir Spielraum und die Möglichkeit, auszuscheren und von vorn zu beginnen, wenn nötig. Dieser Spielraum definiert den menschlichen Maßstab.

Nur wo wir irren dürfen, sind wir frei.

Wir sehen, ohne zu sehen; hören, ohne zu hören

Der Ursprung vieler Fehler liegt in unserer Wahrnehmung

Unsere erste Fehlerquelle liegt in unserer Verbindung zur Realität. Denn nur ein Bruchteil dessen, was sich vor unseren Augen abspielt, schafft es je in unser Bewusstsein. Dabei sind wir im Unklaren, wie lückenhaft unsere Wahrnehmung tatsächlich ist. Unserem Bild von der Gegenwart liegt ein fundamentaler Irrtum zugrunde: Wir glauben, dass das, was wir sehen, eine objektive Realität ist.

Sieben Studenten, zwei Basketbälle, ein Faschingskostüm und eine Videokamera: Das genügte, einen Klassiker der psychologischen Wahrnehmungsforschung zu erfinden, der später Millionen Menschen in Selbstzweifel stürzte. Als der Psychologe Daniel J. Simons und sein Student Christopher F. Chabris 1999 an der amerikanischen Harvard-Universität ein simples Experiment entwarfen, war ihnen nicht klar, wie durchschlagend die Wirkung sein würde. Sie kleideten drei Studenten in weiße, drei in schwarze T-Shirts. Dann gaben sie jeder Mannschaft einen Basketball und instruierten die Spieler, sich kreuz und quer durcheinandergehend die Bälle zuzuwerfen. Gedreht auf dem Flur der Universität, dauert die Szene gerade

25 Sekunden. Im Vorspann des Videos werden die Zuschauer aufgefordert, die Anzahl der Pässe zu zählen, die sich die weiße Mannschaft gegenseitig zuspielt. Es sind am Ende 15.

Während des Spiels schlendert die siebte Studentin, verkleidet in einem Ganzkörper-Gorillakostüm, durch die Gruppe der Spieler hindurch. Die Spieler müssen sie umdribbeln, als sie mitten im Spielfeld stehen bleibt, um sich mit beiden Fäusten auf die Brust zu klopfen, bevor sie zur anderen Seite aus dem Bild schlurft. Die Szene erscheint hochgradig absurd, aber offenbar nur, wenn man nicht gerade damit beschäftigt ist, die Pässe der weißen Mannschaft zu zählen.

Denn sobald wir uns auf etwas konzentrieren, vergessen wir die Welt um uns herum und auch vor unseren Augen.

Simons und Chabris spielten das Video Testpersonen vor, die nicht wussten, was sie erwartet. Das Ergebnis: Etwa die Hälfte der Probanden hat den Gorilla nicht gesehen. Der Test ist so frappierend und das Ergebnis so schockierend, dass das Video bis heute bereits mehr als sieben Millionen Mal auf youtube angeschaut wurde. Wer vom Gorilla weiß, kann sich nicht vorstellen, wie man ihn übersehen könnte. Wer ahnungslos ist, hat lediglich eine 50-prozentige Chance, den Affen zu entdecken.

Für Kognitionsforscher birgt der Test keine Überraschung; das Phänomen, das Simon und Chabris aufdecken, ist in der Fachliteratur unter dem Begriff »Unaufmerksamkeitsblindheit« beschrieben. Unsere Unfähigkeit, den Gorilla wahrzunehmen, liegt an der begrenzten Aufnahmefähigkeit unseres Gehirns und an der Art und Weise, wie das Gehirn Informationen sortiert und verarbeitet.

Allein von unseren Augen strömt durch die Nervenbahnen in jedem beliebigen Moment eine Menge an Information in unseren Wahrnehmungsapparat, die in etwa der Kapazität eines superschnellen Internet-Anschlusses entspricht. Information zu verarbeiten, verbraucht Energie; etwa 40 Prozent der Energie, die wir durch die Nahrung aufnehmen, verwenden wir allein für die Schaltzentrale im Kopf. Deswegen versucht das Gehirn ständig, den Verbrauch herunterzufahren.

Für die Wahrnehmung bedeutet dies: Was unwichtig erscheint, wird ausgeblendet. Bekanntes wird mit Bauteilen aus der Erinnerung rekonstruiert. Von der großen, dreidimensionalen Szenerie, die sich vor unseren Augen abspielt, fokussieren wir jeweils nur einen winzigen Ausschnitt; und was nur um Haaresbreite neben unserem Fokus liegt, bleibt unscharf und ungenau.

Daniel J. Simons hat die Forschung noch weitergetrieben; in einem neuen Video von 2010 wiederholte er den Sketch mit den Basketballspielern und dem Gorilla – wohl wissend, dass die meisten Zuschauer inzwischen gewahr waren, was sie erwarten würde. Und alle 23 Testkandidaten, die vom Gorilla wussten, sahen die Spielerin im Kostüm natürlich auch – und waren dennoch blind: Simons hatte die Farbe des Hintergrunds im Verlauf des Videos ändern und einen der Spieler aus dem schwarzen Team vom Spielfeld abgehen lassen. Nur ein einziger Testkandidat bemerkte beide Veränderungen; und das, obwohl alle das Prinzip der Unaufmerksamkeitsblindheit bereits kannten.

Wie blind sind wir wirklich? In einem weiteren Experiment ließen Simons und sein Kollege Daniel Levin einen jungen Mann Passanten auf der Straße nach dem Weg fragen. Als die Passanten begannen, sich über die Karte zu beugen, kamen zwei Männer, die eine Tür trugen, und gingen zwischen dem jungen Mann und dem Passanten durch. In diesem Moment wurde der junge Mann hinter der Tür durch einen anderen ersetzt. Doch die Passanten waren so vertieft in die Karte, dass sie nicht bemerkten, dass sie plötzlich zu einer anderen Person sprachen. Diese »Veränderungsblindheit« lässt sich in Laborversuchen nachstellen: Selbst wenn wir auf eine Fotografie starren und wissen, dass sie nach einem kurzen schwarzen Zwischenbild verändert werden wird, haben wir große Schwierigkeiten, die Änderungen nachzuvollziehen.

Die Londoner Verkehrsbehörde TFL testete in einem Video, das um mehr Aufmerksamkeit im Straßenverkehr werben soll, die Grenzen der sehenden Blindheit aus. Die Szene ist komplex; ein Sherlock-Holmes-Darsteller befragt in einem reich dekorierten Raum erst die Magd, dann Butler und Gärtner, wer den Hausherrn ermordet haben mag, der leblos vor ihnen auf dem Orientteppich liegt. Wer das Video zum ersten Mal sieht, wird hoch befriedigt feststellen, dass nach den Kameraschwenks und dem Schnitt zwischen den Szenen das eine oder andere Detail nicht mehr passt – die Mordwaffe etwa oder die Uhr an der Wand. Nur um dann frustriert festzustellen, dass sich nicht ein oder zwei, sondern 21 (!) Parameter in weniger als einer Minute gravierend verändert hatten: Möbel verrückt und weggetragen, ein ausgestopfter Bär durch eine Ritterrüstung ersetzt, sogar das Opfer ausgetauscht. Von fast allen Zuschauern unbemerkt, trotz ihrer großen Anstrengung, die Fehler zu finden.

Was aber, wenn wir uns darauf trainieren, Fehler zu finden? Wenn sogar das Leben anderer Menschen davon abhängt, dass wir Unstimmigkeiten wahrnehmen? Leider können wir uns unsere Wahrnehmungsschwäche nicht abtrainieren. Radiologen zum Beispiel, die auf Röntgenbildern nach dem einen Fehler suchen – dem beginnenden Krebsgeschwulst –, haben eine Fehlerquote von grob 30 Prozent. Das bedeutet, dass sie jeden dritten Tumor übersehen (und hin und wieder welche entdecken, die keine sind). Bei manchen Krebsarten liegt die Quote sogar noch viel höher. Eine Lungenkrebsstudie ließ alte Röntgenaufnahmen von Patienten evaluieren. Ergebnis: 90 Prozent der Krebserkrankungen waren auf den Bildern sichtbar gewesen – manche schon Jahre vor dem Ausbruch der Krankheit. Die Ärzte hatten sie schlicht übersehen.

Das Problem für die Ärzte ist, dass nur ganz wenige ihrer Patienten tatsächlich Krebs haben und deswegen die meisten Röntgenbilder keine Gefahr signalisieren. Nur bei etwa einer von 300 Aufnahmen taucht ein Tumor auf. Noch weitaus seltener ist, was das Sicherheitspersonal am Flughafen sucht: Revolver im Handgepäck. Selbst im Land der Waffennarren, den USA, wird nur ein einziger von einer Million Passagieren mit einer Pistole erwischt. Das bedeutet, dass die meisten Sicherheitsleute jahrelang keinen Waffenfund erleben – viele niemals, obwohl sie tagaus, tagein angestrengt danach Ausschau halten. Kein Wunder, dass sie bei verschiedenen Tests Fehlerquoten von bis zu 75 Prozent produzierten.

Das Überraschende an diesen Zahlen ist nicht, wie selektiv wir die Welt wahrnehmen, selbst wenn wir extra genau hinschauen, sondern dass wir uns so dramatisch täuschen, wie viel wir sehen. Das Phänomen, das etwa durch das Gorilla-Experiment ans Licht kommt, ist kein durch einen Trick herbeigeführter Ausnahmezustand – es ist die Regel. »Die meisten Menschen glauben, nur selten jemals unaufmerksam zu sein, weil sie keine Ahnung haben, wie viel ihnen jederzeit entgeht«, schreibt der amerikanische Forensik-Experte Marc Green, der sich als Gerichtsgutachter mit Wahrnehmungsfehlern beschäftigt. »Jeder von uns ist nahezu komplett blind durch Unaufmerksamkeit, in jedem Moment, an jedem Tag.«

Dass wir Schwierigkeiten haben, diese Unaufmerksamkeit

anzuerkennen, hat auch damit zu tun, dass wir nur eine unzureichende Vorstellung davon haben, wie wir sehen. »Wir halten das Sehen für einen passiven, umfassenden Vorgang, der es uns erlaubt, eine Szene komplett zu erfassen«, erklärt Green, »doch es gibt in unserem Kopf kein Abbild für das Bild vor unseren Augen.« Dass wir das Sehen für einen passiven Vorgang halten, also etwas, das uns nicht aktiv beschäftigt, hat auch damit zu tun, dass es uns so mühelos erscheint.

In Wahrheit ist Wahrnehmung hoch komplex für unser Gehirn. Aus dem Strom der Lichtreflexe, die auf die Retina treffen und dort in Nervenimpulse umgewandelt werden, sortiert das Gehirn rasend schnell Bekanntes und Unbekanntes, kategorisiert Konzepte (dies ist ein Stuhl, hier ein Tisch) und baut daraus ein uns logisch erscheinendes Abbild der Realität auf. Das bedeutet, dass die Vergangenheit und unsere Erinnerung einen wesentlichen Anteil daran haben, was wir in der Gegenwart sehen (auf die Fehlerhaftigkeit der Erinnerung kommen wir später in diesem Kapitel noch zu sprechen). Was unser Gehirn am Ende aus dieser Gemengelage konstruiert und was wir für die Realität halten, ist in Wahrheit eine hoch individuelle, emotionale, selektive Auslegung dessen, was sich vor unseren Augen abspielt.

Der dänische Sachbuchautor Tor Nørretranders fasst das Dilemma wie folgt zusammen: »Wir sehen nicht, was wir aufnehmen; wir sehen, was wir glauben aufzunehmen. Aber unser Bewusstsein bekommt nur eine Interpretation geliefert, niemals die unverfälschten Originaldaten. Nachdem sich etwas abgespielt hat, findet eine unbewusste Informationsverarbeitung statt, die Informationen verwirft. Was wir sehen, ist eine Simulation, eine Hypothese, eine Interpretation, die nicht unserem freien Willen entspringt.«

Unser Gehirn wählt also für uns aus, was wir aus all der Information vor unseren Augen am Ende tatsächlich zu Gesicht bekommen, was wir bewusst wahrnehmen – ohne dass wir darauf großen Einfluss haben. Der wichtigste Faktor in dieser Auswahl ist die Aufnahmefähigkeit unseres Gehirns. Als größter Energiekonsument im Körper versucht das Gehirn ständig, mit so wenig Aufwand wie möglich und nur so viel wie nötig durchs Leben zu kommen: Im Grunde, erklärt der Hirnforscher Gregory Berns, sei das Gehirn »ein träges Stück Fleisch«.

Wir selbst überschätzen in der Regel die Aufnahmefähigkeit. Der amerikanische Psychologe George A. Miller definierte 1956 die »magische Sieben, plus/minus zwei« als Anhaltspunkt dafür, wie viel Information wir auf einmal im Arbeitsgedächtnis halten und verarbeiten können. Demnach gelingt es uns relativ mühelos, sieben Töne einer Melodie zu wiederholen, die uns vorgespielt werden. Bei simplen Informationseinheiten wie Ziffern einer Telefonnummer schaffen wir neun, bei einsilbigen Wörtern eher nur fünf, daher der Zusatz »plus/minus zwei«. Bei zehn oder mehr Ziffern, Tönen, Wörtern, Gesichtern aber kommen wir ins Straucheln, machen erste Fehler. Und was passiert, wenn unser Gehirn an seine Grenzen stößt, haben Forscher an der Carnegie-Mellon-Universität in Pennsylvania an einem eindrucksvollen und erschreckenden Beispiel erforscht: bei der Frage, wie gefährlich Ablenkung beim Autofahren ist.

Eine einfache Frage: Wenn wir im Auto telefonieren, was ist sicherer – Handy am Ohr oder Freisprecheinrichtung? Die Antwort scheint so eindeutig klar, dass die meisten nicht nachdenken müssen: Jeder weiß, Handy am Ohr kostet mindestens 40 Euro Bußgeld, weil es so gefährlich ist. Wir wissen also, dass wir die Hände am Lenkrad lassen sollten, wenn wir vom Auto aus jemanden anrufen. Schließlich wurden Freisprecheinrichtungen eigens dafür gebaut, das Telefonieren im Auto sicherer zu machen.

Doch die Antwort ist falsch.

Forscher an der Universität von Utah setzten Probanden in einen Fahrsimulator und ließen sie in typischen Fahrsituationen nebenher telefonieren – wohlgemerkt: mit einer Freisprecheinrichtung. Das Ergebnis: Die Testpersonen hatten Reaktionen, die etwa genauso langsam waren wie die von Menschen, die sich mit 0,8 Promille ans Steuer setzen. 0,8 Promille galt in Deutschland lange als Grenze der Fahrtüchtigkeit – bis diese Grenze im April 2001 auf 0,5 Promille herabgesetzt wurde, weil Angetrunkene mit 0,8 Promille einfach noch zu viele schwere Unfälle verursachten.

Und es ist noch schlimmer: Nicht nur, wenn wir telefonieren, auch wenn wir uns mit einem Beifahrer unterhalten oder wenn wir einem Beitrag im Radio zuhören – all das macht uns zu deutlich schlechteren Autofahrern und erhöht deutlich das Risiko, Fahrfehler zu begehen und einen Unfall zu verursachen.

Auch hier liegt der Grund dafür in der begrenzten Kapazität unseres Gehirns. Autofahren erscheint uns in der Regel nur ganz am Anfang als schwierig und als etwas, das uns überfordern könnte: Wenn wir die Hand-Augen-Koordination für Beschleunigung und Bremsen, für Abbiegen und Kurvenfahren zum ersten Mal lernen und gleichzeitig noch auf Fußgänger, Radfahrer und all die anderen Autos achten sollen, mit denen wir die Straße teilen. In der ersten Fahrstunde beschleicht viele das Gefühl, dass sie es niemals schaffen werden, all das auf einmal in den Griff zu bekommen.

Doch danach gelingt es uns immer besser, die Handgriffe zu automatisieren. Wir meistern die an sich komplexe Tätigkeit, eine tonnenschwere Maschine mit der Geschwindigkeit eines jagenden Raubtiers durch dichtes Gedränge im Berufsverkehr zu manövrieren, erstaunlich gut – so gut, dass wir uns sogar dabei langweilen und uns in der Regel für überdurchschnittlich gute Autofahrer halten.

Das Problem dabei ist nur: Unserem Gehirn ist es beim Autofahren mitnichten langweilig. Weil wir vieles im Unbewussten tun – etwa die Straße wahrnehmen, die vorbeifliegenden Häuser –, heißt das nicht, dass die Fülle an Information, die dabei auf uns einströmt, nicht bewältigt werden müsste. Wie sehr dies unser Gehirn beschäftigt, lässt sich daran messen, was passiert, wenn wir ihm zugleich Ressourcen entziehen, indem wir ihm weitere Aufgaben stellen. Das haben Forscher an der amerikanischen Carnegie-Mellon-Universität in Pittsburgh, Pennsylvania, getan.

Zunächst wählten die Forscher um den Psychologen Marcel Adam Just, Direktor des Hirnforschungszentrums an der Universität, eine Denkarbeit aus, die ähnliche Hirnregionen beschäftigt wie das Autofahren. Die Probanden mussten Paare von dreidimensionalen Objekten, die sie auf einem Bildschirm sahen, im Geist in die richtige Position rotieren, um zu entscheiden, ob die beiden Objekte identisch sind.

Mit bildgebenden Verfahren können die Forscher feststellen, wie sehr eine solche Gedankenarbeit das Gehirn beschäftigt. Das Verfahren ist relativ grob – erfasst werden nicht etwa die Hirnströme, erfasst wird der Sauerstoffverbrauch, der auf eine erhöhte Hirntätigkeit hinweist. Gemessen werden die aktiven Hirnregionen in dreidimensionalen, volumentrischen Pixeln oder »Voxeln«, Hirnregionen etwa von der Größe eines Reiskorns. Je mehr Voxel aktiviert werden, desto härter muss die entsprechende Hirnregion arbeiten.

Für das Experiment nahmen die Forscher zwei Areale unter die Lupe: den Scheitellappen, der für die Verarbeitung der dreidimensionalen Rotationen zuständig ist, und den Temporallappen, der beim Sprachverständnis eine wichtige Rolle spielt. Um den Aufwand für die Sprachverarbeitung zu messen, mussten die Probanden relativ komplexe Sätze verstehen, wie: »Die Pyramiden waren Grabstätten und zählen zu den sieben Weltwundern.«

Erst mussten die Probanden nur Sätze verstehen, dann nur dreidimensionale Objekte rotieren. In beiden Fällen aktivierten sie jeweils 37 Voxel in den jeweiligen Hirnregionen. Um beides gleichzeitig zu tun, hätten sie also 74 Voxel aktivieren müssen, um beiden Tätigkeiten die gleichen Hirnressourcen zu widmen.

Gemessen haben die Forscher 42.

Als die Wissenschaftler die Daten genauer auswerteten, stellten sie fest: Das Gehirn zog eher Ressourcen vom (einfacheren) Sprachverständnis ab. Aber auch die Aufgabe zur räumlichen Orientierung litt. Als die Testpersonen beides gleichzeitig taten, sank ihre Aktivität für die Sprachverarbeitung um 53 Prozent. Für die mentale Rotation standen 29 Prozent weniger Kapazität zur Verfügung. Das wirkte sich auch auf die Qualität aus – die Probanden waren zwar noch imstande, ihre Aufgaben zu lösen, taten dies jedoch deutlich langsamer.

Seit dieser ersten Studie im Jahr 2001 hat das Team um Marcel Just die Forschung weiter vorangetrieben. Inzwischen ist es ihnen auch gelungen, die Hirnaktivität bei Menschen zu messen, die im Fahrsimulator eine kurvige virtuelle Straße entlangfuhren und dabei zugleich Sätze hörten, die sie als »wahr oder falsch« einstufen sollten. Hier waren die Ergebnisse noch gravierender: Wenn die Autofahrer gleichzeitig einer Telefonkonversation lauschten – ohne dafür die Hand vom Lenkrad zu nehmen, wohlgemerkt –, sank die Hirnaktivität, die fürs

Autofahren abgestellt war, um 37 Prozent. »Es gibt ein Limit für die Menge an Information, die wir auf einmal verarbeiten können«, erklärt Marcel Just lapidar in einem Interview mit der Nieman Foundation. »Es gibt keinen Zweifel daran, dass die Qualität des Fahrens darunter leidet.«

Zwar gilt das prinzipiell auch für normale Gespräche, etwa mit dem Beifahrer, doch werden Beifahrer, wenn eine brenzlige Fahrsituation eintritt, automatisch die Konversation unterbrechen, um den Fahrer nicht zu irritieren. Gesprächspartner am Telefon dagegen sehen nicht, in welcher Lage sich der Fahrer befindet, und reden munter weiter. »Mobiltelefongespräche haben eine spezielle soziale Dynamik, die vom Teilnehmer eine hohe Aufmerksamkeit erfordert«, schreiben die Autoren der Studie, »Schweigen wird als rüde empfunden.« Weghören hilft ohnehin nichts: Selbst wenn wir das wollen, können wir unser Gehirn nicht daran hindern, dem Gegenüber zuzuhören; auch das haben die Forschungen von Just ergeben. »Die Verarbeitung von gesprochener Sprache ist ein so automatischer Prozess, dass es unmöglich ist, das abzustellen.« Die eingehende Information wird verarbeitet – und möglicherweise überlebenswichtige Ressourcen werden damit gebunden.

Das überlastete Gehirn, das an allen Ecken nun Sauerstoff verbraucht und mehr davon benötigt, verschafft sich im wahrsten Sinne des Wortes Luft, indem es den Strom an visuellen Informationen eindämmt. Die Bilder aus dem Magnetresonanztomographen zeigen, dass die Verarbeitung visueller Reize ebenfalls reduziert wird – das Blickfeld verengt sich, wie nach zwei, drei Gläsern Bier, zu einem Tunnelblick. Wer nebenher telefoniert, sieht nur noch die Hälfte (!) dessen, was ein Fahrer sieht, der sich allein auf den Verkehr konzentrieren kann.

Das Ergebnis ist unvermeidlich: Wir werden langsamer, unkonzentrierter – und machen Fehler.

Eine noch deutlich höhere Fehlerquote als das Telefonieren produziert, wenig überraschend, eine Konversation über SMS. Als das britische Transport Research Laboratory junge Erwachsene im Fahrsimulator SMS schreiben ließ, fuhren diese automatisch langsamer – eine Reaktion auf die mentale Überlastung und der weitgehend unbewusste Versuch, das Risiko zu managen. Doch die Probanden hatten erkennbare Schwierigkeiten, ihre Fahrspur zu halten, und ihre Reaktionszeit schnellte um 35 Prozent in die Höhe – deutlich mehr als nach dem Konsum von Alkohol bis zur Grenze der Fahruntüchtigkeit (plus 12 Prozent) oder nachdem sie Cannabis geraucht hatten (plus 21 Prozent).

Natürlich können wir das Mobiltelefon einfach ausschalten, wenn wir Auto fahren. Wenn wir klug sind, tun wir genau dies; aber wie die Erfahrung zeigt, sind wir im Umgang mit Fehlern großzügiger, solange es unsere eigenen Fehler sind: Bei einer Umfrage gaben sogar 83 Prozent an, das Telefonieren im Auto mit dem Handy am Ohr sei ein »schwerwiegendes Problem« für die Verkehrssicherheit. Allerdings räumte jeder Zweite ein, es selbst in den vergangenen 30 Tagen getan zu haben – ein vielsagender Einblick in den Zusammenhang von Fehlereinsicht und Handlungsvorsatz.

Die Verbindung all dieser Faktoren führt zu einem exorbitant hohen Risiko: Wer eine Telefonkonversation führt, während er Auto fährt, hat ein vierfach erhöhtes Risiko, einen Unfall zu verursachen. Das amerikanische National Safety Council, das sich seit Jahren intensiv mit dem Thema beschäftigt, schätzt, dass allein in den USA jährlich 1,1 Millionen Verkehrsunfälle durch Gespräche über Mobiltelefone und weitere 160 000 durch SMS-Konversationen ausgelöst werden.

Diese Studien zu Mobiltelefonen im Straßenverkehr sind auch jenseits des Autofahrens interessant, weil sie zeigen, wie wir Information verarbeiten und welche Fehler wir dabei machen. Einige wichtige Erkenntnisse lassen sich daraus ableiten:

- Aufgaben, die wir fast automatisch absolvieren – wie etwa das Autofahren –, können dem Gehirn trotzdem erhebliche kognitive Leistungen abverlangen.
- Die Kapazität des Gehirns ist selbst bei diesen Tätigkeiten, die wir als relativ einfach einstufen würden, begrenzt, wie der Studienleiter Marcel Just warnt: »Wir können nicht einfach immer mehr Informationen durchschleusen«, und hoffen, dass das Gehirn damit spielend fertig wird.
- Wenn wir zusätzliche Aufgaben übernehmen, reduzieren wir unbewusst die Ressourcen, die wir für bestimmte Aufgaben zur Verfügung haben, ohne dies zu bemerken. Das führt auch dazu, dass wir uns mehr zutrauen, als wir tatsächlich leisten können.
- Wir mögen zwar, um einem populären Irrtum zu folgen, die meiste Zeit nur einen Bruchteil unseres Gehirns beschäftigen; das bedeutet jedoch nicht, dass wir dies ändern können: Die Menge an Information, die wir auf einmal verarbeiten können, ist begrenzt und kann nicht erweitert werden.
- Wenn wir eine anspruchsvolle Aufgabe lösen wollen, brauchen wir dafür die volle Konzentration.

Diese letzte Erkenntnis erscheint trivial, doch ist sie in der Realität immer schwerer umzusetzen. Digitale Vernetzung, ständige Erreichbarkeit und multimediale Berieselung haben zur vergangenen Jahrtausendwende die Chimäre eines menschlichen Geistes geschaffen, der offenbar evolutionär mit den rasanten Fortschritten der Computer- und Digitaltechnik

Schritt halten kann: den Multitasker, der mühelos Erzähl- und Handlungsfäden in allen relevanten sozialen und intellektuellen Sphären folgt. Ein Beitrag im *New York Times Magazine* riet gar dazu, einen imaginären »Multitasking Hot Spot« im Gehirn durch Training geschmeidig zu halten und noch leistungsfähiger zu machen. »Wir können uns kaum noch ein Leben vor dem Multitasking vorstellen«, gab der Beitrag blasiert vor. »Heute tut das jeder!«

Der Molekularbiologe John Medina sieht das anders: »Multitasking ist ein Mythos«, schreibt Medina unumwunden in seinem Buch *Brain Rules*. Zwar können wir Kaugummi kauen und gleichzeitig geradeaus gehen oder sogar beidhändig Klavier spielen, doch sind wir nicht in der Lage, im Bewusstsein mehrere Informationen gleichzeitig zu verarbeiten. Das Gehirn, erklärt Medina, arbeitet sequenziell, arbeitet seine Aufgaben also der Reihe nach ab. Multitasker arbeiten also nicht, wie sie vielleicht annehmen, parallel, sondern springen ständig zwischen verschiedenen Aufgaben hin und her – mit dem Ergebnis, dass sie am Ende für alles länger brauchen. Wer seine Arbeit immer wieder unterbricht, benötigt am Ende 50 Prozent mehr Zeit dafür und macht im Schnitt etwa 50 Prozent mehr Fehler, warnt Medina.

Wer meint, das gelte vielleicht für den Durchschnitt der Bevölkerung, nicht aber für die elegant multitaskende Elite, die Digital Natives, die für ihre sensorische Befriedigung die ganze Bandbreite des Internets nutzen, dem sei eine Studie der Stanford University ans Herz gelegt. Demnach sind gerade jene, die sich für exzellente Multitasker halten (»trainiert« im Sinne des Beitrags im *New York Times Magazine*), am Ende diejenigen, die in ihren Aufgaben die meisten Fehler machen und sich am schlechtesten erinnern können. Die schockierende Erkenntnis an dieser Forschung sei, so Clifford

Nass, einer der Autoren der Studie in einem Interview mit dem *National Public Radio*, dass Menschen, die ständig viele verschiedene Sachen gleichzeitig tun, ganz besonders schlecht darin seien, dieses Bündel an Information zu verarbeiten: »Sie sind lausige Multitasker.« Einer der Gründe liege wahrscheinlich darin, dass sie irgendwann die Fähigkeit verlören, Informationen aus vorherigen Aufgaben auszusieben, wenn sie irrelevant geworden sind. Wer so arbeitet, macht Fehler – teure Fehler: Ein Finanzanalyst bezifferte den Schaden für die amerikanische Volkswirtschaft durch Multitasking schon im Jahr 2007 auf 650 Milliarden Dollar jährlich.

Erschreckend an den Studien zum Multitasking ist auch, wie wenig wir unsere Grenzen kennen, wenn es um die Einschätzung unserer kognitiven Leistungsfähigkeit geht. Der Grund dafür liegt unter anderem darin, dass wir nicht wissen, was wir alles nicht wahrnehmen. Was auf den ersten Blick wie eine Tautologie klingt, hat Konsequenzen für unser Verhältnis zur Realität: Während wir in Wahrheit nur einen Bruchteil dessen, was um uns herum vorgeht, bewusst wahrnehmen, spiegelt uns unser Gehirn vor, wir wären voll im Bilde. Das Sinnbild dafür ist der blinde Fleck im Auge, jener Punkt auf der Netzhaut, an dem die Sehnerven sich bündeln und auf dem sich keine Lichtrezeptoren befinden. Der blinde Fleck im Auge ist so groß, dass wir, wenn wir nur mit einem Auge schauen, auf eine Entfernung von zwei Metern bereits ein ungefähr 15 mal 25 Zentimeter großes Loch mitten in unserem Sichtfeld haben, ohne uns je dessen bewusst zu sein: Das Gehirn füllt die Lücke in unserer Realität mit Buntem aus – wie ein schlechter Restaurator die Löcher in einem zerfallenden italienischen Fresko.

Dies ist das Tückische an der Unaufmerksamkeitsblindheit: Wir sind blind gegenüber unserer eigenen Blindheit.

So sehr uns diese Blindheit bereits die unmittelbare Wahrnehmung erschwert, als Fehlerquelle multipliziert sie sich, wenn wir Zeit haben, das Gesehene (oder eben nicht Gesehene) zu verarbeiten. Wenn aus der Realität Erinnerung wird, wird aus dem eingefrorenen Schnappschuss des Moments eine Geschichte, die sich im Laufe der Zeit immer weiter entwickelt – eine lebendige Animation, die aus Realität, Wunsch und Fantasie eine sehr individuelle Erzählung formt.

Und das schon Sekunden nach dem Ereignis, wie ich es selbst einmal erlebt habe.

Ein Sommerabend im Allgäu, es war dunkel; ich fuhr einen alten, weißen VW Passat. Näherte mich damit einer Kreuzung am Ortseingang einer kleinen Kreisstadt, blickte nach rechts, um nach Kreuzungsverkehr Ausschau zu halten – und hörte links einen scheppernden lauten Knall. Als ich den Kopf nach links drehte, sah ich ein Auto mit einer eingedrückten Seitentür, das quer über die Kreuzung auf mich zuschlitterte, aber rechtzeitig zum Stehen kam. Und ein zweites Auto mit eingedrückter Front, dessen Fahrer im selben Moment das Gaspedal durchdrückte und sich mit quietschenden Reifen aus dem Staub machte. Fahrerflucht.

Kein Problem, ich war ja Zeuge.

Zum Glück war niemand verletzt. Ich fuhr zur Polizei. Und während der Streifenwagen zum Unfallort unterwegs war, zeichnete ich auf der Polizeistation eine detaillierte Skizze des Unfallhergangs, wie ich ihn gesehen hatte: Woher ich gekommen war, wie die beiden anderen Autos auf die Kreuzung eingefahren waren und wie es zum Unfall kommen konnte. Zufrieden fuhr ich nach Hause; wer hilft nicht gern aus in einer solchen Situation? Kaum war ich angekommen, rief die Polizei an: Ob ich mir wirklich sicher war mit der Schilderung? Nach meiner Darstellung hätte im Unfallwagen die linke Tür eingedrückt sein müssen, tatsächlich war es aber die rechte.

Meine Zeugenaussage war wertlos. Kein Wunder: Ich hatte den Unfall ja auch gar nicht gesehen. Ich war das, was Armin Nack, Richter am Bundesgerichtshof, später in einem Radiointerview einmal einen »Knallzeugen« nannte: »Die drehen sich um, wenn sie den Knall gehört haben, sehen die Fahrzeuge in Endstellung rollen und rekonstruieren, wie der Unfall gewesen ist.«

In meinem Fall begann die Rekonstruktion bereits, als die Autos noch gar nicht zum Stillstand gekommen waren. Was ich wahrnahm, war nicht die Realität, sondern eine (stark fehleranfällige) Interpretation der Realität. Blitzschnell malte mein Gehirn die blinden Flecken in meiner Wahrnehmung aus. Dieses Vorgehen macht Sinn; die Situation war potenziell bedrohlich (der laute Knall, das auf mich zuschlitternde Auto), also war es womöglich wichtig, rasch eine Entscheidung treffen zu können: Gas geben? Bremsen? Lenken? Oder, noch archaischer: Weglaufen?

So sehr mich die fehlerhafte Zeugenaussage irritierte – als Journalist hat man den Ehrgeiz, ein guter Beobachter zu sein –, so wenig mag sie die Polizisten überrascht haben. Zeugen sind notorisch unzuverlässig. Oder, um es noch einmal mit dem Richter Armin Nack zu formulieren: »Der Mensch ist, so weit er als Zeuge auftritt, biologisch natürlich eine Fehlkonstruktion.« Weil er – im Gegensatz zu einer Überwachungskamera, zum Beispiel – Geschehenes nicht aufzeichnet, sondern in eine Geschichte packt. Und dabei wichtige Details übersieht und Haarsträubendes erfindet.

Die Konstruktionsfehler des Menschen als Zeuge sind lange bekannt. Das erste bekannte Experiment dazu findet am

4. Dezember 1901 im Hörsaal der juristischen Fakultät der Universität Berlin statt. Als Professor Franz von Liszt seinen Vortrag über einen französischen Rechtsgelehrten beendet, steht ein Zuhörer auf und hebt an, das eben Behandelte noch einmal »vom Standpunkt der christlichen Moralphilosophie aus« zu betrachten.

»Das fehlte gerade noch«, pöbelt der Sitznachbar dagegen.

»Seien Sie gefälligst ruhig, wenn Sie nicht gefragt sind.«

»Das ist eine Unverschämtheit.«

»Wenn Sie noch ein Wort sagen, dann …«, droht der Sprecher mit der Faust.

Sein Kontrahent zieht einen Revolver und hält dem Sprecher die Mündung an die Stirn. Rechtsprofessor Liszt geht dazwischen, schlägt auf den Arm des Angreifers. Als der Revolver auf Höhe der Herzgegend ist, fällt der Schuss. Der Getroffene sinkt zu Boden. Ein kaltblütiger Mord, vor den Augen aller Studenten!

Entsetzen im Hörsaal.

Doch der Professor winkt ab: alles nur gespielt.

15 der älteren Studenten und Referendare werden daraufhin als Zeugen rekrutiert. Drei von ihnen schreiben noch am selben Abend auf, was sie gesehen haben, neun tun dies eine Woche später, die übrigen drei fünf Wochen später. Das Ergebnis ist niederschmetternd: Keiner konnte sich an den exakten Hergang erinnern. Die frühen Zeugen kamen auf eine Fehlerquote von mindestens 27 Prozent, die späten auf bis zu 80 Prozent. Die Fehler lagen auch hier nicht nur in den Auslassungen, sondern in den Ergänzungen: Da wurden Sätze reportiert, die niemand gesagt hatte. Und manche Zeugen erinnerten sich deutlich, aber fälschlicherweise, dass einer der beiden weggelaufen war.

Ein derart drastisches Experiment wäre heute undenkbar,

die Ethik der Forschung verbietet es, Unbeteiligte einem derart hohen psychischen Stress auszusetzen. Vergleichbare Versuche hat es aber immer wieder gegeben, manche wissenschaftlich, manche populär, etwa in einer Wissenschaftssendung des WDR. Dort werden 15 Probanden zu einem fingierten Test zur Farbwahrnehmung in ein Kino gebeten. Während die Testpersonen warten, kommt ein Mann ins Kino, der am Abend vorher seine Tasche vergessen hat. Als ihm die Kassiererin des Kinos die Tasche aushändigt, behauptet der Mann, es fehle Geld, und wird ausfällig, aggressiv, bis ihn ein Kollege der Frau vor die Tür setzt.

Erst eine halbe Stunde später erfahren die Probanden, dass die Beteiligten des Streits Schauspieler waren. Sie werden einzeln zu den Vorgängen befragt. Die meisten können sich zwar an den Kern des Streits erinnern, machen aber viele Fehler, wenn es um die Details geht. Manche Fehler sind gravierend: Mehrere Zeugen sagen aus, dass der Täter den Mitarbeiter des Kinos zu Fall gebracht hatte, was nicht stimmt. Eine Zeugin behauptet sogar, ein weiterer Mann sei in den Streit verwickelt gewesen – pure Fiktion.

All diese Fehler würden es bereits sehr schwierig machen, die Vorgänge später vor Gericht zu rekonstruieren, aber es kommt noch schlimmer. Als die Zeugen den Täter beschreiben sollen, stellt sich heraus, dass sich kaum jemand richtig an die Person erinnern kann. Am Ende legen die WDR-Journalisten den Zeugen schließlich jeweils sechs Fotos vor, aus denen sie den Täter identifizieren sollen. Alle zeigen mit großem Selbstbewusstsein auf einen der sechs Vorgeführten – obwohl die Hälfte der Zeugen ein Foto-Set vorgelegt bekommt, in dem der Täter gar nicht vorkommt.

Solche Fehler können Menschen in jahrzehntelanges Unglück stürzen, wie im Fall von Thomas Haynesworth in Richmond, Virginia. Der junge Mann wird im Jahr 1984 von seiner Mutter zum Supermarkt geschickt, um Brot und Süßkartoffeln zu kaufen. Das Stadtviertel, in dem Haynesworth lebt, ist in hysterischer Aufregung; in den vergangenen vier Wochen hatte sich ein Serienvergewaltiger an fünf jungen Frauen vergangen. Haynesworth ist 18 Jahre alt, hatte noch nie Ärger mit der Polizei, doch auf dem Weg zum Supermarkt dreht eine Zeugin durch und verwechselt ihn mit dem Serienvergewaltiger. Die Polizei verhaftet ihn, alle fünf Opfer der Vergewaltigungen identifizieren ihn aus einer Verdächtigenaufstellung als den Täter – Gerichtsverfahren, Verurteilung. Doch die Vergewaltigungen gehen noch fast ein Jahr lang weiter, obwohl Haynesworth längst im Gefängnis sitzt. Jahrelang kämpft dieser um die Anerkennung seiner Unschuld, bis die Gerichte schließlich ein Einsehen haben.

Erst 27 Jahre nach der Verhaftung kommt er wieder aus dem Gefängnis frei.

Ein Fall unter Hunderten. Etwa jede Woche wird in den USA ein zu Unrecht Verurteilter freigesprochen. Die Betroffenen haben im Schnitt elf Jahre Gefängnisaufenthalt hinter sich. Fast die Hälfte wurde aufgrund von fehlerhaften Zeugenaussagen verurteilt: Manche Menschen bezahlen einen hohen Preis für die Wahrnehmungslücken ihrer Mitmenschen.

Die Zeugenschwäche ist längst wissenschaftlich erforscht. Zu den Eigenheiten unserer Erinnerung zählt unter anderem, dass wir uns in Stresssituationen auf einzelne Details fixieren und dafür leider noch mehr von der Wirklichkeit ausblenden. Wenn ein Räuber zum Beispiel ein Messer zieht oder eine Pistole, wird uns die Waffe in der Erinnerung meist größer erscheinen, als sie war – dafür können wir uns am Ende womöglich nicht einmal mehr erinnern, ob der Räuber einen Bart trug oder nicht. Sollen wir eine Person einer uns fremden

Ethnie identifizieren, tun wir uns besonders schwer – warum, erklärt die forensische Psychologin Elizabeth Loftus: »Wenn Sie als Weißer einen Menschen asiatischer Abstammung ansehen, nehmen Sie besonders das wahr, was Sie als anders empfinden – zum Beispiel die schmaleren Augen.« Das hilft aber nicht weiter, wenn Sie später aus einem Set von Fotos mit lauter Asiaten die richtige Person identifizieren sollen. Dies ist eine Erklärung dafür, warum in besonders viele Falschidentifizierungen in den USA weiße Zeugen und schwarze Verdächtige verwickelt sind.

Aber Erinnerungen sind nicht nur unzuverlässig, sie lassen sich auch gezielt manipulieren. Elizabeth Loftus ist seit Jahren bekannt für ein besonders sensibles Forschungsgebiet: fehlerhafte Zeugenaussagen zu Kindesmissbrauch. In den USA und später auch in Deutschland hatte es in den 1970er und 1980er Jahren eine Serie von Fällen gegeben, in denen Psychoanalytiker durch elaborierte Therapien »unterdrückte Erinnerungen« ans Licht gebracht hatten. Es war, als wäre eine Epidemie ausgebrochen. Zu Hunderten begannen Patienten, Erinnerungen an abstoßenden Kindesmissbrauch auszugraben, der ihnen Jahrzehnte zuvor widerfahren war – und an den sie sich all die Jahre nicht hatten erinnern können. Natürlich hatten die Therapeuten auch dafür eine Erklärung: Das Gehirn hatte die Erinnerungen verschüttet, um Schaden von der Seele abzuwenden.

Bei Kindesmissbrauch wollte der Gesetzgeber sich nicht vorwerfen lassen, das Thema nicht ernst zu nehmen: Etliche Staaten änderten die Verjährungsfristen dahingehend, dass die Beschuldigten bis zu drei Jahre nach dem »Wiedererinnern« doch noch angeklagt werden konnten. Psychologen schwärmten aus, um Erzieherinnen zu trainieren, die dann in Kindergärten mit Penispuppen neue, aktuelle Opfer ausfindig machten. Hunderte Kindesmisshandler standen nun vor Gericht, etliche wurden zu hohen Strafen verurteilt.

Inzwischen sind viele wieder frei, und manche der Opfer haben ihre Therapeuten angeklagt.

Denn in vielen Fällen waren es die Therapeuten gewesen, die ihre Klienten erst auf die Idee gebracht hatten, sie könnten ja in der Vergangenheit missbraucht oder gar vergewaltigt worden sein. Eine Therapeutin, die mehr als 1500 Patienten behandelte, berichtete von ihrer Methodik. Sie fragte neue Patienten: »Viele Menschen, die ich behandle und die unter denselben Problemen leiden wie Sie, wurden in ihrer Kindheit geschlagen oder missbraucht. Könnte es sein, dass Ihnen dasselbe widerfahren ist?« Litten Patienten unter Angst, Selbstmordgedanken, sexuellen Störungen, wurden »verschüttete Erinnerungen« dafür verantwortlich gemacht. Diese Erinnerungen wurden, unter tatkräftiger Mithilfe der Therapeuten, dann in quälenden Sitzungen ans Licht gebracht.

Aber wie können Menschen Dinge erinnern, von denen sie später feststellen müssen, dass sie ihnen gar nicht widerfahren sind?

Der Kinderpsychologe Jean Piaget kann dies aus eigener Erfahrung beschreiben. Piaget erlebte Schreckliches, als er noch ein kleines Kind war: Ein Mann versuchte ihn zu entführen, und es war nur dem heldenhaften Einsatz des Kindermädchens zu verdanken, dass der Entführer in die Flucht geschlagen werden konnte. Jahrelang trug Piaget die traumatischen Erinnerungen mit sich herum: Wie er im Kinderwagen saß, während das Kindermädchen sich verzweifelt gegen den Entführer wehrte, dabei Abschürfungen im Gesicht erlitt; wie es ihr schließlich gelang, einen Polizisten herbeizurufen, der einen kurzen Umhang trug und den Übeltäter mit einem weißen Schlagstock in die Flucht schlug.

Doch all dies war nie geschehen, wie das Kindermädchen 13 Jahre später zugab, von Schuldgefühlen geplagt, weil sie von den Eltern Piagets zum Dank für ihren Mut eine Uhr geschenkt bekommen hatte. Doch offenbar waren die Beschreibungen des Kindermädchens so lebensecht gewesen, dass Piaget daraus eine Erinnerung formte. Die Gedächtnisforscherin Elizabeth Loftus nennt solche Erinnerungen »trojanisch«, weil wir uns nicht bewusst sind, dass sie uns von jemand anderem untergeschoben werden. Kinder sind besonders anfällig dafür; so ist es relativ leicht – und in Studien erprobt und nachgewiesen –, Kindern durch bildreiche Erzählung eine Erinnerung daran einzupflanzen, wie sie sich einmal im Einkaufszentrum verliefen und erst nach bangen Minuten von den Eltern wiedergefunden wurden. Die Erinnerung wird dann häufig mit eigenen Details ausgeschmückt: Etwa, wie sie sich an einen Mantel klammerten, hochblickten und feststellten, dass im Mantel ein fremder Mensch steckte. Oder wie die Mutter ihnen später sagte: »Tu das nie wieder!«

Wahres Drama, aber nie passiert.

Auch echte Traumata können sich als trojanische Erinnerungen in unserem Gedächtnis festsetzen. Als es an einer amerikanischen Grundschule einmal zum Überfall eines Heckenschützen kam, berichteten Kinder hinterher, wie sie auf dem Boden kauerten, während die Kugeln über sie hinwegpfiffen – obwohl sie zum Zeitpunkt des Überfalls zwar in der Nähe, aber nicht an der Schule gewesen waren. Dem republikanischen Lokalpolitiker Paul Ingram konnten Kommissare im Bundesstaat Washington sogar einreden, er habe seine Töchter vergewaltigt, als Teil eines satanischen Kultrituals. Ingram hatte bei seiner Verhaftung alles abgestritten, war dann fünf Monate lang von Psychologen und Kriminalisten bearbeitet worden, bis er schließlich Erinnerungen an furchtbare

Verbrechen entwickelte. Erst der Psychologe Richard Ofshe, vom Staatsanwalt beauftragt, schöpfte Verdacht, dass den Anschuldigungen womöglich die Grundlage fehlte. Ofshe entwarf ein grauenvolles Szenario: Ingram habe seine Tochter und seinen Sohn gezwungen, vor seinen Augen miteinander Sex zu haben. Er konfrontierte Ingram damit und behauptete, dies seien Anschuldigungen von Ingrams Tochter (eine Lüge). Er forderte den vermeintlichen Täter auf, für diese Schuld »zu beten«. Nach wenigen Stunden schilderte Ingram die Szene im Detail, die nach Angaben der Betroffenen nie stattgefunden hatte. Man mag Ofshes Methodik für grausam halten, doch sie diente als Indiz, dass Ingram die Verbrechen nie begangen hatte, derer er angeklagt werden sollte.

Wie kann es sein, dass wir eine erfundene Geschichte so sehr verinnerlichen, dass wir sie für wahr halten, für selber erlebt? Kindern geschieht dies leicht, sie sind oft nicht in der Lage, zwischen Geträumtem und Erlebtem klar zu trennen; und sie schmücken Erinnerungen mit eigenen Gedanken aus. An Kindern lässt sich gut beobachten, wie wir uns die Welt aneignen: Wir verleihen Erlebtem einen Sinn, indem wir es in einen Zusammenhang einbetten oder in eine Geschichte verpacken, die wir selbst für glaubhaft halten. Das tun wir auch noch, wenn wir längst erwachsen sind, und lassen uns dabei leichtfertig sogar von winzigen Hinweisen leiten; auch dies oft, ohne es zu bemerken. Um noch ein letztes Mal zu den nichtsnutzigen Zeugen zurückzukehren: Elizabeth Loftus zeigte Probanden Filme von Autounfällen und befragte sie hinterher dazu. Ein winziges Detail machte dabei einen gewaltigen Unterschied: Nämlich das Verb in der Frage der Psychologin an die Probanden. Fragte sie, wie schnell die Autos »aufeinanderkrachten«, schätzten die Testpersonen die Geschwindigkeit auf über

60 Stundenkilometer; fragte sie nach »zusammenstoßen«, waren es 16 Stundenkilometer weniger. Und nur bei »aufeinanderkrachten« berichteten die Zeugen von (imaginären) Glassplittern an der Unfallstelle: Sie malten die Geschichte aus, bis die Details passten.

Dass wir in der Lage sind, echte Eindrücke mit Secondhand-Erlebnissen zu vermischen, beruht auf einer bemerkenswerten Leistung unseres Gehirns: der Fähigkeit, aus dem abstrakten Konzept der Sprache, die wir nutzen, um konkrete Erlebnisse anderen mitzuteilen, wieder konkrete Erlebnisse zu rekonstruieren – so lebensecht, als wären wir dabei gewesen.

Das zeigen faszinierende jüngste Ergebnisse der Hirnforschung, die sich mit der Wirkung von Literatur und Sprache beschäftigt. Demnach sind gute Romane durchaus in der Lage, uns ein sinnliches Erlebnis zu verschaffen. Wissenschaftler in Spanien stellten fest, dass bei Menschen, die die Worte »Parfüm« und »Kaffee« lesen, das Riechzentrum im Gehirn aktiviert wird – ebenso wie bei den Wörtern »Lavendel«, »Zimt« oder »Seife«. Forscher an der amerikanischen Emory University in Atlanta schoben Studenten in den Hirntomographen und legten ihnen Sätze vor wie, »Die Sängerin hatte eine samtene Stimme« und »Er hatte ledrige Hände«. In beiden Fällen wurden im Gehirn nicht nur die Bereiche aktiviert, die für das Sprachverständnis zuständig sind, sondern auch jene Regionen, die wir nutzen, um beim Anfassen die Textur einer Oberfläche zu erfassen. Bei den inhaltlich identischen Sätzen »Die Sängerin hatte eine angenehme Stimme« und »Er hatte starke Hände« war dies nicht der Fall. Unterstützung für diese Forschung kommt aus Frankreich, wo es Wissenschaftlern in einem vergleichbaren Versuch gelang, mit Sätzen wie »John griff nach dem Objekt« und »Pablo kickt den Ball«, die Bewegungszentren ihrer Probanden zu aktivieren – und zwar gezielt die Regionen, die für Arm- beziehungsweise Fußbewegungen zuständig sind.

Der britisch-kanadische Psychologe und Romanautor Keith Oatley vertritt die These, dass Belletristik, oder erfundene Geschichten überhaupt, vom Gehirn wie eine Simulation der Realität durchgespielt werden – so wie ein Computerprogramm in einer Simulation einen tatsächlichen Vorgang abbilden kann.

Wenn es sich um Literatur handelt, sind wir zweifelsfrei in der Lage, zwischen Gelesenem und selbst Erlebtem zu unterscheiden: Niemand wird sich fragen, ob es ihm womöglich selbst widerfahren ist, dass er eines Morgens »aus unruhigen Träumen erwachte« und »sich in seinem Bett zu einem ungeheueren Ungeziefer verwandelt« fand, wie Gregor Samsa in Kafkas *Verwandlung*.

Geht es aber um unsere eigene Erinnerung, verwischt sehr schnell die Grenze zwischen dem, was wir erlebt haben, und dem, was uns erzählt wurde – oder was wir uns selbst einreden. Das zeigt sich etwa bei den »Blitzlichterinnerungen«, jenen Erinnerungen, die wir in unserem Gedächtnis für so festgeschrieben halten, dass wir sogar ein eigenes Adjektiv dafür verwenden: »unauslöschlich«. Erinnerungen etwa an den 11. September 2001: Wir alle können uns erinnern, wie wir an diesem Tag von der Nachricht erfuhren, dass Flugzeuge ins World Trade Center in New York geflogen waren. Wie wir den Fernseher einschalteten und dort die Bilder ständig wiederholt wurden und wir ungläubig zusehen mussten, wie erst das erste, dann das zweite Flugzeug in die Türme krachte.

So jedenfalls erzählten es die meisten Menschen bereits wenige Tage nach dem Anschlag; und so erzählte es auch der damalige Präsident George W. Bush einige Wochen später. »Ich war in dieser Schule zu Gast, und dann lief da dieses Fernsehgerät, und ich sah, wie das erste Flugzeug in den Turm krachte, und dachte: Was für ein miserabler Pilot. Das muss ein furchtbarer Unfall sein.« Doch ein wichtiges Detail an dieser Geschichte ist falsch: Filmaufnahmen vom ersten Flugzeugcrash tauchten erst am darauffolgenden Tag auf. Bushs Fehler hat, wie in den USA üblich, zu einer Welle von Verschwörungstheorien geführt (»Natürlich hat er es gesehen, das Ganze war ja von seiner Regierung inszeniert«), doch es war wohl eher ein typischer Erinnerungsfehler. In einer Studie aus dem Jahr 2003 erlagen 73 Prozent aller Befragten demselben Irrtum.

Was wie ein trivialer Lapsus erscheint, berührt eine fundamentale Frage der Gedächtnisforschung: Wie werden Erinnerungen im Gehirn gespeichert? Der Nobelpreisträger Eric Kandel fand in jahrzehntelanger Forschung heraus, dass unsere Synapsen im Gehirn Proteine produzieren müssen, um Erinnerungen aus dem Kurzzeit- ins Langzeitgedächtnis umzuwandeln. Unsere Erinnerungen werden also biologisch im Gehirn eingebaut und sind, so die Theorie, danach stabil und einigermaßen unveränderlich, oder »konsolidiert«, wie es Kandel und seine Forscherkollegen nannten.

Der Harvard-Psychologe Daniel Schacter vertritt eine andere Theorie. Schacter hat die Fehlbarkeit im Prozess unserer Erinnerung in »sieben Sünden des Gedächtnisses« zusammengefasst. Jede dieser sieben Sünden ist eine Quelle für Fehler bei der Verarbeitung und Speicherung der Information.

- Flüchtigkeit: Erinnerungen verblassen
- Unaufmerksamkeit: geistige Abwesenheit
- Blockierung: »Mir liegt es auf der Zunge«
- falsche Zuordnung: Wir erinnern etwas, können die Quelle der Erinnerung aber nicht mehr zuordnen
- Persistenz: Unfähigkeit, etwas zu vergessen

- Suggestibilität: Während wir uns an etwas erinnern, verändern wir diese Erinnerung
- Vorurteil/Befangenheit: Verzerrung aufgrund veränderter Werte und neuen Wissens.

Vor allem die beiden letzten Sünden auf der Liste sind bemerkenswert. »Suggestibilität« beruht auf der Theorie, dass jedes Mal, wenn wir eine Erinnerung aus dem Gedächtnis hervorholen, wir diese verändern und anpassen – um sie in unser Wertesystem einzufügen oder um einem veränderten Selbstbild gerecht zu werden. Das trifft besonders auf Ereignisse zu, in denen wir uns wenig vorteilhaft verhalten haben – etwa, wenn wir uns feige vor einer Konfrontation gedrückt haben, oder wenn wir mit einer Einschätzung komplett falsch lagen. Ein derart negatives Selbstbild verursacht »kognitive Dissonanz«, einen Missklang zwischen dem realen Spiegelbild und dem, wie wir uns selbst gern definieren. Diese Dissonanz, sagt der amerikanische Psychologe Elliot Aronson, quält uns »wie Hunger oder Durst«, weshalb wir uns die Realität (und unsere Erinnerungen) zurechtbiegen. Bei einer Studie mit Experten und deren Vorhersagen zur Weltpolitik fand der Psychologe Philip Tetlock heraus, dass die meisten nicht nur erschreckend häufig mit ihren Vorhersagen danebenlagen (dazu mehr im zweiten Kapitel). Wurden sie später mit ihren Irrtümern konfrontiert, protestierten sie: In ihrer Erinnerung hatten sie selbstverständlich die Ereignisse im Wesentlichen so vorhergesehen, wie sie schließlich eingetreten waren. »Wir bearbeiten unsere Erfahrungen ständig oder schreiben die Erinnerung komplett neu, bis sie dem entsprechen, was wir jetzt wissen«, erklärt Schacter. »Das geschieht unabsichtlich und ohne dass wir uns dessen bewusst sind.«

Schacter zieht als Beispiel für seine Theorie ein extremes

Beispiel heran; den Fall des Holocaust-Überlebenden Binjamin Wilkomirski. 1995 veröffentlichte Wilkomirski seine Erinnerungen an sein Leben als jüdisches Kind in Lettland. Grauenhaftes war ihm widerfahren, auch wenn die Erinnerungen nur »Bruchstücke« waren (so der Titel seines Buches): Erst musste er der Ermordung eines Mannes – wohl seines Vaters – durch »Uniformierte« zusehen, dann wurde er ins KZ verbracht, wo er auch noch den Tod seiner Mutter erlebte. Nach der Buchveröffentlichung trat Wilkomirski als Zeitzeuge vor Schulklassen auf, bis ein Journalist 1998 aufdeckte, dass der vermeintliche KZ-Überlebende in Wahrheit Bruno Dösseker hieß und den Zweiten Weltkrieg bei einer Pflegefamilie in der Schweiz verbracht hatte. Schacter hält es für wahrscheinlich, dass der Mann Opfer falscher Erinnerung ist: »Ist Dösseker/Wilkomirski einfach ein Lügner? Wohl nicht: Er glaubt noch immer fest daran, dass seine Geschichte wahr ist.« Der vermeintliche Holocaust-Überlebende hatte seine Erinnerungen übrigens im Rahmen einer Therapie »wiedergefunden«, die dazu dienen sollte, »unterdrückte Erinnerungen« wieder ans Licht zu holen.

Es scheint kaum vorstellbar, dass sich ein Mensch eine komplette Erinnerung im Konzentrationslager (oder als Kinderschänder) erfindet und sie dann so sehr verinnerlicht, dass er sie gegen alle Zweifel verteidigt. In der Hirnforschung sind aber noch krassere Beispiele von Realitätsverlust bekannt, die Wissenschaftler seit Jahrzehnten beschäftigen und faszinieren. Fälle von gelähmten Patienten, die ihre Lähmung nicht wahrnehmen und standhaft leugnen. Gefragt, warum sie den Arm nicht bewegen kann, antwortet eine Patientin, »weil ihn jemand festhält«. Eine andere, die unter derselben Störung leidet: »Es liegt am Wetter.« Eine häufige, weil übliche Erklärung: »Ich bin heute wohl etwas steif.« Manche erzählen ihren

Ärzten bei der morgendlichen Visite, sie seien gerade von einem erfrischenden Spaziergang zurückgekehrt, oder dass sie am Wochenende Golf gespielt hätten, obwohl sie seit Monaten im Krankenhaus liegen. Andere Fälle dieser Anosognosien (Nichterkennenkönnen einer Krankheit) sind dokumentiert, in denen Patienten halbseitig gelähmt und schlicht blind sind für diese Körperhälfte. Dies geht so weit, dass sie als Männer tatsächlich nur die gesunde Hälfte des Gesichts rasieren. Wohlgemerkt: Die Kranken sind intellektuell kompetent, sind sich aber dennoch dieser Störung nicht bewusst. Einer der extremsten Fälle von Anosognosie aber ist das Anton-Syndrom, bei dem Patienten verkennen, dass sie blind sind: Sie beschreiben den Ärzten die Welt vor ihren Augen, die sie nicht sehen, mit allen nötigen Details.

Die Störungen mögen extrem und selten sein, für die Wissenschaft interessant sind sie aber auch in einem größeren Zusammenhang. Seit jeher dienen Fehler und Störungen dazu, die Funktionsweise verborgener Prozesse besser zu verstehen: Indem sie die Fehler analysieren, die Kinder beim Sprechenlernen machen, verstehen Forscher, wie wir uns Sprache aneignen. Die Anosognosien sind aufschlussreich, weil sie zeigen, wie wir mit Lücken in unserer Wahrnehmung umgehen und wie rasch wir in der Lage sind, sie durch Fiktion zu schließen. Es ist derselbe Mechanismus, den wir anwenden, wenn wir als Zeugen ein Ereignis aus der Vergangenheit rekonstruieren, das wir nur beiläufig wahrgenommen haben: Wir schließen die Lücken in unserer Geschichte mit Erklärungen, die uns plausibel erscheinen.

Ein wichtiges Merkmal aller Anosognosie-Patienten ist, dass sie »felsenfest« – ein Begriff, den mehrere Wissenschaftler aus verschiedenen Studien in ihrer Beschreibung verwenden – davon überzeugt sind, die Wahrheit zu sagen. Das ist nur auf den ersten Blick verblüffend: Wir sind darauf angewiesen, unseren Augen blind zu vertrauen. Unsere Wahrnehmung ist die Schnittstelle zwischen dem Innenleben unserer Psyche und der Realität.

Darum ist es so wichtig, dass wir uns bewusst sind, wie lückenhaft, wie fehlerbehaftet unsere Wahrnehmung ist. Denn sie steht am Anfang einer Kette: Aus unseren Erlebnissen werden Erfahrungen, und aus unseren Erfahrungen konstruieren wir unser Weltbild – unser Selbst. Auf der Basis dieses Weltbilds fällen wir täglich unsere Entscheidungen, gestalten unser Leben. Wohlüberlegt, wie wir meinen; doch welche Fehler uns dabei unterlaufen, welchen Irrtümern wir dabei unterliegen, zeigt das nächste Kapitel.

Denkfaul, impulsiv und intuitiv

Warum die Welt uns oft überfordert

Die Welt könnte uns überwältigen mit ihrem Überfluss an Informationen, von denen am Ende nur Bruchstücke bei uns ankommen – das hat das vorige Kapitel gezeigt. Wie gehen wir mit diesem Strom an Bildern und Reizen um? Wie trennen wir wichtig von unwichtig? Wie entscheiden wir, was wir tun und was wir lassen? Wir denken, kalkulieren, ziehen unsere Schlüsse und versuchen, dem Geschehen um uns herum kraft unseres Verstandes Sinn zu geben.

Leider liegen wir dabei ziemlich häufig falsch.

Darf ich vorstellen: Linda.

Anfang 30, Single, direkter Typ, sehr klug. Hat Philosophie studiert und abgeschlossen. Als Studentin setzte sie sich für soziale Gerechtigkeit und gegen Diskriminierung ein. Und natürlich durfte sie auf Anti-Atomkraft-Demonstrationen nicht fehlen.

Und was macht sie heute?

Was ist wohl wahrscheinlicher:

- Linda ist eine Bankangestellte, oder
- Linda ist eine Bankangestellte, die aktiv ist in der Frauenbewegung?

Die zweite Antwort erscheint spontan richtiger, denn »Bankangestellte« will eigentlich nicht recht zur Personenbeschreibung passen. Der Zusatz »aktiv in der Frauenbewegung« passt zum Bild, das wir uns von Linda gemacht haben. Aber die zweite Antwort ist falsch. Denn natürlich sind alle feministischen Bankangestellten in der Gruppe der Bankangestellten enthalten. Das bedeutet, die Wahrscheinlichkeit für die erste Antwort ist in jedem Fall größer. Vielleicht hat Linda ja längst die Nase voll von der Frauenbewegung und arbeitet in der Bank, um sich ihren Gucci-Schuhtick leisten zu können?

Die erste Antwort ist eindeutig logisch, die zweite Antwort intuitiv. In psychologischen Tests entscheiden sich mehr als 85 Prozent aller Testpersonen für die zweite, falsche Antwort.

Das hat Linda in der psychologischen Forschung zu einiger Berühmtheit verholfen. Der Test stammt von Daniel Kahneman, dem einzigen Wissenschaftler, der je für psychologische Forschung mit dem Nobelpreis ausgezeichnet wurde (2002, Nobelpreis für Wirtschaftswissenschaften). Das Problem, so erklärt Kahneman die überwiegende Neigung zur falschen Antwort, liegt darin, dass die zweite Antwort kohärent ist mit der Geschichte, die uns über Linda zuerst erzählt wird. Sie erscheint uns plausibel, und wir sind nicht in der Lage, »plausibel« und »wahrscheinlich« sauber zu trennen.

Der harmlose Linda-Test gibt uns einen interessanten Einblick, wie wir die Realität verarbeiten.

In den vergangenen Jahrzehnten hat sich eine Metapher für unser Denken durchgesetzt, die in fast jeder Hinsicht falsch ist: die Metapher vom Gehirn als einem Computer. Wir glauben, Erinnerungen zu »speichern«, und stellen uns das Denken als einen Rechenvorgang vor, wenn wir eine Situation »analysieren«. Doch das menschliche Gedächtnis hat nichts mit dem Speichern von Informationen auf einem Mikrochip gemein. Unsere Erinnerungen werden ständig überformt, neu bewertet und einem sich verändernden Selbstbild angepasst. Die »Bilder« in unserem Kopf sind ein weiches Konstrukt aus Realität und Wunsch- oder Albtraum. Und unsere Entscheidungen sind durchsetzt von Abkürzungen und Schätzungen, gesteuert von Emotionen, Trieben und Denkfaulheit.

Mit logischem Denken hat das, was in unserem Kopf vorgeht, nur selten etwas zu tun. Das wird besonders deutlich, wenn wir mit Zahlen agieren. Dazu eine schnelle Schätzaufgabe:

- Von allen Frauen über 40, die sich einer Vorsorgeuntersuchung mit Mammographie unterziehen, leidet ein Prozent tatsächlich unter Brustkrebs.
- 80 Prozent dieser Krebserkrankungen werden bei der Untersuchung entdeckt.
- Bei 9,6 Prozent der gesunden Frauen wird fälschlicherweise ebenfalls Brustkrebs diagnostiziert.

Angenommen, Sie beteiligen sich an der Untersuchung, und der Arzt sagt Ihnen, das Ergebnis deute auf Brustkrebs hin. Wie hoch liegt die Wahrscheinlichkeit, dass Sie tatsächlich unter Brustkrebs leiden?

Wenn Sie »so etwa 70 bis 80 Prozent« schätzen, liegen Sie vollkommen daneben, und vielleicht sind Sie ja Arzt. Denn auch nur etwa jeder siebte Arzt kann diese Aufgabe korrekt lösen. Die meisten von uns sind mit der Mischung aus Kommazahlen, Prozentzahlen und natürlichen Zahlen total überfordert. Ein wenig einfacher wird die richtige Antwort, wenn wir statt Prozentzahlen auf volle Zahlen gehen:

- Von 10 000 Frauen sind 9900 gesund,
- 100 haben Brustkrebs, davon werden
- 80 Erkrankungen bei der Vorsorge entdeckt;

- bei 950 gesunden Frauen wird fälschlicherweise Brustkrebs diagnostiziert.
- Das bedeutet, 1030 Frauen bekommen eine Krebsdiagnose, doch nur 80 sind wirklich krank – das macht 7,8 Prozent.

Wenn der Arzt Ihnen also sagt, dass Sie womöglich Brustkrebs haben, ist die Wahrscheinlichkeit, dass diese Diagnose falsch ist, 13-mal höher, als dass sie richtig ist.

Das Beispiel stellt nicht nur den Sinn von Mammographien zur Früherkennung infrage – immerhin werden 950 Frauen zu Tode erschreckt, ohne dass sie krank wären –, sondern auch die generelle Fähigkeit von Ärzten, ihren Patientinnen eine Diagnose korrekt einzuordnen. Dass viele Ärzte auf »70 bis 80 Prozent« tippen, liegt auch daran, dass diese Zahl ja im Beispiel zuvor schon genannt wird (»80 Prozent dieser Krebserkrankungen werden bei der Untersuchung entdeckt«). Diese Zahl ist bereits vertraut, und sie liegt in einem möglichen Rahmen, also lassen wir uns von ihr verwirren.

Vor allem aber zeigt das Beispiel, dass unsere Intuition oft vollkommen unfähig ist, Wahrscheinlichkeiten korrekt einzuschätzen.

Spielen Sie Lotto? Natürlich wissen Sie dann, dass es ziemlich unwahrscheinlich ist, den Jackpot zu knacken. Wie unwahrscheinlich? In Zahlen ausgedrückt: 1:139 000 000.

Aber diese Zahl sagt Ihnen nicht viel.

Eher schon diese: Wenn Sie um die 40 Jahre alt sind, in Deutschland leben und heute einen Lottoschein abgeben – dann ist die Wahrscheinlichkeit, dass Sie bei der Ziehung morgen bereits tot sind, 2500-mal größer als die Wahrscheinlichkeit, den Jackpot zu knacken.

Aber so genau wollen wir das ja gar nicht wissen.

Die wissenschaftliche Literatur ist voll von Beispielen, wie wir Zahlen wild durcheinanderwürfeln, wo wir doch in der Lage sein sollten, sie klar voneinander zu trennen. In einem psychologischen Experiment aus dem Jahr 2002 werden Menschen gefragt, ob sich eine Investition in Flughafensicherheit lohnt, wenn damit eine bestimmte Anzahl von Menschenleben gerettet werden kann. Die Probanden konnten ihre Zustimmung von 0 bis 20 skalieren. Manche wurden gefragt, ob sich eine Investition lohne, die 150 Leben retten könnte. Anderen wurde versprochen, »98 Prozent von 150 Leben« zu retten. Das sind zwar nur 147 Leben, dennoch lag die Zustimmung bei dieser Fragestellung deutlich höher: 13,6 gegenüber 10,4.

Das ist komplett irrational, aber eben zutiefst menschlich. »150 Leben« sind – angesichts Millionen Flugreisender – weder viel noch wenig. »98 Prozent« aber klingt nach Optimum, nach »fast perfekt«. Deswegen sind wir bereit, dafür mehr Geld auszugeben.

Noch eine Schätzaufgabe: Wie viel ist, ungefähr:
9 × 8 × 7 × 6 × 5 × 4 × 3 × 2 × 1 = ?

Oder, andersherum gefragt:
1 × 2 × 3 × 4 × 5 × 6 × 7 × 8 × 9 = ?

Die Antwort ist natürlich in beiden Fällen dieselbe. Interessant an dieser Aufgabe sind zwei Dinge: Erstens, dass fast alle Menschen das Ergebnis viel, viel zu niedrig einschätzen. Und zweitens, dass die Schätzung der unteren Reihe noch einmal deutlich niedriger liegt als die obere. Fängt die Reihe mit »9« an, liegt die durchschnittliche Schätzung bei 4200, fängt sie mit »1« an, bei 500.

In Wahrheit liegt die Zahl bei 362 880.

Die Rechenaufgabe mag trivial erscheinen, schließlich wäre jeder von uns in der Lage, mit etwas Zeit, Papier und Bleistift letztlich die richtige Lösung zu finden. Doch sie taugt als Analogie für unseren Umgang mit vielem, was uns im Leben täglich begegnet: Wir sind mit einer Aufgabe konfrontiert, die zu komplex ist, als dass wir sie spontan lösen könnten, und deswegen verlassen wir uns auf unser Gefühl.

Psychologen nennen diese mentale Abkürzung »Heuristiken«, und sehr oft im Leben sind sie hilfreich. Immer dann, wenn wir aus einem Wust an Information eine schnelle Entscheidung treffen müssen; etwa, wenn wir in einer fremden Stadt aus der U-Bahn steigen und nicht wissen, wo der Ausgang der Station ist. Ein Roboter müsste in diesem Fall nach einem vorberechneten Muster die Gänge und Wände der Station absuchen, bis er entweder die Tür oder ein Schild findet. Wir Menschen dagegen tun etwas, das wir gern tun, weil es uns oft Sicherheit vermittelt: Wir folgen der Masse, die zum Ausgang strömt.

Heuristiken sind urmenschlich, sie sind etwas, das uns fundamental von Computern unterscheidet. Computer sind dafür konstruiert, aus aller verfügbaren Information die richtige Lösung zu errechnen. Dieser Algorithmus ist präzise, nachvollziehbar, aufwändig und fehlerfrei. Wir Menschen dagegen sind Zeit unseres Lebens ständig auf der Suche nach einem optimalen Kompromiss: Wir versuchen, mit einem minimalen Aufwand an energetisch teurer Hirnarbeit möglichst elegant dennoch ans Ziel zu kommen. Algorithmen sind klar und unverrückbar, Heuristiken weich und flexibel, kreativ und schlampig, oft effizient, aber voller Fehler.

Heuristiken machen uns besonders anfällig, wenn es um Zahlen geht, wie die erwähnten Beispiele zeigen. Wenn wir im

Umgang mit Zahlen hilflos sind – und das sind wir oft –, suchen wir Halt und orientieren uns dabei an jeder zufällig hingeworfenen Ziffer. Wie absurd und irrational wir dabei vorgehen, zeigt ein Experiment mit einem Glücksrad: Stellen Sie sich vor, Sie nehmen an einem Test teil. Ein Forscher dreht ein Glücksrad, das entweder die Zahl 15 oder 65 zeigt. Dann fragt er Sie zuerst, ob die Zahl der Länder Afrikas in der UNO *über* oder *unter* dieser Zahl liegt. Schließlich bittet er Sie, die Zahl der afrikanischen Länder in der UNO zu schätzen.

Das Experiment stammt aus dem Jahr 1974, und die Antworten waren eindeutig: Jene, bei denen das Glücksrad »15« gezeigt hatte, schätzten die Zahl der afrikanischen UNO-Mitglieder auf 25. Bei den anderen, die auf dem Glücksrad die Zahl »65« gesehen hatten, lag die Schätzung im Schnitt bei 45 – obwohl allen Beteiligten vor Augen geführt worden war, dass die Ursprungszahl vollkommen zufällig ausgewählt worden war: Was könnte zufälliger sein als ein Glücksrad?

Die Heuristik, die unserem Denkfehler hier zugrunde liegt, wird die »Ankerheuristik« genannt, weil wir die zufällige Zahl als Fixpunkt für unsere Schätzung nehmen. Der amerikanische Verhaltensökonom Dan Ariely hat das Experiment vor Kurzem aktualisiert. Er bat Studenten, Gebote für eine Auktion abzugeben. Zu kaufen gab es zum Beispiel eine kabellose Computermaus und eine kabellose Tastatur. Zuerst sollten die Studenten die letzten beiden Ziffern ihrer Sozialversicherungsnummer aufschreiben und sagen, ob sie bereit wären, diesen fiktiven Preis für die Auktionsobjekte zu bezahlen. Danach sollten sie ihr echtes Gebot abgeben.

Das Ergebnis des Tests ist geradezu erschütternd. Weit wichtiger als der reale Wert der Gegenstände war offenbar die vollkommen zufällige Sozialversicherungsnummer. Die Studenten mit den höchsten Endziffern boten im Schnitt 56 US-

Dollar für die Tastatur, mehr als dreimal so viel (!) wie diejenigen, deren Sozialversicherungsnummer am niedrigsten lag (16 Dollar). Ebenso krass waren die Unterschiede bei der Computermaus, hier lag die Spanne der Gebote zwischen acht und 26 Dollar – wiederum allein abhängig von der zuerst aufgeschriebenen Sozialversicherungsnummer.

Später hat Ariely das Experiment mit 77 Wirtschaftsexperten (!) wiederholt, die zur Schulung am renommierten Massachusetts Institute of Technology (MIT) zu Gast waren. Sie konnten auf belgische Schokolade bieten, eine Ware, deren wahrer Wert sich eigentlich gut einschätzen lässt. Doch auch hier bot sich das gleiche Bild: Wieder waren diejenigen mit der hohen Sozialversicherungsnummer bereit, bis zum Dreifachen dessen zu bezahlen, was die Gruppe mit der niedrigen Ausgangszahl bot.

Verblüffend an den Experimenten ist zum einen, wie leicht wir uns offenbar sogar dann beeinflussen lassen, wenn wir selbst glauben, absolut rational zu handeln: Die Probanden trafen immerhin Entscheidungen, die sie mit Geld zu bezahlen hatten, und ließen sich dennoch zu irrationalen Geboten hinreißen. Verblüffend auch, wie wenig wir uns dieser Schwäche bewusst sind: Natürlich wiesen fast alle Probanden den Verdacht weit von sich, dass sie durch die Sozialversicherungsnummer beeinflusst worden waren – sie hatten ausschließlich den Wert der Ware im Blick!

In Wahrheit fallen wir ständig auf diesen Denkfehler herein. Hersteller von Smartphones zum Beispiel nutzen die Ankerheuristik für die Preisgestaltung: Kostet das teuerste Telefon 899 Euro, erscheint uns der Preis von 789 Euro für das »mittlere« angemessen (und das »kleinste« für 679 Euro als »günstig«) – obwohl alle drei Preise so hoch angesetzt sind, dass der Hersteller damit 50 Prozent Profit einfährt (und wir folglich viel zu viel bezahlen). Warum merken wir das nicht? Das Problem ist, dass wir selbst bei einfachsten Rechenaufgaben intuitiv lieber schätzen als rechnen.

Zum Beispiel hier:

- Ein Baseballschläger und ein Ball kosten zusammen 1,10 Euro.
- Der Schläger ist genau einen Euro teurer als der Ball.
- Wie viel kostet der Ball?

Die meisten Menschen antworten spontan und euphorisch, »Zehn Cent!«, und liegen damit natürlich falsch. Richtig ist: Der Schläger kostet 1,05 Euro, plus 0,05 Euro für den Ball, macht 1,10 Euro.

Auch dieses Beispiel, und etliche mehr, verdanken wir Daniel Kahneman, dem nobelpreisgekrönten Psychologen. Kahneman begann, gemeinsam mit seinem inzwischen verstorbenen Kollegen Amos Tversky, vor einem halben Jahrhundert, unsere Denkfehler systematisch zu untersuchen. Von Kollegen wurde er dafür geschnitten – »Ich habe kein Interesse an der Psychologie der Dummheit«, entgegnete ihm ein bekannter amerikanischer Philosoph auf einer Party, und drehte sich weg –, doch Kahneman ließ sich nicht irritieren. Seine Experimente bilden heute das Fundament für eine ganze Forschungsrichtung; die Psychologie hat inzwischen mehr als zwei Dutzend »Heuristiken und Vorlieben« (heuristics and biases) definiert. Manche sind simpel, wie zum Beispiel die Kontroll-Illusion, die uns glauben lässt, wir hätten Dinge im Griff, die in Wahrheit weit jenseits unseres Zugriffs liegen: Wir schütteln den Würfelbecher umso heftiger, je höher die Zahl ist, die wir brauchen. Wir wissen, dass das nichts bringt, und tun es dennoch.

Einige Heuristiken dienen dazu, ein freundliches Selbstbild aufrechtzuerhalten; die »selbstwertdienliche Verzerrung« etwa, die dazu führt, dass wir Erfolge in der Regel unseren Fähigkeiten zuschreiben, Misserfolge eher den unglücklichen Umständen. Was wiederum die Ursache für die »Vermessenheitsverzerrung« sein könnte: 70 Prozent aller amerikanischen Oberschüler halten sich selbst für überdurchschnittlich intelligent, eine Quote, die statistisch schwer einzulösen ist. Auch eine nachweislich höhere Intelligenz schützt nicht vor dieser Hybris, im Gegenteil: In einer Studie gaben 94 Prozent (!) aller Universitätsprofessoren an, ihre Forschung sei »überdurchschnittlich«.

Die Erkenntnis »Ich weiß, dass ich nichts weiß« scheint aus der Mode gekommen zu sein.

Was alle Heuristiken und Vorlieben gemein haben: Sie unterstützen unsere natürliche Neigung, den Denkapparat möglichst nicht aus dem Ruhezustand hochzufahren. Die »Verfügbarkeitsheuristik« etwa gibt in unserem Denken allem Präferenz, was uns schnell und leicht einfällt. Werden Paare getrennt befragt, wie viel Anteil an der Hausarbeit sie übernehmen, kommen dabei am Ende immer mehr als 100 Prozent heraus: Wir erinnern uns eher an unseren eigenen Anteil und schätzen ihn daher höher ein. Wenn wir eine lange Diskussion führen, erinnern wir uns später vor allem an das, was wir selber gesagt haben.

Diese Heuristik lässt uns auch dazu neigen, schnelle Urteile über komplexe Fragen zu fällen, selbst wenn wir nur über minimale Informationen verfügen: Wir lesen in der Zeitung, dass der Fuchsbandwurm sich jetzt über ganz Deutschland ausgebreitet hat, und pflücken nie wieder Erdbeeren im Wald – obwohl das Risiko, sich anzustecken, nahe null liegt. Die Verfügbarkeitsheuristik führt dazu, dass wir uns im Flugzeug unwohl fühlen, wenn wir in Turbulenzen geraten, schließlich haben wir alle irgendwelche Bilder von Abstürzen vor Augen – obwohl das Risiko eines Absturzes, was wir natürlich im Prinzip wissen, extrem gering ist.

Der Mechanismus, der den Heuristiken zugrunde liegt, wurzelt in den Strukturen unseres Denkens und Handelns. Daniel Kahneman identifiziert dafür zwei Entscheidungsebenen, die er »System 1« und »System 2« nennt. System 1 steht für Intuition, für rasche Entschlüsse, fürs Unbewusste; es ist die Ebene, auf der Heuristiken arbeiten. System 2 steht für klares, rationales Denken, für »Vernunft, Selbstkontrolle und Intelligenz«, wie Kahneman in einem Interview mit dem *Spiegel* erklärte: »System 2 bin ich, also derjenige, der glaubt, die Entscheidungen zu fällen. In Wirklichkeit ist der Einfluss von System 1 enorm – ohne dass wir uns dessen bewusst werden.«

Die beiden Systeme sind wie Zwillinge mit ungleichem Charakter, die an den Handgelenken aneinandergekettet sind und sich ständig mit ihren Handlungen in die Quere kommen. System 1 ist schnell, rein intuitiv und immer verfügbar. Hyperaktiv, hat zu allem eine Meinung und von wenig wirklich Ahnung. Wenn wir einen Menschen treffen, machen wir uns ein Bild von ihm, lange bevor wir das erste Wort mit ihm gewechselt haben.

System 2 ist von Natur aus entscheidungsträge; muss erst mühevoll hochgefahren werden (etwa beim Beispiel mit dem Baseballschläger und dem Ball), arbeitet bedächtig, dafür dann aber analytisch. Nur leider lässt es sich leicht ablenken und kommt oft nicht ungestört zum Zuge, weil das intuitive System 1 immer dazwischenfunkt. Ein deutsches Forscherteam hat Richter mit einer Berufserfahrung von mehr als 15 Jahren in einem experimentellen Set-up die Beschreibung einer Ladendiebin vorgelegt. Die Richter mussten dann würfeln und sollten zuerst entscheiden, ob die Strafe höher oder niedriger als die Würfelaugen ausfallen sollte. Danach sollten sie – völlig unbeeinflusst von den Würfeln natürlich – das tatsächliche Strafmaß festlegen.

Wir ahnen es: Diejenigen Richter, die eine hohe Zahl würfelten, verhängten fast doppelt so hohe Strafen.

Beide Systeme zusammen funktionieren hervorragend, wenn wir sie richtig einsetzen; nur leider tun wir das nicht und sind auch gar nicht in der Lage, dies immer bewusst zu steuern. Zugleich sind beide Systeme extrem anfällig für Einflüsse von außen. So können wir mit einem einfachen Bleistift das Gewicht von einem auf das andere System verlagern. Nehmen wir den Bleistift quer zwischen die Zähne, was uns zu einem Lächeln zwingt, aktivieren wir eher das spontane System 1. Nehmen wir ihn wie einen Strohhalm zwischen die Lippen, was eher zu einem Stirnrunzeln führt, beginnen wir analytischer zu denken – System 2.

Heikel wird es, wenn wir mit Problemen hantieren, bei denen System 1 notorisch überfordert ist, aber dennoch penetrant auf seinem Recht beharrt. Etwa bei einer Reihe von einfachen optischen Täuschungen:

Wir wissen, meistens schon seit unserer Kindheit, als wir

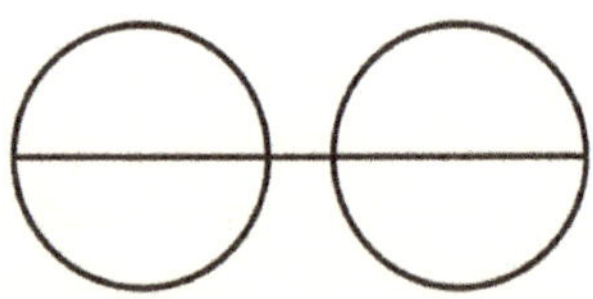

den Trick zum ersten Mal sahen, dass die Linien im ersten Beispiel gleich lang sind, und tun uns dennoch schwer, das zu akzeptieren – ständig quäkt System 1 dazwischen, dass das ja wohl ein Scherz sei.

Bei den Shepard's Tables müssen die meisten Menschen die Tischplatten ausschneiden und aufeinanderlegen, um zu glauben, dass die Platten tatsächlich identisch sind:

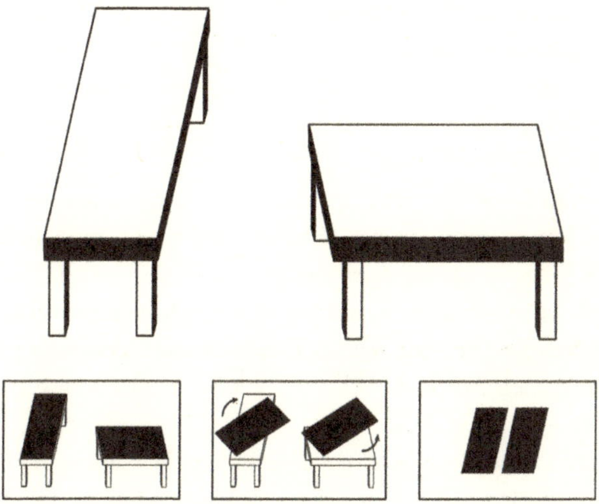

Und selbst dann, wenn die ausgeschnittenen Tischplatten aufeinanderliegen, ruft System 1 lauthals: Kann! Nicht! Sein!

Zu jenen Denksportaufgaben, die einfach nicht in unseren Kopf wollen, gehört auch das »Ziegenproblem«. Ein Teilnehmer in einer fiktiven Spielshow ist mit drei Türen konfrontiert. Hinter zwei Türen befindet sich eine Ziege, hinter der dritten ein Auto (der Gewinn). Die Spielregel geht wie folgt:

- Der Kandidat benennt eine Tür, ohne diese zu öffnen.
- Danach öffnet der Moderator eine Tür, hinter der sich eine Ziege befindet.
- Danach muss der Kandidat sich entscheiden, welche Tür er öffnen will.

Einfach, oder? Angenommen, der Kandidat zeigt auf Tür A, dann öffnet der Moderator Tür B, hinter der sich eine Ziege befindet. Sollte der Kandidat nun …

- … weiterhin bei Tür A bleiben?
- … zu Tür C wechseln?
- … oder ist es egal, weil die Wahrscheinlichkeit in beiden Fällen gleich hoch ist?

Spontan neigen wir zur dritten Antwort; denn gefühlt liegt die Chance bei 50/50. In Wahrheit verdoppelt der Kandidat seine Chance auf ein Auto, wenn er wechselt. Auch dies begreifen wir erst dann, wenn wir alle Möglichkeiten akribisch aufschreiben (und mit hohem Denkaufwand das intuitive System 1 ausschalten).

Solche Denkaufgaben lehren Demut, weil wir mit sehr simplen Beispielen bereits an unsere intellektuellen Grenzen geraten. Und sie zeigen, über den Fehler, die Struktur unseres Denkens auf. Wie bei einem Wettstreit, der vor gut 30 Jahren an einer der renommiertesten Universitäten der USA stattfand.

Es war ein Wettkampf mit ungleichen Startchancen; auf der einen Seite *Rattus norvegicus*, die gemeine Wanderratte, ein Dutzendexemplar aus dem Labor, graues Fell, kleine Augen, nackter Schwanz. Auf der anderen Seite *Homo sapiens sapiens*, und nicht irgendwelche: eine Auswahl der Besten, Studenten der Elite-Universität Yale.

Die Aufgabe ist einfach, aber nicht jeder kommt gut damit zurecht.

Ein T-förmiges Labyrinth, die Ratte sitzt am Fuß des Ts, an beiden Armen befindet sich eine Futterluke. Mal öffnet sich die linke, mal die rechte Seite. Mensch und Ratte sollen vorhersagen, wo die nächste Ration zu haben ist, doch die Verteilung ist nicht gleich: Links gibt es in 60 Prozent der Fälle Futter, rechts nur in 40 Prozent. Die Ratte begreift schnell, geht konsequent immer zur linken Seite. Am Ende schafft sie damit eine Erfolgsquote von fast 60 Prozent.

Das ist den Yale-Studenten nicht gut genug. Die Strategie der Ratte nimmt 40 Prozent Verlust in Kauf, und wir Menschen hassen es, zu verlieren. Die Studenten versuchen stattdessen, der Futtermaschine auf die Schliche zu kommen: Wie war der Rhythmus gleich? Links, rechts, links, links? Was ist also als Nächstes dran?

Sie suchen eine göttliche Ordnung im Algorithmus des Zufallsgenerators. Und landen am Ende bei einer Erfolgsquote von 52 Prozent.

Das Experiment wirft ernste Fragen auf: Warum waren die Studenten nicht in der Lage, den Versuchsaufbau zu durchschauen? Warum sahen sie nicht ein, dass menschliche Intuition gegen den Zufall machtlos ist? Und dass es deswegen nur eine sinnvolle Lösung für dieses Problem gibt – eine Einsicht, die der Ratte offenbar keine Schwierigkeiten machte?

Die Antwort liegt in den Heuristiken: Die Studenten saßen einer Reihe von Denkfehlern auf. Etwa dem Spielerfehlschluss, dem Glauben, dass beim Würfeln nach einer Serie von drei Sechsern eine vierte Sechs extrem unwahrscheinlich wäre (obwohl die Wahrscheinlichkeit bei jedem Wurf immer gleich hoch ist: ein Sechstel). Sie unterlagen der Kontrollillusion, dem Gefühl, sie könnten den Versuchsaufbau kraft ihrer

Intelligenz in den Griff bekommen. Und vor allem der Pareidolie, der Tendenz des Gehirns, bei seiner unablässigen Suche nach Bekanntem, nach Konzepten, nach Mustern und Bildern diese auch im Zufälligen zu erkennen. Es ist das gleiche Denkmuster, das uns aus einem Haufen zufällig angeordneter Steine auf einem fernen Planeten ein »Marsgesicht« erscheinen lässt (»Apophänie«). Experimente zeigen: Wenn wir einem Roboter Fragen stellen und wissen, dass die Antworten zufällig sind, neigen wir dennoch dazu, dem Roboter menschliche Eigenschaften zuzuschreiben – und zwar umso mehr (!), je unvorhersehbarer die Antworten des Roboters sind. Gerade die unvorhersehbaren Antworten kitzeln unsere Neugier und lassen den Roboter dickköpfig und eigensinnig erscheinen – obwohl er doch nur eine Blechdose ohne Charakter ist. Dem gleichen Denkfehler saßen auch die Studenten auf.

Zu den Zeugen des Yale/Ratten-Experiments gehörte auch Philip Tetlock, ein junger Psychologe. Ihn trieb noch eine weitere Frage um: Wenn wir schon in einem so einfachen Versuchsaufbau versagen, wie viel sind unsere Vorhersagen dann in komplexen Zusammenhängen wert?

Diese Fragen ließen Tetlock keine Ruhe. Mitte der 1980er Jahre setzte er ein gewaltiges Experiment in Gang: Er befragte 284 Experten – Politik- und Wirtschaftswissenschaftler, Journalisten und Berater – zu den Weltläuften. Würde die Apartheid in Südafrika friedlich enden? Würde es in der Sowjetunion einen Putsch gegen Gorbatschow geben? Würde die Provinz Quebec aus Kanada ausscheren?

Über 20 Jahre hinweg sammelte Tetlock mit seinen präzisen Fragen 82 361 Voraussagen. Deren Auswertung war niederschmetternd. Die Experten versagten quer durch die Bank: Ihre Vorhersagen trafen seltener ein als das statistische Mittel. Oder, wie Tetlock es formulierte: Affen, die Dartpfeile auf eine Zielscheibe werfen, haben eine höhere Trefferquote. Und am schlechtesten schnitten ausgerechnet jene Experten ab, die das beste Renommee hatten. Das Ergebnis ist nach wie vor aktuell: Zum Beispiel sah aus der Hundertschaft der Experten für den Nahen Osten niemand den »Arabischen Frühling« voraus. Und mitten im Arabischen Frühling wusste niemand, wie desolat die Lage bereits ein Jahr später in den Ländern sein würde.

Als Tetlock die Experten später nach ihren Vorhersagen fragte, gaben die meisten an, im Prinzip genau das Richtige prognostiziert zu haben – auch wenn sie in Wahrheit weit daneben gelegen hatten. In ihrer Erinnerung hatten sie sich den Widerspruch zwischen Vorhersage und Realität längst zurechtgebogen. Dieser »Rückschaufehler« hilft uns, unser positives Selbstbild aufrechtzuerhalten – leider verringert er auch den Anreiz, aus unseren Fehlern zu lernen.

Die Schwäche der Experten bezieht sich nicht nur auf das weite (und weiche) Feld der politischen Geschehnisse. Noch gravierender (und teurer) sind Irrtümer, wenn es um Geschäfte auf den internationalen Aktien- und Finanzmärkten geht. Die Trader dort befinden sich in einer an sich absurden Situation: Alle Beteiligten am Markt verfügen über mehr oder weniger dieselbe Information, müssten also als Profis in der Lage sein, den Wert einer Aktie oder eines Terminpapiers einigermaßen solide einschätzen zu können. Dennoch werden täglich Millionen Geschäfte abgeschlossen, bei denen in der Regel beide Beteiligten glauben, sie hätten ein gutes Geschäft gemacht.

Wie gesagt: Wir halten uns alle für überdurchschnittlich.

Als Daniel Kahneman von einer Investmentbank, die superreiche Kunden berät, als Referent eingeladen wurde, nahm er sich die Daten der Berater und der Bank vor und verglich die »Performance« über einen Zeitraum von mehreren Jahren.

Das Ergebnis, über das Kahneman in seinem Buch *Schnelles Denken, langsames Denken* berichtet, war niederschmetternd; kaum besser als das, was zuvor Philip Tetlock ans Licht gebracht hatte: Die statistische Korrelation zwischen der Expertise eines Beraters und der Validität seiner Empfehlungen war ziemlich exakt null. Zwar verarbeiten die Händler enorme Mengen an Information, arbeiten womöglich brutale Überstunden unter hohem Druck – doch all das versetzt sie nicht in die Lage, die eine, entscheidende Frage zu beantworten: Ist der Preis einer Aktie zu hoch oder zu niedrig angesetzt? Die gesamte professionelle Kultur der Finanzindustrie, schloss Kahneman, beruht auf einer »Illusion von Können«. Erfolgreiche Trader? Nichts anderes als eine Glückssträhne. Über den Zeitraum von mehreren Jahren nähern sie sich immer mehr dem Durchschnitt ihrer Zunft an.

Als Kahneman seine Erkenntnisse den Managern der Investmentbank schonend beibringen wollte, war die Reaktion indifferent. Kahneman warnte: »Sie belohnen bei Ihren Mitarbeitern Glück, als wäre es eine Fähigkeit«, doch die Manager waren unbeeindruckt. Es sei bekannt, dass die Performance »Schwankungen unterworfen« sei, so die lapidare Antwort. Auch wenn Kahneman versichert, die Manager an der Wall Street seien überzeugt, dass sie mit ihrer Arbeit Werte schaffen, spielt sicher auch eine Rolle, dass die gesamte Branche darauf beruht, nicht existierende Fähigkeiten teuer zu verkaufen: Hier vermischen sich kognitive Illusion und Geschäftsmodell.

Der Aktienmarkt bietet vielfältige Chancen, mit Heuristiken viel Geld zu verlieren. Zu den gängigen Fehlern zählt, ertragreiche Aktien zu früh zu verkaufen und im Gegenzug jene, die Geld verlieren, zu lange im Portfolio zu halten. Wenn wir beim Handel gerade mal Glück haben, halten wir uns für begabt und gehen viel zu hohe Risiken ein. Wenn andere verkaufen, lassen wir uns von der Angst anstecken. Und wenn eine Aktie steigt und steigt und steigt, halten wir es unwahrscheinlich, dass sie fällt. Bis sie fällt.

Auch Profis tappen wieder und wieder in dieselbe Falle – auch, weil auf dem Finanzmarkt längst in Größenordnungen gerechnet wird, für die wir keinen Maßstab mehr haben. Die Fehlerforschung hat dafür den Begriff von der »Welt der mittleren Dimensionen« geprägt: Wir können Sekunden und Jahre, Millimeter und Kilometer, Gramm und Tonne noch gut intuitiv erfassen. Was darüber oder darunter liegt – Erdzeitalter, Lichtjahre, Molekulargewichte –, verstehen wir allenfalls noch theoretisch. Was für den Computer nichts weiter als ein paar weitere Nullen vor oder nach dem Komma sind, bedeutet für den Menschen die Schwelle vom Konkreten ins Abstrakte, in eine Welt, in der wir unserer Intuition nicht mehr trauen können.

Die Finanzmärkte bewegen sich längst in Dimensionen weit jenseits unserer Vorstellungskraft. Die vergleichsweise bescheidene Summe von einer Milliarde Euro besteht in der Realität aus zehn Holz-Paletten, auf denen meterhoch 100-Euro-Scheine gestapelt sind. Weil wir so einen Haufen Geld nie mit eigenen Augen gesehen haben, lässt sich unsere Schmerzgrenze für »Rettungsschirme« immer weiter nach oben verschieben. Wir folgen der Ankerheuristik, jener mentalen Abkürzung, die auch die Studenten bewog, ihre Auktionsangebote anhand ihrer Sozialversicherungsnummer festzulegen.

»Das Problem liegt darin, dass wir unsere kognitiven Mechanismen für biologisch nicht vorgesehene Aufgaben einsetzen«, erklärt der deutsche Fehlerforscher Ulrich Frey. Er argumentiert, dass wir unsere Heuristiken evolutionär entwickelt haben: »Wir sind nicht auf Genauigkeit geeicht, sondern auf Einfachheit und Schnelligkeit.«

Keine erfreuliche Erkenntnis in einer Welt, die immer mehr miteinander verwoben ist. Und in der die Wechselwirkungen vielfältiger werden und nicht einfacher. Gerade, wenn es eigentlich darum geht, so viel Information wie möglich auszuwerten, führen die mentalen Abkürzungen zu fatalen Fehlschlüssen. Gefährlich wird dies, wenn wir uns in komplexe Systeme einmischen, die wir allenfalls an der Oberfläche verstehen. Etwa, wenn wir die Meere düngen, um dem Treibhauseffekt zu begegnen, wobei wir nur einen einzigen Wirkmechanismus im Blick haben – Algen verbrauchen CO_2 – und völlig vernachlässigen, was in den Meeren alles geschehen könnte, wenn etwa die Algen zur Plage werden. Dann handeln wir wie ein Schach-Anfänger, der voller Freude die gegnerische Dame vom Feld räumt, ohne zu begreifen, dass er damit schon im nächsten Zug seine eigene Dame einbüßen wird.

Wenn wir versuchen, in die Zukunft zu blicken – wie etwa beim Kauf von Aktien oder bei der Einschätzung der Frage, ob und wann England aus der EU austreten wird –, nimmt die Komplexität exponentiell zu. Jeden Tag können unerwartete Ereignisse eintreten – Tyrannenmord, Kriegserklärung, Skandalenthüllung –, die alle Berechnungen über den Haufen werfen. Voraussagen in die Zukunft überfordern die Kapazität unseres Gehirns »um Zehnerpotenzen«, warnt Fehlerforscher Frey.

Davon lassen wir uns auch dann nicht abbringen, wenn wir sogar Geld damit verlieren. Je komplexer das Problem, umso intuitiver unsere Lösungsstrategie: Genau das hat uns die Evolution gelehrt. Heuristiken haben eine lange Geschichte; wir haben sie in der Savanne entwickelt, wo Schnelligkeit über Essen oder Hunger entscheidet. Wie stark uns dieses längst entschwundene Leben noch heute prägt, lässt sich auch daran ersehen, »dass wir in jedem modernen Großstadtmenschen eine Phobie gegen Schlangen oder Spinnen erzeugen können, nicht aber gegen die viel gefährlicheren Autos«, erklärt Frey. Offenbar sind wir nicht gewillt, unsere sehr alten Heuristiken wegen ein paar Fehlschlägen auf Aktienmarkt oder Autobahn aufzugeben: »Vier Millionen Jahren als Jäger und Sammler stehen gerade einmal 400 Jahre moderne Wissenschaft gegenüber.«

Dort, wo Wissenschaft auf das tägliche Leben trifft, können Heuristiken ein Segen sein, aber auch lebensgefährliche Folgen haben. In der Notaufnahme eines Krankenhauses sind erfahrene Ärzte gefragt, die anhand weniger Symptome schnelle Diagnosen stellen können. Sie müssen die Flut der Patienten in »todkrank« und »kann noch warten« aufteilen. Müssten sie für jeden Patienten erst – wie ein Diagnosecomputer – umfangreiche Daten erheben, wäre die Hälfte womöglich tot, bevor die Therapie begonnen hätte. Ein guter Arzt geht hier heuristisch vor, stellt dem Patienten ein paar Fragen, erhebt schnell die wichtigsten Daten, hört auf den Klang der Stimme, der Atmung, sieht die Farbe der Haut, identifiziert die Haltung: verschafft sich also einen Gesamteindruck und entscheidet dann.

Doch eben diese Erfahrung kann dem Arzt (und damit dem Patienten) zum Verhängnis werden: Geht gerade eine Grippewelle um, mag ein Arzt auf eine Infektion tippen, obwohl die Patientin (Anfang sechzig), die er vor sich hat, in Wahrheit unter einer Vergiftung aufgrund einer Überdosis Aspirin leidet (die sie aus Angst vor der Grippewelle genommen hatte). Ein anderer Arzt hat einen Patienten Mitte vierzig vor sich, der braun gebrannt und durchtrainiert ist, und schickt ihn mit Brustschmerzen nach Hause (»wahrscheinlich ein überdehnter Muskel«). Am nächsten Tag wird der Mann mit Herzinfarkt eingeliefert, den er mit Glück überlebt. Beide Fälle stammen aus der klinischen Praxis und sind typische Fehlschlüsse für Verfügbarkeits- und Repräsentativheuristiken. Im ersten Fall war die Grippediagnose naheliegend, weil die meisten Patienten gerade unter Grippe litten; im zweiten Fall passte der erste Eindruck – ein kerngesunder, durchtrainierter Mann in den besten Jahren – nicht zur möglichen Erkrankung.

Niemand weiß, wie hoch die Rate derartiger Fehldiagnosen ist; veraltete Statistiken aus dem vergangenen Jahrhundert kalkulieren eine Größenordnung von 15 Prozent; doch der Psychologe Pat Croskerry, von dem die obigen Beispiele stammen, rechnet mit einer weitaus höheren Rate. Croskerry, selbst Arzt, beschäftigt sich seit Jahren mit der Frage, wie Ärzte denken. Die meisten Mediziner, so zeigen Studien, ziehen bereits in den ersten Minuten des Patientenkontakts zwei, drei Diagnosen in die engere Wahl.

Wenn unsere Intuition aber erst einmal eine erste Wahl getroffen hat, fällt es uns sehr schwer, diese umzustoßen. Zu den typischen Denkfallen zählt eben auch, dass es uns schwerfällt, nach Gegenbeweisen zu suchen. Dies ist eine entscheidende Denkschwäche, weil sie es uns erschwert, Fehler zu finden und aus ihnen zu lernen. Ein berühmtes Beispiel dazu stammt vom Wissenschaftsphilosophen Karl Popper: Wenn wir glauben, dass alle Schwäne weiß sind, sehen wir in jedem weiteren weißen Schwan eine Bestätigung dieser Theorie. Dabei sind auch 1000 weiße Schwäne wertlos als Beweis. Denn wenn wir *wirklich* wissen wollen, ob alle Schwäne weiß sind, müssen wir nach dem einen schwarzen Schwan suchen, der die Theorie falsifiziert.

Das Problem ist aber, wir wollen nicht falsifizieren: Wir suchen lieber Bestätigung, dass wir richtigliegen.

Auch hier zeigt eine einfache Denksportaufgabe, auf welche Art und Weise wir in die Irre gehen:

- Vier Karten liegen vor uns auf dem Tisch, die Zahlen und Buchstaben zeigen:

|A| |1| |B| |2|

- Es heißt, dass jede Karte, die ein »A« zeigt, auf der anderen Seite eine »1« zeigt.
- Welche Karten müssen wir umdrehen, um das herauszufinden?

Wir greifen natürlich zur Karte »A«, und das ist richtig. Als Nächstes greifen wir instinktiv zur Karte »1«, doch das ist falsch, wir suchen damit lediglich nach weiteren Indizien. Entscheidend für die Richtigkeit der Theorie ist aber die Karte »2«: Steht auf ihrer Rückseite ein »A«, ist die Theorie widerlegt.

Genau das – etwas zu falsifizieren, was wir als Teil der Realität angenommen haben – geht uns aber gegen den Strich. So sehr, dass wir Informationen, die unserer Theorie widersprechen, in unserem Gehirn als »FEHLER!« markieren und aussortieren, wie Hirnscans zeigen. Stattdessen halten wir Ausschau nach Indizien, die unseren Glauben stützen – und gehen damit, wenn wir auf dem Holzweg sind, immer tiefer in die Irre.

Wie können wir uns dagegen wehren? Pat Croskerry rät Entscheidern, sie sollten sich ihrer »vielfachen kognitiven und affektiven Vorlieben bewusst sein«. Ein erfolgreicher Mediziner sei in der Lage, intuitive und analytische Prozesse der jeweiligen Situation anzupassen. Wichtig sei es aber vor allem, sich im kritischen Denken zu schulen, um Fehler rechtzeitig zu erkennen und die Fehlerquelle identifizieren zu können. Das bedeutet, System 2 – unser rationales, klar denkendes Ich – ständig in Alarmbereitschaft zu halten. Für Ärzte in einer

Notaufnahme ist aber genau das schwierig: Denn je mehr Entscheidungen wir im Lauf eines Tages treffen, umso schwächer wird unsere Urteilsfähigkeit und die Fähigkeit, unbequeme Entscheidungen zu treffen. Auch hier stecken wir in einem Dilemma, wie aktuelle Forschung zeigt: Denn auch wenn wir es nicht spüren, unsere Fähigkeit, die richtigen Entscheidungen zu treffen, ermüdet unter Stress. Das Problem liegt in einem Nachlassen unserer Willenskraft.

Die Geschichte der Willenskraftforschung beginnt mit einem einfachen Experiment.

Sind Schwarze auf Trinidad vergnügungssüchtig, die eingewanderten Inder dagegen eher geizig? Als der Persönlichkeitspsychologe Walter Mischel 1955 auf die Karibikinsel reiste, stellte er fest, dass die beiden Ethnien sich gegenseitig mit groben Stereotypen charakterisierten. »Die Ostinder betrachteten die Afrikaner als impulsive Hedonisten, die nur im Moment lebten und niemals für die Zukunft planten«, erzählte Mischel später dem Magazin *The New Yorker*. »Die Afrikaner wiederum klagten, dass die Inder nicht zu leben verstünden und ihr Geld nur in die Matratze stopften.« War an diesen Vorurteilen etwas dran, wollte Mischel wissen, und wenn ja, wie wirkte sich das auf das Leben der Menschen aus?

Mischel, ein österreichischer Jude, der mit seinen Eltern 1938 nach Brooklyn geflüchtet war, versuchte, den Stereotypen auf den Grund zu gehen. Er stellte jeweils ein paar Kinder beider Ethnien vor die Wahl: Entweder bekämen sie jetzt sofort eine kleine Portion Schokolade, oder, wenn sie dafür eine Zeit warten könnten, eine große Portion. Die Ergebnisse waren gemischt; ethnische Unterschiede gab es kaum, dafür zeigten Kinder, die ohne Vater aufwuchsen, weniger Neigung, die Schokoladenration zu verschieben – auch, weil sie dem

Versuchsleiter nicht unbedingt trauten, sein Versprechen auf mehr Schokolade wirklich wahr zu machen.

Zurück in den USA, lehrte Mischel an der Stanford-Universität, die gerade einen Vorschulkindergarten eingerichtet hatte. Im Kindergarten gab es einen Beobachtungsraum mit einseitigem Spiegel, der Mischel zu einem Experiment inspirierte. Kinder wurden einzeln in den Raum geführt, an einen Tisch gesetzt, auf dem ein Teller steht. Auf dem Teller: ein Marshmallow, in Deutschland auch bekannt als Mäusespeck. Mischel sagt den Kindern, er werde den Raum jetzt wieder verlassen, und wenn sie nach ihm klingelten, komme er zurück, dann dürften sie das Marshmallow essen. Wenn sie es aber aushalten könnten zu warten und nicht zu klingeln, komme er am Ende zurück, und sie bekämen ein zweites Marshmallow.

Damit ließ er die Kinder allein.

Wie Kinder heute mit einer solchen Situation umgehen, lässt sich in einem reizenden Video auf youtube beobachten (http://www.youtube.com/watch?v=Y7kjsb7iyms): Manche ringen sichtbar mit sich, andere sind stoisch oder brechen winzige Stückchen ab, um die Wartezeit zu überstehen. Oder sie stopfen sich ohne Federlesens die Süßigkeit einfach in den Mund: Lieber ein Marshmallow SOFORT als zwei irgendwann.

Mischel ließ über Jahre hinweg immer wieder Vorschulkinder für das Experiment antreten, variierte dabei das Objekt der Begierde – Salzgebäck, Schokolinsen –, doch bekannt wurde der Test als Marshmallow-Test.

Zu den Kindern in der Vorschule der Universität gehörten auch Mischels drei Töchter. Jahre später fragte der Psychologe beim Abendessen beiläufig, wie es den Freunden aus der Schule denn gehe – und stellte fest, dass es offenbar Unterschiede gab zwischen jenen, die als kleine Kinder auf das zweite Marshmallow warten konnten, und jenen, die sofort zugegriffen hatten.

Anfang der 1980er Jahre holte Mischel die Kinder – inzwischen Teenager – wieder ins Labor und stellte fest: Es gab eine überraschend eindeutige Korrelation zwischen der Fähigkeit, die Belohnung zu verschieben, und den Schulnoten der Kinder. Diejenigen, die warten konnten, waren in der Schule ganz klar besser. Heute sind die Marshmallow-Kinder allesamt 40 und älter, und in einer aktuellen Studie zeigte sich, dass die disziplinierten Kinder bis heute in Labortests über eine bessere Selbstkontrolle verfügen und erfolgreicher im Beruf sind, stressresistenter und selbstbewusster.

Mischel hatte, halb aus Neugier, halb zufällig, einen der wenigen funktionierenden Persönlichkeitstests erfunden.

Um zu erklären, inwiefern sich die Kinder unterscheiden, entwarf Mischel ein Modell, das zwischen einem »heißen« und einem »kalten« System unterschied und das sich in etwa mit System 1 und 2 von Daniel Kahneman überschneidet. Das kalte System ist berechnend, rational, beherrscht, während das heiße System impulsiv und emotional reagiert. Bei den »Marshmallow SOFORT«-Kindern war das heiße System offenbar in der Lage, seinen kalten Zwilling zu übertrumpfen.

Folgt man den Forschungsergebnissen Mischels, gehört Selbstkontrolle zu den wichtigsten Erfolgsfaktoren im Leben; das bestätigte auch eine Studie in Neuseeland, die 1000 Menschen über einen Zeitraum von 32 Jahren folgte. Das Ergebnis: Menschen mit tendenziell schwacher Selbstkontrolle verdienten weniger Geld und hatten weniger Ersparnisse, kämpften eher mit Alkohol- und Drogenproblemen, lebten häufiger allein und waren viermal häufiger mit dem Gestz in Konflikt geraten.

In den vergangenen Jahren hat sich die Psychologie ausgiebig mit der Frage der Selbstkontrolle beschäftigt. Auch in uns Erwachsenen kämpfen heiß und kalt ständig gegeneinander an – vielleicht nicht, wenn es um Mäusespeck geht, wohl aber bei der Frage, ob wir uns jetzt ein Glas Wein gönnen oder lieber weiterarbeiten, ob wir an einer Aufgabe dranbleiben oder schnell auf Facebook nach unseren Freunden schauen, ob wir eine Diät einhalten oder brechen.

Die entscheidende Ressource für diese Aufgaben ist unsere Willenskraft, und auch wenn unser Grundvorrat dafür offenbar individuell angelegt ist, wie die Langzeitstudien zeigen, lohnt es sich dennoch, bewusst und sparsam damit umzugehen.

Denn Willenskraft, das zeigt faszinierende Forschung aus den vergangenen Jahren, lässt sich offenbar am ehesten mit einem Muskel vergleichen: Wenn wir sie trainieren, wird sie stärker, wenn wir sie aber zu sehr in Anspruch nehmen, erschlafft sie. Dann lockert das kalte System die Zügel, und das heiße System übernimmt die Kontrolle. Und wir beginnen, irrationale Entscheidungen zu treffen. Die Psychologie hat dafür einen drastischen Begriff geprägt: »Ego-Depletion«, die Selbsterschöpfung. Und das hat fatale Folgen.

Drei Männer stehen an drei verschiedenen Tagen vor einem israelischen Bewährungsausschuss. Einer ist jüdischer Israeli, zwei sind Araber. Alle drei haben zwei Drittel ihrer Haftstrafe verbüßt; eigentlich könnten sie auf Bewährung entlassen werden. Doch nur einer kommt frei. Warum?

Als Forscher der israelischen Ben-Gurion- und der amerikanischen Stanford-Universität mehr als 1100 Entscheidungen des Bewährungsausschusses unter die Lupe nahmen, rechneten sie mit allem Möglichen: Spielte die Schwere der Tat eine Rolle bei der Entscheidung des Ausschusses? Die Höhe der

Strafe, das Alter, der Wohnort oder die ethnische Herkunft? Die Antwort war verblüffend: Entscheidend war nicht, ob Jude, Araber oder Palästinenser – sondern Morgen, Mittag oder Abend.

70 Prozent aller Gefangenen, die am Morgen vor den Ausschuss traten, wurden freigelassen, doch nur zehn Prozent derer, die am Abend erschienen.

Der Grund für die niedrigen Bewährungsraten am Abend, so mutmaßt der Sozialpsychologe Roy F. Baumeister, liegt darin, dass die Willenskraft der Ausschussmitglieder – ein Richter, ein Sozialarbeiter, ein Kriminologe – schlicht aufgebraucht war. Dies führt, so argumentiert Baumeister, zur »Entscheidungserschöpfung«: Jede Entscheidung verlangt uns mentale Energie ab, und wenn diese Energiequelle zu versiegen droht, wählen wir die leichtere Alternative. Für den Bewährungsausschuss war diese, die Bewährung zu versagen: Kein Risiko, die Strafgefangenen gehen zurück in den Knast.

Baumeister hat das Versiegen der Willenskraft in einer Reihe von Experimenten erforscht. Seine Probanden mussten zum Beispiel versuchen, beim Zuschauen eines tränentreibenden Films keine Emotionen zu zeigen, oder sollten frisch gebackene Kekse ablehnen. Beides war leicht zu bewerkstelligen, doch wenn sie anschließend Aufgaben absolvieren sollten, die Disziplin verlangten – einen Handgriff-Trainer pressen, geometrische Puzzles lösen –, schnitten sie schlechter ab als Vergleichsprobanden.

Viel erstaunlicher aber war, dass dieser Effekt nicht nur bei Disziplinaufgaben auftrat, sondern dass auch ganz alltägliche Entscheidungen offenbar an unserer Willenskraft zehren. Baumeister jagte Testpersonen durch eine Serie simpler Auswahlverfahren, in denen sie sich jeweils zwischen zwei Dingen – Stifte oder Kerze, Kerze oder T-Shirt – entscheiden sollten.

Am Ende mussten sie ihre Hand in Eiswasser halten, ein klassischer Test für Selbstkontrolle: Der Kopf sagt, »Halt durch!«, der Bauch sagt, »die Hand ist unangenehm kalt!« Diejenigen, die vorher durch die Auswahl gescheucht worden waren, hielten nur 28 Sekunden durch – Vergleichspersonen schafften 67 Sekunden.

Vor wenigen Jahren schien »Willenskraft« noch ein Konzept aus dem prüden und puritanischen 19. Jahrhundert, inzwischen gibt die American Psychological Association (APA) einen Leitfaden zum Thema heraus.

In Deutschland ist das psychologische Konzept noch wenig bekannt, doch es waren deutsche Forscher, die am Beispiel von Autokäufern zeigten, wie sich die Entscheidungserschöpfung auswirkt. Wurden die Käufer beim Auswählen des Neuwagens durch einen langen Prozess komplizierter Fragen geschleust – welche Farbe, welcher Farbton, metallic oder nicht –, fehlte ihnen am Ende die Kraft, noch echte Entscheidungen zu treffen: Sie akzeptierten leichthin die Empfehlungen der Verkäufer. Und gaben 1500 Euro im Schnitt mehr aus.

Auch die Hirnforschung hat sich des Themas angenommen und festgestellt: Lässt unsere Willenskraft nach, verändert sich unser Denken. Die Aktivität im *Nucleus accumbens* nimmt zu, im Mandelkern nimmt sie ab. Konkret bedeutet das, vermuten die Hirnforscher, dass wir das Belohnungszentrum aktivieren und die Selbstkontrolle herunterfahren. Allgemeine körperliche Erschöpfung spielt dabei keine Rolle; Testpersonen, die 24 Stunden nicht geschlafen hatten, schnitten nicht schlechter ab als ausgeruhte Kandidaten. Inzwischen gibt es auch eine Theorie dafür, was unsere Entscheidungsschwäche auslöst: Zuckermangel im Gehirn. Mit zuckersüßer Limonade lässt sich der Mangel beheben, mit süßstoffgesüßter aber nicht.

Der Sozialpsychologe Roy Baumeister sieht in der Willenskrafterschöpfung die Ursache für weitreichende gesellschaftliche Folgen. Wir richten unser Leben auf maximale individuelle Freiheit aus, doch das verlangt uns eine Fülle von Entscheidungen ab. Allein das Smartphone stellt uns ständig vor die Wahl, im Internet zu surfen, Mails abzufragen, Facebook-Einträge zu lesen. Was, wenn wir damit Energie verbrauchen, die wir anderswo dringender benötigten? Was, wenn wir im Tagesverlauf auch deswegen Fehler begehen, weil wir uns schon beim Frühstück zwischen vier verschiedenen Cerealien entscheiden müssen?

Für Menschen auf Diät stellt das Problem eine klassische Zwickmühle dar. Wer eine Diät halten will, braucht ständige Selbstkontrolle, weil die Versuchung zu essen permanent abgewehrt werden muss. Das zehrt am Zuckervorrat im Gehirn; mit nachlassender Glukoseversorgung sinkt auch die Willenskraft und wächst die Gefahr, dass das »heiße« System die Kontrolle übernimmt. So paradox es klingt: Wer eine Diät durchhalten will, muss ausreichend essen, um sein Gehirn mit Glukose zu versorgen.

Wer in Armut lebt, für den gerät die nachlassende Willenskraft zur Falle: Bei einer Untersuchung in Indien zeigten Menschen, die sich für oder gegen ein Stück Seife entscheiden sollten, deutliche Anzeichen von Entscheidungserschöpfung. Wer beim Einkaufen immer rechnen muss, ob das Geld reicht, hat am Ende nicht mehr genügend Kraft, den vielfachen Verlockungen der Supermärkte zu widerstehen – und kauft Dinge, die er nicht braucht und die er sich nicht leisten kann.

Warum machen wir Fehler? Vor allem, weil wir uns der Fehlerquellen nicht bewusst sind. Wer die gängigen Denkfallen und mentalen Abkürzungen kennt, weiß, dass unsere Intuition nicht allein auf Erfahrung beruht, sondern vielleicht auch auf einem evolutionären Entwicklungsschritt der Spezies. Wenn wir uns bewusst sind, dass wir Naheliegendes bevorzugen, dass wir plausibel und wahrscheinlich verwechseln, können wir uns selbst davor bewahren, in die Irre zu gehen. So lassen sich aus dem Wissen um Heuristiken und Willenskraft Lehren ziehen: Wer seinen Tag strukturiert, muss weniger spontane Entscheidungen treffen und wird seine Selbstdisziplin länger aufrechterhalten können. Wer schwierige Entscheidungen vor sich hat, sollte sich bewusst sein, dass wir im Umgang mit komplexen Systemen zu einfachen Schlüssen neigen.

Vorsicht, Technik!

Vom Umgang mit Maschinen

Die Tücken der menschlichen Wahrnehmung sind schon beim Leben in der Savanne eine Herausforderung. Doch die Welt, in der wir uns eingerichtet haben, verlangt mehr von uns, als nur im hohen Gras nach Jäger oder Beute Ausschau zu halten. Etwa, wenn wir uns in den Leitstand von Atomkraftwerken begeben, um eine potenziell katastrophale Kettenreaktion kunstvoll so gerade noch im Zaum zu halten. Oder wenn wir uns anmaßen, hunderte Tonnen Stahl und Aluminium mit Schallgeschwindigkeit über den Atlantik zu jagen. Im Umgang mit Technik verlieren Fehler das Spielerische der Lernerfahrung: Sie werden zur tödlichen Bedrohung.

Ein lauer Abend in São Paulo, Brasilien, 31. Mai 2009. Gegen 18:30 Uhr werden die Passagiere des Air-France-Flugs 447 im Galeão International Airport zum Gate gebeten, ihr Flug nach Paris ist einsteigebereit. 216 Passagiere gehen an Bord, die meisten sind Franzosen und Brasilianer, darunter ein Nachfahre des letzten brasilianischen Kaisers Peter II. Um 19:10 Uhr startet Captain Marc Dubois, 58 Jahre alt, die Motoren, um 19:29 Uhr hebt der Airbus 330 ab. Das Flugzeug ist vier Jahre alt; noch nie hat es mit diesem Typus einen schweren Unfall gegeben. Bis zu dieser Nacht.

Kurz vor 23 Uhr Ortszeit verabschiedet sich die Crew per Funk von der brasilianischen Flugsicherung. Für die nächsten Stunden sind die Piloten auf sich allein gestellt. Sie fliegen jetzt über den offenen Atlantik, und für die Nacht sind heftige Gewitter in der Zone angesagt. Die Piloten erleben ein Elmsfeuer, eine seltene, buntfarbige Gasentladung, ähnlich einem Nordlicht, die in der Nähe von Gewittern vorkommt. Eigentlich besteht kein Grund zur Sorge: Ein moderner Passagierjet widersteht auch heftigen Unwettern. Dennoch – sicher ist sicher – entscheiden sich in dieser Nacht die Crews von drei anderen Flügen, dieser Gewitterfront auszuweichen. Kapitän Marc Dubois sieht dafür offenbar keinen Grund.

Gegen 23:02 Uhr übergibt der Kapitän dem jüngeren der beiden Kopiloten das Steuer, um sich in die Kabine zurückzuziehen. Er hält seine Anwesenheit im Cockpit trotz der Unwetter nicht für nötig. Der Airbus 330 gehört zu den sichersten Flugzeugen der Welt. Er wird elektronisch gesteuert und ist mit einem Bordcomputer ausgestattet, der die Gefahr menschlichen oder technischen Versagens auf ein Minimum reduzieren soll. Die Software im Computer ist das Ergebnis jahrzehntelanger Fehlererfahrung: Alles, was im Flugverkehr in der Vergangenheit schiefgegangen ist, floss in ihre Entwicklung ein, um es für die Zukunft auszuschließen. Sie hat aus den Fehlern der Vergangenheit gelernt, doch sie kann nicht die Fehler voraussehen, die in dieser Nacht geschehen werden.

Hinten in der Passagierkabine richten sich die Menschen auf die Nacht ein.

Der Airbus wird jetzt von Pierre-Cédric Bonin gesteuert, 32 Jahre alt, 2900 Flugstunden. Als sich das Flugzeug der Gewitterfront nähert, entscheiden die beiden Kopiloten, ein wenig nach links auszuweichen. Sie können nicht höher steigen, da die Wolken sehr hoch reichen. Die Temperatur ist mit minus 40 Grad ungewöhnlich warm und die Luft in dieser Höhe bereits sehr dünn. Die Feuchtigkeit beginnt, sich auf dem Flugzeug als Eiskristalle niederzuschlagen; die Piloten schalten die Enteisung an.

Um 23:10 Uhr tönt ein Warnsignal im Cockpit. Grund dafür sind die drei Staurohre an der Spitze des Flugzeugs. Die dünnen kreisrunden Röhren haben eine schmale Öffnung, durch die Luft frontal einströmt. Aus dem Strömungsdruck der Luft errechnet sich die Geschwindigkeit des Flugzeugs. Jetzt sind die Staurohre offenbar vereist und liefern keine Informationen mehr, was den Autopiloten zum Abschalten zwingt. Die Piloten haben jetzt keinen Fahrtmesser mehr, aber solange sie das Flugzeug auf gleicher Höhe halten und den Schub nicht verändern, bleibt die Geschwindigkeit konstant.

Das weiß eigentlich auch Pierre-Cédric Bonin. »Ich habe die Steuerung«, sagt er zu David Robert, der mit 6500 Flugstunden eigentlich der erfahrenere Flugzeugführer wäre. Dann beginnt Bonin, den Joystick an seiner rechten Hand nach hinten zu drücken. Das Flugzeug steigt leicht, aber stetig nach oben.

Was genau den jungen Kopiloten dazu veranlasst, wird nie herauszufinden sein. Möglicherweise sieht er Gefahr in den Gewitterwolken und will ihnen ausweichen. Sicher ist, Bonin hat zu wenig Erfahrung, das Flugzeug »instinktiv« zu lenken. Eine solche Situation hat er nie erlebt. Manuell fliegt er das Flugzeug in der Regel nur beim Start oder bei der Landung, und da macht es Sinn, bei Gefahr zuerst an Höhe zu gewinnen. In großer Höhe ist dies fatal.

Als Bonin den Airbus steigen lässt, sinkt die Geschwindigkeit. In großer Höhe bleibt wenig Fehlertoleranz; in der dünnen Luft generieren die Flügel weniger Auftrieb, die Triebwerke weniger Schub. Der A330 wiegt voll beladen 240 Tonnen. Die größte Gefahr beim Fliegen ist der Strömungsabriss; wenn das Flugzeug zu langsam wird, gerieren die Flügel auf einen Schlag keinen Auftrieb mehr. Dann schmiert das Flugzeug ab und kann nicht mehr gesteuert werden.

Dies darf nicht passieren, darauf ist auch der Bordcomputer programmiert. Er warnt die beiden Piloten, dass das Flugzeug die programmierte Reiseflughöhe verlassen hat. Kurz darauf scheppert die Warnung vor dem Strömungsabriss durchs Cockpit, eine synthethische Stimme ruft »STALL!! STALL!!«, gefolgt von einem durchdringenden Ratschgeräusch. Sowohl die Stimme als auch das Geräusch sind extra so nervtötend, dass sie unmöglich zu überhören sind. Die Warnung ist unmissverständlich, und sie ist der Albtraum jedes Piloten. Doch den beiden Kopiloten ist immer noch nicht klar, was eigentlich passiert.

»Was ist los?«, ruft Robert.

»Es gibt keine … keine Geschwindigkeitsanzeige!«, antwortet Bonin.

Die Warnung vor dem Strömungsabriss beginnt wieder zu schnarren. Als das Enteisungssystem greift und die Geschwindigkeitsanzeige wieder zu arbeiten beginnt, wird den Piloten klar, dass sie kaum schneller unterwegs sind als ein Auto auf der Autobahn – nur etwa ein Fünftel der notwendigen Geschwindigkeit. Doch immerhin: Das Flugzeug funktioniert nun vollkommen normal. Es würde genügen, die Nase des Airbus zu senken, ein paar tausend Fuß abzusteigen, um Geschwindigkeit und Stabilität zu gewinnen. Und dann den Flug fortzusetzen, als wäre nichts gewesen. Der französische Pilot und Autor Jean-Pierre Otelli, der die Cockpit-Konversation im Flug 447 aufgearbeitet und veröffentlicht hat, konnte den Flug im Simulator ohne Mühe wieder unter Kontrolle bringen.

Doch Bonin ist in nackte Panik geraten. Möglicherweise ist er bereits unfähig, klar zu denken. Der New Yorker Wissenschaftsautor Jeff Wise, der ein Buch über menschliche Reaktionen in Situationen extremer Angst geschrieben und den Unfall haarklein analysiert hat, vermutet, dass Bonin womöglich einen »brain freeze« erlitt: einen Zustand, in dem das rationale Denken weitgehend abgeschaltet ist und das Unbewusste die Kontrolle übernimmt.

Bonin hält den Steuerhebel umklammert und zieht ihn mit aller Kraft nach hinten.

Für die beiden Piloten führt dies zu einer eigenartigen Situation: Die Nase des Flugzeugs zeigt nach oben, als würden sie steigen, die Triebwerke arbeiten mit vollem Schub. Doch das Flugzeug sinkt in einem Winkel von 40 Grad, wie ein Blatt im Herbst.

Die Passagiere ahnen nicht, dass sie sich in Gefahr befinden. Sicher ist der Flug etwas ungemütlicher als normal, doch niemand informiert sie über die Notsituation.

Bonin und Robert rufen nach dem Kapitän. »Was zum Teufel macht ihr?«, poltert Dubois, als er ins Cockpit kommt. Die Warnung für den Strömungsabriss scheppert unablässig, und Bonin ruft: »Wir haben die Kontrolle über das Flugzeug verloren!« – »Wir haben alles versucht!«, ergänzt Robert und fragt bang: »Was sollen wir tun?«

Dubois antwortet: »Na, das weiß ich auch nicht.«

Das Flugzeug fällt nun wie ein Stein.

»Steigen, steigen, steigen!«, fordert Robert.

Und Bonin antwortet: »Aber das mache ich doch schon die ganze Zeit!«

Erst jetzt erfasst Kapitän Dubois die Situation: »Nein, nein, nein, nicht steigen, nein!«

Robert übernimmt die Steuerung, senkt die Nase, doch

nun rast das Flugzeug in wenigen hundert Metern Höhe auf den Ozean zu, mehr Alarmtöne schrillen: die Bodenwarnung.

»Verdammt, wir stürzen ab, das kann doch nicht wahr sein!«, schreit Bonin, bevor er eigenmächtig das Ruder noch ein letztes Mal hochreißt.

Fünf Sekunden später sind alle 216 Passagiere, neun Stewardessen und die drei Piloten tot.

Ein voll funktionsfähiges Flugzeug neuester Bauart stürzt ohne Not vom Himmel, und drei Piloten und der Bordcomputer können es nicht verhindern: Flug AF 447 wirft grundsätzliche Fragen auf, wie wir mit Technik umgehen. Seit Jahren tobt in der Luftfahrt der Streit um die Frage, bis zu welcher Grenze Automatisierung das Cockpit sicherer macht und wie viel Kontrolle in der Hand der Piloten bleiben sollte. Möglicherweise fühlten sich die Piloten von AF 447 lange Zeit zu sicher: Kapitän Dubois, mit 11 000 Flugstunden der bei Weitem Erfahrenste der drei, sah in der Sturmfront keine Bedrohung, die sich vor dem Flugzeug aufbaute, und legte sich schlafen. So gering schätzte er die Gefahr ein, dass er das Steuer dem jüngeren, unerfahreneren seiner beiden Kopiloten überließ. Dubois hätte, mit 58 Jahren, das Flugzeug niemals in eine so fatale Lage gebracht: Er war auf Maschinen trainiert worden, in denen die Piloten die Flugzeuge noch viel mehr selber flogen. Allerdings waren zu dieser Zeit Abstürze auch noch häufiger. Die Automatisierung im Cockpit trug viel dazu bei, dass auch am Unglückstag selbst – wie an jedem Tag – weltweit 93 000 Flugzeuge ohne gravierende Probleme starteten und landeten und Millionen Menschen sicher ihr Ziel erreichten.

Der Flugfehler von Pierre-Cédric Bonin war so elementar, dass er keinem Cessna-Piloten unterlaufen würde: Wer eine einmotorige Maschine bis zum Strömungsabriss in die Höhe jagt, merkt, dass das schüttelnde, an den Hebeln zerrende Flugzeug Gefahr läuft abzustürzen. Für Pierre-Cédric Bonin allerdings war der Airbus eine vollautomatische Maschine mit so vielen Sicherheitseinrichtungen, dass es ihm womöglich gar nicht in den Sinn kam, er könnte das Flugzeug überhaupt zum Absturz bringen: »Das kann doch nicht wahr sein!«

Auslöser für das Unglück waren die vereisten Staurohre; und Airbus war bekannt, dass es mit diesem Typus Probleme gab (inzwischen wurden alle ausgetauscht). Doch der Umgang mit diesem relativ geringfügigen Problem war eindeutig ein Pilotenfehler. Dabei hatten die Airbus-Konstrukteure eigentlich alles getan, die Crew ihrer Flugzeuge mit Warnmeldungen über jede Lage zu informieren. Konnten sie einen so grundsätzlichen Flugfehler voraussehen? Hätten sie dafür vorsorgen müssen? Das Flugzeug war im manuellen Modus, als das Unglück geschah, aber müsste der Bordcomputer in der Lage sein, beim Erkennen schwerer Fehler dem Piloten das Steuer aus der Hand zu nehmen?

Wenn es um die Rettung von 228 Menschenleben geht, wer muss im Cockpit das letzte Wort haben? Mensch oder Maschine?

Bei Militäreinsätzen in aller Welt sind bemannte Flugkörper inzwischen die Ausnahme: Ferngesteuerte Drohnen fliegen die meisten Einsätze, sammeln Informationen, bringen Bomben ins Ziel. Die »Piloten« der Drohnenflieger, die in Pakistans Provinz Wasiristan Al-Qaida-Mitglieder jagen, sitzen in Containerbüros irgendwo im Mittleren Westen der USA. Hätte eine solche Steuerung AF 447 gerettet? »Vielleicht ist die Vorstellung, wir sollten uns auf einen Menschen im Cockpit verlassen, eine Sentimentalität, die uns teuer zu stehen kommt«, schreibt der Wissenschaftsautor Jeff Wise in *Psychology Today*.

Wirklich?

Die 150 Passagiere an Bord des ebenfalls berühmt gewordenen United-Airlines-Flug 1549 wären sicher anderer Ansicht. Der Airbus 320 hob am 15. Januar 2009 vom New Yorker LaGuardia-Flughafen ab, auch dies ein Routineflug. Doch kurz nach dem Start, über dem New Yorker Stadtteil Bronx, gerät das Flugzeug in einen Schwarm Kanadagänse. Beide Triebwerke werden durch Vogelschlag zerstört.

Aus dem 70 Tonnen schweren Jet ist ein Segelflugzeug geworden, das über einer Millionenstadt schwebt.

Am Steuerknüppel sitzt Chesley Burnett Sullenberger III, Nachfahre Schweizer Einwanderer, 58 Jahr alt (genauso alt wie der Kapitän des Air-France-Fluges). Sullenberger hat 19 000 Flugstunden, er ist gelernter Kampfpilot, trainiert für Kampfeinsätze. Er hat Flugzeuge in extremsten Situationen geflogen; er hat als Berater Flugzeugunglücke untersucht. Aber für das, was in den kommenden Minuten passiert, hat er nie trainiert, und dafür gibt es keine Betriebsanweisung.

Sullenberger bittet zunächst per Funk, nach LaGuardia zurückkehren zu dürfen. Als die Flugsicherung freie Bahn meldet, antwortet Sullenberger, dass er es wohl nicht bis LaGuardia schaffen werde. Er hat nur wenig Höhe – weniger als 1000 Meter, als er mit den Vögeln zusammenstößt –, und kaum Geschwindigkeit. Er fragt nach dem Kleinflughafen Teterboro in New Jersey, den er aus dem Cockpit sehen kann, und als die Flugsicherung Landebahn 1 freigibt, antwortet Sullenberger knapp: »Wir schaffen das nicht.« Auf Nachfrage der Flugsicherung, was er tun wolle, sagt Sullenberger: »Wir werden im Hudson sein.«

Bemerkenswert ist nicht allein das Flugmanöver: Der Airbus schwebt in einer Höhe von weniger als 300 Metern über der George Washington Bridge, zwischen Hochhäusern auf der einen Seite und Wohngebieten auf der anderen des Hudson River. Bemerkenswert ist auch die Ruhe, die Sullenberger in seiner kurzen Kommunikation mit dem Tower ausstrahlt. Hier spricht ein Pilot, von dessen Handlungen in diesem Moment 155 Leben abhängen. Nicht nur darf er keine Fehler machen: Er muss etwas schaffen, was fast unmöglich ist. Notwasserungen gehen fast immer fatal aus, das Flugzeug bricht auseinander; wenn überhaupt, überlebt höchstens ein Teil der Passagiere. Doch Sullenbergers Stimme zeigt keine Anzeichen von Panik.

Sullenberger sagt seinen Fluggästen, sie sollten sich auf den Aufprall vorbereiten. Dann landet er den Airbus so sanft auf dem Hudson River, als wäre es ein Wasserflugzeug. Die Passagiere können in aller Ruhe über die Flügel aus- und auf herbeieilende Fährschiffe umsteigen, bevor das Flugzeug langsam untergeht. Alle werden gerettet, niemand ist ernsthaft verletzt.

Sullenberger verlässt das Flugzeug als Letzter, und als Held. Was er geschafft hat – kein Computer wäre dazu in der Lage gewesen.

Flugzeugabstürze sind extrem selten, doch sie treiben uns um, tagelang, wochenlang. Es ist nicht allein die Anzahl der Toten – allein in den knapp vier Stunden, die der Air-France-Flug bis zum Absturz dauerte, sind weltweit mehr Kinder hungers gestorben, als Passagiere im Airbus saßen. Es ist auch nicht allein der Tod durch Technik; Flugzeugabstürze bewegen uns viel mehr als all die Verkehrsunfälle mit Automobilen, bei denen jedes Jahr mehr als eine Million Menschen weltweit ums Leben kommen.

Flugzeugabstürze bewegen uns zum einen, weil wir die Beklemmung kennen, wenn wir mit 400 Mitreisenden die Startbahn hinabrumpeln, in eine lange, enge Aluminiumröhre gezwängt, die nach unserem Gefühl unmöglich wird abheben können. Und auch wenn der Kopf weiß, dass die Fahrt zum Flughafen gefährlicher war als der Flug über den Atlantik: Der Bauch schätzt die Gefahr anders ein. Automobile kennen wir so gut, dass wir glauben, sie in jeder Situation im Griff zu haben (auch dies leider oft eine Kontrollillusion), und wir ignorieren dabei völlig, dass wir im Straßenverkehr unser Leben auch in die Hände all jener Menschen legen, die in den anderen Autos sitzen – betrunken, verschnupft, abgelenkt und damit womöglich unfähig, die Tonne Stahl, die sie reiten, in der Bahn zu halten. Und doch macht uns das Fliegen mehr Angst: Wir wissen, dass wir kein Flugzeug steuern können und dass wir uns jemand Fremdem anvertrauen.

Vor allem aber führen uns Flugzeugabstürze ein Dilemma drastisch vor Augen: Dass die moderne Welt uns immer wieder überfordert. Die reine Physik hinter dem Fliegen mag trivial sein, doch Entwurf, Bau, Betrieb eines Airbus schaffen ein Maß an Komplexität, das unser fehlerbehaftetes Handeln immer wieder auf die Probe stellen wird. So sehr wir uns auch mühen, wir schaffen es nie, diese Systeme restlos in den Griff zu bekommen. Und das stellt letztlich die moderne Zivilisation infrage: Wenn es uns nicht einmal gelingt, Flugzeugabstürze zu verhindern, dürfen wir dann überhaupt Ölbohrinseln, Chemiefabriken und Atomkraftwerke betreiben?

Seit Jahren beschäftigen sich deswegen Unfallforscher mit den technischen Katastrophen, die uns unregelmäßig, aber immer wieder heimsuchen. Schätzungen zufolge sind 80 Prozent dieser Katastrophen auf »menschliches Versagen« zurückzuführen, doch das ist letztendlich Quatsch: Egal, was auch schiefgeht, letztendlich haben zuvor immer Menschen versagt. Waren es nicht diejenigen, die die Maschine bedienten, dann waren es Konstrukteure oder Aufsichtsbehörden.

Eine der grundlegendsten Analysen zu diesem Thema stammt vom britischen Psychologen James Reason, der das Standardwerk zum »Menschlichen Versagen« geschrieben hat. Alle großtechnischen Anlagen verfügen heute über »eine Vielfalt technisch ausgefeilter Sicherheitssysteme«, argumentiert Reason, so dass selten ein einzelner Bedienfehler oder der Ausfall eines einzelnen Teils zur Katastrophe führt. In hochtechnischen Anlagen sind Menschen heute in der Regel nur noch dazu da, zu überwachen – die Anlage bedient sich selbst. »Dies stellt eine enorme Ingenieursleistung dar«, schreibt Reason, »doch es führt zu einem Handicap. Die Existenz von komplizierten Sicherheitssystemen macht das System für jene undurchsichtig, die es kontrollieren.«

Die größte Gefahr, so Reason, drohe heute nicht mehr von den Bedienern, sondern von den heimtückisch sich akkumulierenden Fehlern und Versäumnissen bei der Planung, Verwaltung und Organisation einer Anlage. Reason nennt diese Fehler »latent«, weil sie über lange Zeit in der Anlage schlummern und erst dann zum Problem werden, wenn zwei oder mehrere dieser »latenten Fehler« sich addieren. Wie Krankheitserreger, die wir im Körper tragen, die aber erst dann zur Krankheit führen, wenn das »System Körper« unter Stress steht. »Wie Krebs oder Herzkrankheiten entstehen Unfälle in komplexen Systemen nicht aus einem einzelnen Grund heraus.« Etwa beim Absturz des Air-France-Fluges: Die offenbar lückenhafte Ausbildung des Kopiloten war im vollautomatisch funktionierenden Airbus kein Problem – bis die Staurohre vereisten und der Autopilot sich abschaltete. Reason veranschaulicht das Problem mit einem »Schweizer-Käse-Modell«: Wir errichten eine Serie von Sicherheitsbarrieren, die uns vor der Katastrophe schützen sollen. In unserer Vorstellung sind diese Barrieren wie stählerne Stauwehre gegen Wasserfluten.

In Wahrheit sind sie aber Scheiben eines Emmentaler Käses: voller Löcher. Diese Löcher bleiben so lange folgenlos, bis einmal die Löcher aller Scheiben hintereinander liegen – und der katstrophale Fehler passiert.

Mit noch mehr technischen Sicherheitsmaßnahmen lässt sich das Problem verzögern, aber nicht beseitigen, sie erhöhen nur die Komplexität des Systems. Und »je komplexer, interaktiver und undurchsichtiger ein System ist, desto höher die Zahl der latenten Fehler«. Zusätzliche Sicherheitsebenen sieht Reason eher als »passive Gefahrenabwehr«, die dennoch niemals Schutz für alle denkbaren und undenkbaren Unwägbarkeiten bieten könnte. Erfolgversprechender sei es, nach den Lücken im Sicherheitssystem – den Löchern im Schweizer Käse – zu suchen und diese zu schließen.

Reason hat eine Reihe von Organisationen unter die Lupe genommen, um zu sehen, wer am besten dazu in der Lage ist, Sicherheit zu garantieren. Er ist dabei auf drei Charaktere gestoßen:

- die Rücksichtslosen, die bereit sind, Sicherheit auf Kosten höherer Profitabilität aufs Spiel zu setzen – zum Beispiel manche Textilfabriken in armen Ländern, die hastig errichtet werden und deren Besitzer kein Geld für Brandschutz ausgeben wollen,
- die Vorsichtigen, die eine möglichst starre Sicherheitsstruktur wollen, die sich hierarchisch verwalten lässt,
- die Mutigen, die bereit sind, für mehr Sicherheit »ungewöhnliche Dinge auf unkonventionelle Art und Weise« zu tun, die sich an Zielen orientieren und für die Methoden und Hierarchien zweitrangig sind.

Die besten Sicherheitsstandards bieten in der Regel Letztere – jene, die mit ihren Fehlerquellen offen umgehen, die ihre Verfahren immer wieder auf den Prüfstand stellen. (Mehr dazu im Kapitel »Fehlerkultur«.)

Am sichersten fühlen wir uns in der Regel in einem starren System, das für alle erdenklichen Unwägbarkeiten vorsorgt. Das Problem ist aber, dass die zunehmende Vernetztheit der Welt unser Vorstellungsvermögen vom Funktionieren eines Systems und von seinen Fehlerquellen immer wieder überfordert. Wiederum ist es das heuristische Denken, das uns dabei in die Quere kommt: »Wir haben große Schwierigkeiten, mit Komplexität umzugehen. Wir sind auf Schnelligkeit und Effizienz getrimmt«, erklärt der Gießener Fehlerforscher Ulrich Frey. Das macht es uns so schwer, komplexe Systeme zuverlässig zu managen.

Frey hat dies an einer Reihe von Beispielen untersucht, bei denen ein simpler Eingriff komplexe Systeme zum Versagen bringt: beim Einführen fremder Spezies in ein bestehendes Ökosystem. Der Engländer Thomas Austin brachte Mitte des 19. Jahrhunderts zwei Dutzend Kaninchen nach Australien, angeblich, um sich etwas heimischer zu fühlen. Heimisch fühlten sich vor allem die Kaninchen, die in anderthalb Jahren bis zu 184 Nachkommen zeugen können. Ihr Bestand wuchs in den kommenden 100 Jahren auf mehrere Milliarden (!) Tiere an; Australien musste einen mehr als 3000 Kilometer (!) langen Zaun quer durchs Land bauen, um die Ausbreitung zu stoppen. In den 1950er Jahren bekämpften Forscher die Tiere mit einem Virus, doch die Kaninchen entwickelten Resistenzen. Der Schaden für die Landwirtschaft liegt heute bei 600 Millionen Dollar jährlich.

Heute wissen schon Kinder, dass die Einfuhr von Kaninchen nach Australien ein Desaster war – doch scheint es uns unmöglich, diese Erkenntnis auf andere Bereiche zu übertragen. »Besonders deutlich wird der Fehler des linearen Problemlösens bei dem Versuch, frühere Fehler zu korrigieren«, warnt Frey. »Wenn ein eingeführtes Lebewesen seinen ihm zugedachten Zweck nicht erfüllt, dann wird es häufig biologisch bekämpft, oft durch eine weitere Einführung!« Frey zitiert dafür das Beispiel der Riesenschnecke Achatina, die nach Hawaii importiert wurde, als Nahrungsmittel für die einheimische Bevölkerung. Weil sich die Schnecke allerdings explosionsartig vermehrte, sollte eine Raubschnecke – die Euglandina – das nun unerwünschte Tier fressen.

Euglandina fraß – doch nicht Achatina, sondern die offenbar schmackhafteren einheimischen Arten. Ein Desaster, aber das hielt die Behörden nicht davon ab, nach und nach zwölf (!) weitere Raubschneckenarten einzuführen, ohne die Achatina-Plage damit in den Griff zu bekommen. Ergebnis: Von ehemals 750 Schneckenarten, die es zuvor auf Hawaii gegeben hat, sind nur noch 10 bis 35 Prozent übrig. »Das vorhandene ökologische Netzwerk wird nicht als solches wahrgenommen, die vielfachen Wechselwirkungen werden nicht beachtet«, klagt Frey. Das Problemmuster, das hier zu erkennen ist: »Wir glauben, es sei alles ganz einfach und wir könnten mit linearen Problemlösungsversuchen dynamische, intransparente und vernetzte komplexe Systeme beherrschen. Die Dynamik wird unterschätzt, die eigene Kompetenz überschätzt, einem Problem wird genau eine Lösung zugeordnet.«

Mag das Schneckendilemma auf Hawaii auch harmlos erscheinen – das gleiche Grundmuster kann in anderen Zusammenhängen Millionen Menschen das Leben kosten. Zum Beispiel in Bangladesch: In den 1970er Jahren klagten Entwicklungshelfer, viele Menschen tränken Wasser aus Pfützen; eine Cholera-Epidemie jagte die nächste. Kinder starben! Also startete das

Kinderhilfswerk UNICEF eine Kampagne zum Bohren von Brunnen. Als Ziel wurde ausgegeben, dass bis zum Jahr 2000 mindestens 80 Prozent der Bevölkerung des Landes Zugang zu sicherem Trinkwasser haben sollten.

Die Unterstützung der internationalen Gemeinschaft war überwältigend. Bangladesch ist ein armes Land, und Brunnen zu bohren gehört zu den schlichten Entwicklungshilfemaßnahmen, die auch bei Kritikern auf wenig Widerstand stoßen. Was könnte es Nobleres geben, als kleine Kinder vor dem Tod durch Cholera zu bewahren?

Leider wurde das Wasser, das die Brunnen aus der Tiefe holten, lange Jahre nicht umfassend untersucht. Erst in den 1990er Jahren entdeckten Forscher, dass es große Mengen des Halbmetalls Arsen enthielt – eine natürliche Verunreinigung, die in einigen Weltgegenden ein Problem ist, zum Beispiel in Chile und Argentinien, aber auch im Westen der USA. Hochkonzentriert wirkt Arsen binnen weniger Stunden tödlich, niedrig dosiert verursacht es Haut-, Blasen- und Lungenkrebs.

In Bangladesch beziehen heute bis zu 80 Millionen Menschen ihr Wasser aus den eifrig gebohrten Brunnen. Die Weltgesundheitsorganisation schätzt, dass bis zu zehn Prozent davon an Krebs sterben könnten: »Dies ist die größte Massenvergiftung in der Geschichte der Menschheit.«

Gut gemeint ist manchmal eben das schreckliche Gegenteil von gut gemacht.

Wenn uns schon das Bohren einfacher Brunnen überfordert und wir gegen Schnecken machtlos sind, was bedeutet das für unseren Umgang mit der Kernenergie?

Das Unglück von Tschernobyl 1986 gilt heute als Musterbeispiel einer Fehlerkaskade; ironischerweise ließ die Mannschaft den Reaktor ausgerechnet bei der Simulation einer

Sicherheitsübung in die Luft fliegen. Die Atomkraftwerksbetreiber im Westen versicherten gleich, dass derartige Unfälle bei ihnen unmöglich seien; dabei hatte es überall auf der Welt schon zuvor schwere Zwischenfälle gegeben, die manchmal nur durch Zufall und mit Glück nicht in einem GAU endeten. Die Industrie hat aus Tschernobyl gelernt, seit dem GAU vom April 1986 wurde das Training der Betriebsmannschaften stark verbessert. Die Energiekonzerne in Deutschland betreiben ein eigenes Simulatorzentrum in Essen, das die Leitstände aller großen Kernkraftwerke des Landes nachgebaut hat. Die einzige Chance auf Sicherheit, so die Maxime des Zentrums, sind Menschen, die extrem »regelbasiert« arbeiten: 2000 Mitarbeiter werden dafür jedes Jahr im Simulatorzentrum geschult. Doch weder dies noch die zu Recht hoch gelobte deutsche Ingenieurskunst verhindern peinliche Störfälle, zuletzt 2009 im Kraftwerk Krümmel, das so schnell heruntergefahren werden musste, dass darauf in Hamburg durch den plötzlichen Stromspannungseinbruch Wasserrohre barsten und 1500 Lampen in der Innenstadt ausfielen.

Der Unfallforscher Charles Perrow nennt solche Störfälle »normale Unfälle« – nicht, weil wir uns an sie gewöhnen sollten, sondern weil sie nicht verhinderbar sind. »Unsere jüngste Geschichte ist voll von großen Katastrophen, die ausgelöst wurden durch mangelhafte Überwachung, ignorierten Warnungen, unzureichender Reaktion auf die Katastrophe und dem üblichen Maß an menschlichem Versagen«, schreibt Perrow lapidar im *Bulletin of the Atomic Scientist.* »Trotz aller Versuche, sie zu verhindern, werden diese ›normalen‹ Unfälle in der komplexen, eng verkoppelten modernen Welt immer wieder passieren. Und sie münden in jenen kaskadierenden Katastrophen, wie wir diese in Fukushima gesehen haben.« Fukushima, das Kernkraftwerk, das wider besseres Wissen in einer

Tsunami-gefährdeten Zone der japanischen Küste gebaut wurde. Perrows Fazit: »Manche komplexe Systeme mit dem Potenzial für katastrophale Unfälle sind einfach zu gefährlich, als dass sie existieren dürften, weil sie niemals sicher sein werden, ganz egal, wie sehr wir uns auch darum bemühen.«

Für die Kernenergie ist diese Haltung sicher nachvollziehbar; die involvierten Risiken sind schlicht zu groß. Wir mögen es als gegeben hinnehmen, dass hin und wieder ein Flugzeug vom Himmel fällt, und trotzdem noch in den Ferienflieger steigen; doch die Folgen eines massiven Kernkraftwerksversagens erscheinen uns zu erschreckend. Die Unfälle von Tschernobyl und Fukushima forderten hunderte, womöglich tausende Todesopfer – genau ist dies in beiden Fällen wegen der unklaren Langzeitwirkung nicht zu beziffern –, haben Landstriche für lange Zeit unbewohnbar gemacht und setzen Menschen einem Strahlenrisiko aus, die weit weg in anderen Ländern wohnen. Menschen also, die ein Risiko tragen, ohne irgendeinen Nutzen daraus zu ziehen. Für »billige« Energie ist uns dieser Preis zu hoch.

Doch die Haltung, die sich hinter der konsequenten Ablehnung Perrows verbirgt, kommt letztlich einer Kapitulation vor der Fehleranfälligkeit des Menschen gleich. Mit dieser Mentalität wäre ein Unternehmen wie die Mondlandung niemals zu bewerkstelligen gewesen; aus heutiger Sicht erscheint der Flug mit der damals verfügbaren Technik abenteuerlich, wenn nicht gar fahrlässig. In ihrer Komplexität war die Mondlandung sicher weit schwieriger zu managen als der Betrieb eines Kernkraftwerks. Sicher, wir könnten auf Weltraumabenteuer verzichten und auf die angeblichen Abfallprodukte wie Anti-Haft-Pfannen. Doch das löst nicht das Dilemma im Umgang mit der Technik: Je weiter wir mit dem technischen Fortschritt voranschreiten, desto komplexer wird die Welt und desto schwieriger für uns zu durchschauen und desto zahlreicher die Fehlerquellen. Wir mögen uns entscheiden, auf die eine oder andere Technik zu verzichten, doch wir entkommen dadurch nicht der Fortschrittsfalle. Deswegen müssen wir lernen, im Umgang mit Technik und Flexibilität unsere Fehleranfälligkeit in den Griff zu bekommen.

Bei manchen Anwendungen gibt es dafür ein einfaches, billiges und überraschend wirkungsvolles Mittel, wie das folgende Beispiel zeigt.

Der 30. Oktober 1935 war einer der schwärzesten Tage in der Geschichte des amerikanischen Flugzeugherstellers Boeing, doch zugleich der Beginn einer neuen Ära in der Luftfahrt.

Boeing führte an diesem Tag einen neuen Prototypen auf dem Wright Airfield – benannt nach Wilbur Wright, einem der Erfinder des bemannten Motorflugs – in Dayton, Ohio, vor. Wright Field war der Flugplaz des Army-Testfluggeländes, und so saß die Führung der Armee auf der Tribüne, als Prototyp »Model 299« zur Startbahn rollte. Das Flugzeug war so groß und beeindruckend, dass eine Zeitung es »Fliegende Festung« taufte. Die Armee hatte die Bestellung von einigen Dutzend der Maschine bereits so gut wie beschlossen. Mit 400 Stundenkilometern Reisegeschwindigkeit war das Modell 299 schneller als die Konkurrenz und konnte laut Boeing auch dann noch weiterfliegen, sollte einer der vier Motoren ausfallen – ideal für den Einsatz als Bomber über feindlichem Gebiet. Am Steuerknüppel des Flugzeugs saß der überaus erfahrene Testpilot Ployer Peter Hill, 41 Jahre alt, der schon 60 verschiedene Flugzeugtypen gesteuert hatte. So konnte eigentlich nichts schiefgehen. Modell 299 beschleunigte mit donnernden Motoren, hob ab und stieg steil in den Himmel. Viel zu steil: Nach nicht einmal 100 Höhenmetern geriet das Flugzeug in einen Strömungsabriss, kippte über die Nase ab und stürzte wie ein Stein zu Boden. Im Wrack kamen Pilot und Kopilot ums Leben.

Die Armee stornierte die geplanten Bestellungen, und Boeing ging fast pleite.

Was war passiert? Das Flugzeug hatte einwandfrei funktioniert; die Piloten hatten schlicht vergessen, die Rudersperre abzuschalten, die das Höhenruder in der Parkposition davor bewahrt, im Wind zu flattern. Wahrscheinlich war Testpilot Hill einfach überfordert mit den neuen Funktionen des Flugzeugs: vier Motoren, deren Propellersteigung hydraulisch verändert werden konnte, dazu neuartige Landeklappen, ein einfahrbares Fahrwerk. Eine Zeitung schrieb nach Veröffentlichung des Unfallberichts, die 299 sei einfach »zu viel Flugzeug für einen Piloten«. Es ist die Mentalität des »normalen Unfalls« nach Charles Perrow: Diese Technik ist zu komplex für uns Menschen.

Die Armee wollte sich mit dieser Kapitulation nicht zufriedengeben und kaufte trotz Crash ein paar Flugzeuge zu Testzwecken. Die Piloten setzten sich zusammen, überlegten, wie die Komplexität des neuen Cockpits in den Griff zu bekommen sei, und ersannen eine genial einfache Lösung: Sie erfanden einen Fragenkatalog, den die Crew des Flugzeugs vor und während des Starts abzuarbeiten hatte. Mit dieser ersten Checkliste der Luftfahrt wurde Modell 299 mit einem Schlag flugfähig. Die Armee kaufte nach und nach 13 000 Flugzeuge des Typs, die im Zweiten Weltkrieg Deutschlands Städte in Schutt und Asche legen sollten.

Checklisten sind heute Routine im Flugbetrieb, und wer einmal einen Blick in das Cockpit eines Airbus oder eines Boeing-Jets geworfen hat, versteht sofort, warum: Zwar ist es nicht unmöglich, sich all die Handgriffe zu merken, die notwendig sind, diese Flugzeuge startklar zu machen. Aber wenn schon ein kleiner Fehler tödliche Folgen hat, sollte man sich dabei nicht allein auf das Gedächtnis des Piloten verlassen. Doch Checklisten können womöglich noch viel mehr, als Flugzeugabstürze verhindern: Immer wenn eine Lage für uns Menschen zu komplex wird und unsere Neigung zu schnellen, effizienten Heuristiken die Oberhand gewinnt, können Checklisten Leben retten. Und trotzdem tun wir uns schwer damit.

Der Historiker, Arzt und Autor Atul Gawande beschäftigt sich seit Jahren mit Checklisten und hat ein Buch darüber geschrieben, wie bereits simple Fragenkataloge helfen, für Sicherheit in komplexen Situationen zu sorgen. Bei seinen Recherchen ist er auf den amerikanischen Intensivpflegespezialisten Peter Pronovost gestoßen, der eines der erfolgreichsten Gesundheitsprogramme der USA in den vergangenen Jahren umgesetzt hat – mit einem simplen Fragenkatalog. Pronovost hatte sich in seiner Doktorarbeit mit Intensivmedizin beschäftigt, einem Bereich höchster Komplexität: Spezialisten aus grundverschiedenen Disziplinen – Anästhesisten, Kardiologen, Internisten, Chirurgen, dazu Gerätetechniker und speziell ausgebildete Krankenschwestern und Pfleger – arbeiten dort in einer hochtechnisierten Umgebung unter extremem Zeit- und Erfolgsdruck zusammen. Patienten auf der Intensivstation erhalten im Schnitt mehr als 200 Einzelbehandlungen täglich, von der Medikamentengabe bis zur Hochspannungsdefibrillation. Untersuchungen israelischer Ärzte zufolge liegt die Fehlerquote des Personals trotz der komplexen Zusammenarbeit bei nur einem Prozent. Doch das sind zwei Fehler pro Patient, täglich – und dies bei Menschen, deren Leben nach Unfall, Herzinfarkt, nach schweren Infektionen oder multiplen Traumata nur noch an einem Spinnenfaden hängt. Kein Wunder, dass etwa jeder achte Patient die Intensivstation nicht lebend verlässt.

Eines der größten Probleme auf Intesivstationen stellen zentralvenöse Katheter dar; das sind Schläuche, die in der Regel durch einen Schnitt in die Halsschlagader geschoben werden, um den Patienten mit Medikamenten und Flüssigkeit zu versorgen. Die Katheter zu legen ist nicht übermäßig anspruchsvoll; es ist Routine, genau das macht den Vorgang gefährlich. Gerade bei Dingen, die wir eigentlich im Schlaf können, sind wir anfällig für Leichtsinnsfehler. Das größte Problem der Katheter ist, dass sie Einfallstore nicht nur für Medikamente, sondern auch für Bakterien sind. Und Krankenhausinfektionen richten vor allem unter den geschwächten Patienten der Intensivstationen stille Massaker an: In Deutschland erkranken daran nach Schätzungen gut 150 000 Menschen im Jahr, bis zu 60 000 sterben. Das sind etwa 15-mal so viele Opfer wie Verkehrstote: Krankenhausinfektionen sind demnach nach Herzinfarkten und Krebs die dritthäufigste Todesursache in Deutschland.

Peter Pronovost entwarf für das John-Hopkins-Hospital in Baltimore, Maryland, eine Checkliste mit fünf simplen Punkten. Die Ärzte sollten:

1. ihre Hände mit Seife waschen,
2. die Haut des Patienten desinfizieren,
3. den gesamten Patienten mit sterilen Tüchern abdecken,
4. selbst eine sterile Maske, Haube, Mantel und Handschuhe tragen,
5. den Eintrittspunkt des Katheters nach dem Legen steril abdecken.

Eigentlich definierte Pronovost damit nichts weiter als die typische Arbeitsanweisung für das Legen des Katheters, die allen

Ärzten bekannt war. Doch als er die Krankenschwestern bat, anhand der Checkliste die Praxis im Krankenhaus zu überprüfen, stellten diese fest, dass die Ärzte in jedem dritten Fall einen dieser Schritte entweder vergaßen oder wegließen.

Als die Leitung des Hospitals schließlich die Krankenschwestern anhielt und autorisierte, die Einhaltung der Checkliste zu überwachen, waren die Ergebnisse überwältigend. Die Infektionsrate nach zehn Tagen sank von elf Prozent auf null Prozent. Im darauf folgenden Jahr verhinderte die Checkliste nach Kalkulationen des Teams 43 Infektionen, rettete acht Menschen das Leben und sparte zwei Millionen US-Dollar an Behandlungskosten. Die Aufenthaltsdauer in der Intensivstation halbierte sich.

Lag das allein an der Checkliste? Um ihre These zu bestätigen, brauchten Pronovost und sein Team mehr als nur ein Hospital. Im Jahr 2003 bekamen sie den Auftrag von der Zentralen Krankenhausverwaltung des Bundesstaates Michigan, drei verschiedene Checklisten – Pronovost hatte weitere entworfen – im Großversuch in der Stadt Detroit zu testen. Die Mitarbeiter der Hospitäler waren nicht begeistert: In den staatlichen Krankenhäusern der USA herrscht chronische Personalnot; und Detroit gehört zu den ärmsten und heruntergekommensten Großstädten der USA. Die Intensivstationen befinden sich in einem permanenten Ausnahmezustand, voll mit Patienten aus der ärmsten Schicht der Bevölkerung, viele davon Opfer von Gewaltverbrechen, viele ohne Krankenversicherung. Mit ihrer Infektionsrate der Intensivstationen gehörten die Detroiter Kliniken zu den schlechtesten 25 Prozent aller Krankenhäuser der USA.

Die Einführung der Checklisten war eine Herkulesaufgabe, doch schließlich gelang es Pronovost, die Mitarbeiter zu überzeugen. Die Ergebnisse des Großversuchs wurden 2006 im

New England Journal of Medicine veröffentlicht, und sie waren spektakulär: Die durchschnittliche Intensivstation in Michigan war nun besser als 90 Prozent aller übrigen Intensivstationen. In den ersten anderthalb Jahren des Großversuchs sparten die Krankenhäuser 175 Millionen Dollar Behandlungskosten. Die Infektionsraten sanken so dramatisch, dass die Checklisten 1500 Menschen das Leben gerettet hatten.

Pronovost und seinem Team war klar, dass dies ein Durchbruch war: In der Medizin wird mit höchstem Aufwand um Verbesserungen gerungen, die im Promillebereich liegen. Offenbar hilft das simple Abfragen, die Aufmerksamkeit bei Routineaufgaben zu erhöhen und die Fehlerrate deutlich zu reduzieren. Offenbar sind wir Menschen doch in der Lage, auch Aufgaben extremer Komplexität – wie die Rettung eines Menschen, der nach einem Autounfall eigentlich schon tot ist – zu bewältigen, wenn wir uns nur zur nötigen Disziplin zwingen.

Dass die Checklisten von Peter Pronovost trotzdem bisher nur in einzelnen Krankenhäusern und noch nicht überall eingesetzt werden, hat eher kulturelle als logische Gründe. Viele Ärzte sehen es als Misstrauensvotum, wenn ihnen abverlangt wird, dass sie einfachste Tätigkeiten protokollieren sollen. Andere wehren sich gegen den Papierkram. Und nicht zuletzt wird der Pflege im Krankenhaus – traditionell eher ein Frauenberuf – noch lange nicht der gleiche Stellenwert eingeräumt wie der Arbeit der Ärzte. Pronovost teilt die medizinische Wissenschaft grob in drei Felder; erstens das Erkennen der biologischen Ursache einer Krankheit, zweitens die Suche nach einer geeigneten Behandlung und drittens die Anwendung dieser Behandlung. Für jeden Dollar, der für die ersten beiden Felder aufgewendet wird, geht höchstens ein Cent in das dritte Feld, klagte Pronovost in einem Interview mit dem britischen Medizinjournal *The Lancet.*

Dabei sind viele Investitionen in die medizinische Forschung ein Milliardengrab: Vieles, was zuerst vielversprechend klingt, löst sich bei genauerem Hinsehen in Luft auf. Denn gerade bei der Suche nach neuen Erkenntnissen und bahnbrechenden Verfahren bewegen wir uns ständig an der Grenze zwischen Irrtum und neuer Wahrheit. Leider liegen wir dabei öfter auf der falschen Seite, als wir glauben, wie das nächste Kapitel zeigt.

Für das Fehlerdilemma im Umgang mit moderner Technik gibt es keine endgültige Lösung: Vermeiden ließe es sich nur in einer selbst verfassten Landhausidylle, in der wir auf jede mechanische Hilfe verzichten, die uns schneller oder stärker macht, als wir es von Natur aus sind, und die damit unsere Sinne überfordert. Doch das schlichte Beispiel der Checklisten zeigt, dass wir bereits viel gewinnen, wenn wir uns unserer eigenen Fehlbarkeit bewusst sind. Das bedeutet aber auch, dass wir komplexe Systeme so gestalten müssen, dass sie Fehler zulassen – und, wo das nicht geht, womöglich auf diese Technologien verzichten. In einem Interview mit dem Wirtschaftsmagazin *Brand Eins* beschrieb der Leiter des Kernkraft-Simulatorzentrums Atomkraftwerke als »unheimlich humorlos«, eine elegante Beschreibung einer fehlerintoleranten Einrichtung. Aber derartige Systeme sind eine Gefahr für die Zivilisation: Moderne Maschinen müssen so konstruiert sein, dass sie den absurden und skurrilen Verirrungen des menschlichen Geistes gewachsen sind – und nicht umgekehrt.

An den Grenzen des Wissens

Warum die Wissenschaft den Fehler braucht

Wenn Religion, wie Karl Marx meinte, »das Opium des Volkes« ist, dann ist die Wissenschaft die Methadon-Therapie: Sie verspricht uns keine übersinnlichen Höhenflüge, doch sie stillt unser Bedürfnis, zu verstehen, was um uns herum vorgeht. Die Wissenschaft ist ein Spiegelbild davon, wie wir uns als Mensch die Welt aneignen, vorsichtig ins Dunkel tastend, ein fortgesetzter Versuch, dem Geschehen durch Interpretation einen Sinn zu geben. Vieles von dem, was unsere Vorfahren wussten, ist heute widerlegt; doch sträuben wir uns gegen die logische Konsequenz: anzuerkennen, dass auch das jetzige Wissen nur vorübergehend ist und schon bald als Irrtum entlarvt werden wird. Denn gerade an den Grenzen des Wissens ist die Fehlerquote hoch.

Wie alt können wir werden?

122 Jahre, 5 Monate und 14 Tage – das ist jedenfalls der Rekord, den die Französin Jeanne Calment erreichte, ehe sie am 4. August 1997 in ihrer Heimatstadt Arles verstarb. Eine absolute Ausnahme, aber die Chancen, 100 Jahre alt zu werden, stehen nicht einmal so schlecht: Jede achte Frau, die heute 40 Jahre alt ist, dürfte das dreistellige Alter erreichen; bei Mädchen, die heute geboren werden, ist es sogar jedes vierte

(die Chancen der Männer liegen niedriger, bei 6 beziehungsweise 14 Prozent). Entscheidend für die Langlebigkeit sind natürlich der Lebensstil, vor allem aber die genetische Veranlagung. Also müsste es doch möglich sein, einen Test zu entwickeln, der uns sagt, ob wir zu den potenziell Steinalten gehören oder nicht, dachten die Genforscher Paola Sebastiani und Thomas Perls von der Boston University School of Public Health. Sie untersuchten 1055 Menschen, die älter als 100 Jahre alt wurden, und verglichen deren Genom mit dem von Menschen in einer ebenso umfangreichen Vergleichsgruppe. Danach konnten sie vorhersagen, wer das Zeug zum rüstigen Greis hat, und zwar »mit 77-prozentiger Genauigkeit«. Als das Magazin *Science* die Studie mit der Veröffentlichung adelte, jubelte die Boston University: »Ein Durchbruch im Verständnis der Rolle, die Gene bei der Lebenserwartung spielen!«

Nur, dass es keiner war: Ein Jahr später zogen die Autoren ihre Studie zurück. Sie hatten Fehler bei der Auswertung der Daten gemacht.

Überraschend? Nicht wirklich. Die meisten wissenschaftlichen Studien haben nur eine beschränkte Halbwertzeit. Was heute als Sensation durch die Medien geht – »Langlebigkeits-Gen gefunden!« – ist morgen bereits vergessen und übermorgen widerlegt. Bei einigen Themen produziert die Wissenschaft am laufenden Band Studien, die sich mit großer Euphorie diametral widersprechen. Klassisch zum Beispiel das Thema Videospiele. Der renommierte Wissenschaftsblog »Science Daily« bietet nach kurzer Suche erschreckende wie gleichfalls ermutigende Nachrichten für Eltern, deren Kinder Stunden mit Daddeln verbringen. »Videospiele verändern nachhaltig die Hirnfunktionen junger Männer«, warnt eine Meldung. Nach einer Woche mit Ego-Shooter-Spielen hatten die jungen Männer eine »verringerte Aktivität in jenen Hirnregionen, die Emotionen und Aggressivität kontrollieren«. Die Folge: »Videospiele erhöhen die Aggressivität, lange nachdem das Spiel bereits abgeschaltet wurde.« Doch das Zocken hat auch sein Gutes, behauptet eine andere Studie nur vier Tage später: »Spielt Ihr Kind stundenlang Videospiele? Vielleicht ist es eine Vorbereitung darauf, eines Tages ein Spezialist für laparoskopische Operationen zu werden!« Begründung: Das Daddeln verbessere die »visuomotorischen Fähigkeiten«, die für eine Bauchspiegelung nötig sind. Und erhöht die Kreativität. Stört aber die Konzentrationsfähigkeit.

Also was jetzt? Züchten Videospiele fantasiebegabte Chirurgen, die sich nicht konzentrieren können und ihre Aggressionen nicht im Griff haben (eine furchterregende Vorstellung)? Natürlich nicht. Viel wahrscheinlicher ist: Die Aussagen entsprechen zwar dem Ergebnis der jeweiligen Studien, das heißt aber nicht, dass nicht auch das Gegenteil wahr sein kann. Und morgen von einer weiteren Studie bestätigt wird.

Eine New Yorker Tageszeitung riet ihren Lesern schon vor Jahren: »Diese Woche sollten Sie Eier essen, denn soeben wurde wissenschaftlich bestätigt, dass Eier gut für Ihre Gesundheit sind. Wir nehmen an, dass ab kommender Woche Eier wieder schädlich sein werden.« In der Tat: Eine Metastudie des *Journal of the American College of Nutrition* kommt zum Schluss, dass Ärzte zwar vierzig Jahre lang Patienten empfohlen haben, Eier zu meiden, um das Risiko für Herzinfarkte zu senken, weil Eier den Cholesterinspiegel erhöhen können. Dass jedoch epidemiologische Daten keinen Hinweis darauf geben, dass ein normaler Ei-Konsum tatsächlich das Infarktrisiko erhöht.

Jedenfalls nicht bis zur nächsten Studie.

Eigentlich dürfte es derartige Schwankungen nicht geben.

Vor allem nicht in der medizinischen Forschung: Wer etwa heute glaubt, ein neues Heilmittel gefunden zu haben, muss seine Erkenntnisse aufwendig dokumentieren. In den wissenschaftlichen Journalen wird jedes Manuskript von mehreren Experten aus dem Fachgebiet geprüft. In der Regel genügt es, wenn einer davon das Manuskript für mangelhaft hält, um es abzulehnen. Das soll verhindern, dass fehlerhafte Forschungsergebnisse unberechtigte Hoffnungen wecken.

Theoretisch ist dieses System gut gegen Irrtümer gewappnet. Aber die Praxis ist ein wahres Fehlerfiasko: Das jedenfalls geht aus den Forschungen des griechisch-amerikanischen Mediziners John Ioannidis hervor, der die Veröffentlichungen seiner Kollegen erst an der US-amerikanischen Harvard-Universität, später am National Institute of Health statistisch auswertete.

Ioannidis publizierte seine Arbeit 2005 unter dem Titel »Warum die meisten veröffentlichten Forschungsergebnisse falsch sind«. Der Großteil aller Studien, behauptet der Mediziner, sei wertlos, weil sie Ergebnisse von zu wenigen Probanden auswerten oder keine Kontrollgruppen anlegen. Es sind Studien, bei denen ein, zwei Dutzend junge Männer ins Labor geholt und vor den Videospielmonitor gesetzt werden, während der Forscher ihre Hirnströme untersucht.

Bei derart wenigen Probanden kann alles Mögliche passieren; eine solche Gruppe ist viel zu klein, um das Ergebnis gegen statistische Ausreißer oder Messfehler abzusichern. Fallen nur zwei der Videospieler in einer solchen Gruppe durch Aggressionen auf, heißt es hinterher, »zehn Prozent aller jungen Männer werden durch Videospiele aggressiv«. Werden solche Studien später wiederholt, kommt es oft zu völlig anderen Resultaten. Eigentlich sind Studien mit wenigen Probanden und ohne Kontrollgruppe fahrlässig, doch sie sind vergleichsweise billig, und sie liefern die spektakulärsten Ergebnisse. Und sie machen 80 Prozent (!) aller veröffentlichten Arbeiten aus.

Aber selbst Studien auf höchstem wissenschaftlichem Niveau – groß angelegt, mit neutraler Kontrollgruppe – sind häufig fehlerhaft. Um dies zu beweisen, überprüfte John Ioannidis jene Forschungen, die am häufigsten in anderen wissenschaftlichen Arbeiten zitiert wurden, also den größten Einfluss in der medizinischen Forschung hatten. Dies sind Studien, nach denen Tausende von Ärzten weltweit die Behandlung von Millionen von Patienten ausrichten: Menschen mit erhöhtem Herzinfarktrisiko lassen sich Stents implantieren, andere schlucken täglich Aspirin, weil Studien gezeigt haben, dass dies ihr Leben verlängern kann. Nach den Ergebnissen dieser Studien richten sich Milliardenausgaben der Krankenkassen; darauf ruhen die Hoffnungen todkranker Menschen. Aber auch hier war das Ergebnis niederschmetternd. Wurden die Aussagen dieser Papiere in einer zweiten Studie überprüft, fielen 41 Prozent durch: Die Forschungsergebnisse waren entweder weit übertrieben oder schlicht falsch.

Weil eine solche Fehleranalyse aufwändig ist und selten gemacht wird – wer Kollegen des Irrtums überführt, macht sich keine Freunde –, dauert es oft unnötig lange, bis eine Annahme als falsch entlarvt wird. Bis dies endlich passiert, steigen die Vertreter dieser Annahme zu Experten auf ihrem Gebiet auf. Sie werden zu Symposien eingeladen oder zu Talkshows, sie unterrichten Studenten. Aus der Annahme wird eine Theorie, deren Vertreter dann nicht mehr nach den Fehlern im System suchen, sondern nach Beweisen, die ihre Theorie stützen. Das liegt auch daran, dass Experten mit zunehmender Spezialisierung in Gefahr geraten, Flexibilität im Denken einzubüßen: Ihr Selbstvertrauen wächst mit jeder weiteren Veröffentlichung, bis sie ihre Fähigkeiten überschätzen. Sie werden im unerfreulichsten Fall zu jenen Halbgöttern in Weiß, die glauben, über Wasser gehen zu können.

Der schwedische Kognitionspsychologe K. Anders Ericsson beschäftigt sich seit Jahren mit Expertisen und damit, was Könner in ihrem Fach ausmacht. »Experten, die ein hohes Leistungsniveau erreichen, reagieren in bestimmten Situationen oft automatisch und verlassen sich irgendwann ausschließlich auf ihre Intuition«, erklärt Ericsson. »Das führt zu Schwierigkeiten, wenn sie mit untypischen oder seltenen Ereignissen zu tun haben, weil sie die Fähigkeit verloren haben, die Situation zu analysieren und sich zur bestmöglichen Lösung vorzuarbeiten. Experten nehmen den schleichenden Prozess ihrer intuitiven Voreingenommenheit nicht wahr – bis sie an einen Punkt gelangen, wo die gewohnte Reaktion in die Irre führt oder sogar Schäden verursacht.«

Verschärft wird diese Gefahr dadurch, dass Experten in unserer wissensbasierten Gesellschaft einen hohen Rang einnehmen. Dies führt dazu, dass wir unser eigenes Denken in komplexen Fragen zurückstellen und Entscheidungen auf Experten delegieren. Der amerikanische Hirnforscher Greg Berns hat mit Hirnscans nachgewiesen, dass zum Beispiel Menschen, die sich für eine finanzielle Entscheidung von einem Finanzfachmann beraten lassen, das logische Denken quasi abschalten: »Es ist, als würde das Gehirn auf Ruhezustand gestellt.«

Dieser Verzicht, selbst zu denken, hat weitreichende Folgen, und es hätte den dreijährigen Matthew Lacek beinahe das Leben gekostet. Lacek wurde mit Hals- und Nackenschmerzen sowie Atemschwierigkeiten ins Krankenhaus eingeliefert; die Ärzte tippten auf Asthma. Als die Behandlung nicht anschlug, fragte einer der erfahrenen Kinderärzte die Eltern, ob ihr Kind geimpft sei.

Nein, antworteten diese.

»Wenn es das ist, was ich annehme, wird Ihr Sohn nicht mehr lange zu leben haben«, sagte der Arzt.

Bluttests bestätigten, dass sich das Kind mit einer inzwischen sehr seltenen bakteriellen Hib-Infektion angesteckt hatte, die oft zu schweren Hirnschäden durch Meningitis führt und häufig tödlich endet. Der Junge wurde in ein künstliches Koma versetzt, mit Antibiotika behandelt und hatte Glück – er überlebte und wurde wieder vollkommen gesund. Als die Eltern das Hospital verließen, sagte der Kinderarzt: »Tun Sie mir einen Gefallen – impfen Sie Ihr Kind.«

Die Laceks hatten die Impfungen für Matthew immer wieder aufgeschoben, weil sie aufgeschreckt worden waren durch Berichte, wonach ein Zusammenhang zwischen Kinderschutzimpfungen und der Zunahme an Autismus besteht. Die Berichte gehen auf eine Studie des britischen Arztes Andrew Wakefield aus dem Jahr 1998 zurück. Die Studie wurde längst widerlegt, wurde vom Fachjournal *Lancet* widerrufen; Wakefield wurde gar die Approbation entzogen: Wenn es ein Todesurteil für eine Theorie gibt, dann dies. Doch der Mythos vom Impfautismus lebt als Wissenschaftszombie weiter, schürt Vorurteile gegen das Impfen. In Deutschland sterben jedes Jahr Kinder an Masern, einer Krankheit, die eigentlich längst ausgerottet sein könnte. Ein Irrtum, der einmal als wissenschaftlicher Durchbruch in die Welt gesetzt wurde, hat eine lange Lebensdauer.

Die Impfung/Autismus-Studie mag ein Sonderfall sein, weil Wakefield grob fahrlässig oder sogar vorsätzlich gehandelt haben könnte (offenbar erhielt er Geld von Eltern, die gegen die Hersteller von Impfstoffen klagten). Doch auch bei Forschung auf höchstem Niveau halten sich Irrtümer hartnäckig. Als in den 1990er Jahren neue Psychopharmaka für die

Behandlung von Schizophrenie auf den Markt kamen, stellten die meisten Ärzte ihre Patienten auf die neuen Medikamente um. Diese waren zwar im Schnitt zehnmal so teuer wie die alten, deren Entwicklung aus den 1950er Jahren stammte, schienen dafür aber viel besser zu helfen.

Doch die Euphorie der Ärzte währte nicht lange. Zwar wurde die Wirksamkeit in neuen Einzelstudien immer wieder nachgewiesen, doch der Effekt wurde bei jeder Studie geringer. Es war, als würden die Mittel nach und nach an Kraft verlieren, oder als würden die Fakten, die nach allen Standards wissenschaftlicher Forschung etabliert schienen, langsam verblassen. Bis eine umfangreiche epidemiologische Rückschau im Jahr 2005 ergab, dass die neuen Mittel keine Verbesserung gegenüber den alten brachten – aber wesentlich schwerwiegendere Nebenwirkungen hatten.

Noch gravierender fiel im Jahr 2002 die Auswertung einer extrem umfangreichen amerikanischen Studie zur Hormontherapie von Frauen aus. Die Studie war im Jahr 1991 gestartet und hatte 160 000 Frauen im Alter zwischen 50 und 79 Jahren begleitet, von denen ein Teil zur Linderung der Wechseljahrbeschwerden mit Östrogen und Progestin behandelt wurden. Die Hormone würden helfen, das Risiko von Osteoporose und Herzinfarkten zu senken, sahen die Ärzte voraus. Eigentlich sollte die Studie 15 Jahre lang laufen, doch dann schlugen die Ärzte Alarm: Zu viele Probandinnen waren an besonders aggressiven Krebserkrankungen gestorben, zudem gab es unter den Hormonbehandelten mehr Herzinfarkte. Nach zehn Jahren wurde die Studie abgebrochen. Jahrzehntelang hatten Frauenärzte ihren Patientinnen Hormone verschrieben, weil es logisch erschien: Wenn der Körper aufhört, Hormone zu produzieren, und daraus Beschwerden resultieren, werden die Hormone eben zugeführt. Doch die Studie zeigte auch, dass Ursache und Wirkung vielfältiger sein können; dass das System Mensch viel zu komplex für einen so geradlinigen Therapieansatz ist.

Es gibt eine Reihe von Gründen für das schleichende Versagen wissenschaftlicher Studien. Einer davon ist rein statistischer Natur: Veröffentlicht werden nur Studien, die ungewöhnliche Ergebnisse erbrachten (und nicht jene, in denen Versuche scheiterten). Sensationelle Ergebnisse einer ersten Studie sind aber oft zufällige statistische Ausreißer. Unter den Patienten der ersten Psychopharmaka-Studie waren welche, die besonders gut auf das Medikament reagierten und deswegen das Ergebnis verfälschten. Je öfter die Medikamente getestet wurden, umso unbedeutender wurden diese Ausreißer nach oben. Die Statistik nennt diesen Effekt »Regression zur Mitte«, und er führt bei wissenschaftlichen Reihenuntersuchungen in der Regel dazu, dass ein nachgewiesener Effekt geringer wird, je öfter man ein Experiment wiederholt.

Die Regression zur Mitte spielt aber nicht nur in der Forschung, sondern in allen Lebensbereichen eine wichtige Rolle. Der Regressionseffekt führt zum Beispiel auch dazu, dass die Töchter von großen Müttern zwar überdurchschnittlich groß sind, aber in der Regel kleiner als ihre Mütter. Bei Nutztieren und -pflanzen muss diese natürliche Tendenz zur Mitte durch Züchtung gezielt überlistet werden. Wie die meisten statistischen Phänomene ist die Regression zur Mitte intuitiv für uns schwer zu erfassen: Effekte, die aus einer reinen Mengenverteilung resultieren, versuchen wir stets mit einer Geschichte argumentativ zu untermauern.

Der Psychologe Daniel Kahneman zählt dies zu den klassischen Denkfehlern und erläutert das an einem Beispiel: Wenn wir bei einem Golfturnier die Spieler nach dem ersten Tag bewerten und vorhersagen sollen, wie sie am zweiten spielen werden, lassen wir uns meist in die Irre führen. Ein Spieler, der einen sehr guten ersten Tag hatte, werde auch am zweiten dominieren, nehmen wir an. Dagegen wird einer, der nach dem ersten Tag an letzter Stelle steht, am zweiten ebenso schlecht spielen, sind wir uns sicher. In Wahrheit ist es genau umgekehrt: Wahrscheinlich wird der Sieger des ersten Tages am zweiten schlechter spielen, weil seine außergewöhnliche Performance zum Teil auf Glück beruhte. Doch diese Erklärung will uns nicht in den Kopf: Den Zufall bekommen wir gedanklich nicht in den Griff. Wenn wir versuchen, den Lauf der Welt vorherzusagen, schreiben wir Entwicklungen aus der Vergangenheit in die Zukunft fort – und übersehen, dass statistische Ausreißer immer dazu führen werden, dass zum Beispiel ein Mitarbeiter, der ein außergwöhnlich gutes Jahr hatte, im darauf folgenden Jahr mit großer Wahrscheinlichkeit weitaus durchschnittlicher abschneiden wird.

Doch die Regression zur Mitte kann nicht allein erklären, warum die groß angelegte Forschung zur Wirksamkeit von Psychopharmaka so jahrelang schiefgehen kann. Da spielen weitere Faktoren eine Rolle: Auch in der medizinschen Forschung menschelt es, wird um Ruhm, Ansehen und Sendezeit gerungen, werden Moden und Feindschaften gepflegt. Forschungsgelder sind hart umkämpft; das verführt manchen Wissenschaftler dazu, aus seinen Daten jenes Ergebnis herauszulesen, das maximale Aufmerksamkeit verschafft. Ioannidis zitiert zwei Studien, die sich mit der Frage beschäftigen, ob es Herzpatienten hilft, wenn ihnen unbekannte Menschen für sie beten. Eine Studie sagt, ja, es hilft; die zweite kommt zum gegenteiligen Ergebnis: Nein, es schadet sogar. Das naheliegende Ergebnis – dass es weder hilft noch schadet – wollte keiner nachgewiesen haben: nicht spektakulär genug.

Die wissenschaftliche Publikationspraxis unterstützt diese Selektion, hin zu jenen Studien, die eben gerade nicht repräsentativ sind. Ioannidis hält dies für ein Problem, das in der Verhaltensökonomik der »Fluch des Gewinners« genannt wird: Bei öffentlichen Auktionen, bei denen alle Bieter über die gleichen Informationen verfügen, gilt in der Regel, dass der Höchstbietende am Ende zu viel bezahlt hat – schließlich sind alle anderen Mitbieter vorher ausgestiegen, weil sie die Investition als unrentabel ansahen. Das gilt für viele Millionen Dollar teure Ölexplorationsrechte (für die das Phänomen ursprünglich erforscht wurde) ebenso wie für einfache eBay-Auktionen, bei denen Gebrauchtware in der Regel für zu viel Geld den Besitzer wechselt.

In der Welt der Forschung sieht Ioannidis auf der einen Seite ein starkes Überangebot von wissenschaftlichen Daten – immer mehr Forschungslabors weltweit –, auf der anderen Seite aber nur eine sehr begrenzte Möglichkeit, diese Forschung in einem renommierten Magazin zu veröffentlichen. In diesem Bieterwettstreit um die wenigen Publikationsplätze haben jene die besten Chancen, die das aufsehenerregendste Ergebnis liefern: 95 Prozent aller Studien, die beim renommierten Magazin *Nature* abgelehnt werden, fallen durch, weil sie »nicht interessant genug« sind. Das steigert den Reiz des Magazins – aber eben auch die Gefahr, dass aus statistischen Ausreißern fälschlicherweise neue Erkenntnisse abgeleitet werden.

Dieser Effekt wird von den populären Medien noch verstärkt. Eine solide, umfangreiche Langzeitstudie würde wahrscheinlich zum Ergebnis kommen, dass das tägliche Frühstücksei den meisten Menschen nicht schadet. Möglicherweise würde es eine leicht erhöhte Herzinfarktrate unter den Eieressern geben, doch die Wissenschaftler müssten ehrlicherweise einräumen, dass dies Zufall sein könnte. Was wäre das Ergebnis der Studie? Eier sind höchstwahrscheinlich nicht ungesund, aber ganz sicher können wir es nicht sagen. Das wäre ehrlich, doch eine Schlagzeile lässt sich daraus nicht generieren. Stattdessen stürzen sich die Tageszeitungen und News-Webseiten auf eine kleine Studie, die einen »signifikanten Anstieg der Herzinfarktrate durch Frühstückseier« diagnostiziert – obwohl der Anstieg vermutlich nichts weiter ist als statistisches Rauschen.

Dazu kommt, dass die »statistische Effektgröße« mit dem medizinischen Fortschritt abgenommen hat. So war es für Ignaz Semmelweis 1848 noch relativ leicht, zu beweisen, dass mangelnde Hygiene bei der Geburtshilfe schuld am Kindbettfieber war: Er konnte mit einer einfachen Maßnahme – Ärzte mussten sich die Hände waschen – in kurzer Zeit die Sterblichkeitsrate beim Kindbettfieber fast auf null senken. Schwieriger ist es bei der Frage, ob genetische Anlagen Asthma oder Fettleibigkeit auslösen. Im komplexen Zusammenspiel der Gene sind klare Aussagen kaum möglich: Von 432 Studien zur Gentherapie, die Ioannidis untersuchte, war nur eine einzige so klar belegt, dass ihr Ergebnis mehrfach nachvollzogen werden konnte.

Paradoxerweise liegt dies auch daran, dass gerade die Gentherapie so intensiv erforscht wird: Hier werden Nobelpreise zu vergeben sein, hier vermutet die Pharmaindustrie einen zukünftigen Milliardenmarkt. Kaum ein Forschungsfeld wird so intensiv beackert, doch genau das führt dazu, dass Teams sich gegenseitig zu überbieten versuchen; dass sie unter Druck stehen, den Auftrag- und Geldgebern Ergebnisse zu liefern, die die Investition rechtfertigen. Und die Forscher selbst wollen daran glauben, dass sie an der Schwelle zu einem neuen Zeitalter der Medizin stehen.

Allesamt schlechte Voraussetzungen für unabhängige Experimente und kühle Betrachtung: »Je heißer umkämpft ein wissenschaftliches Feld, je größer die finanziellen Interessen und die Vorurteile, desto unwahrscheinlicher ist es, dass die Forschungsergebnisse stimmen«, schreibt Ioannidis lapidar in seinem Papier über Forschungsirrtümer, das im Internet mit mehr als 700 000 Downloads zu den populärsten wissenschaftlichen Arbeiten überhaupt gehört.

Viele Fehler, so Ioannidis, passieren deshalb, weil die Wissenschaftler mit ihren Experimenten nur etwas beweisen wollen, was sie ohnehin bereits zu wissen glauben. Sie wählen die Probanden entsprechend aus, legen die Messungen entsprechend an und übersehen geflissentlich Daten, die das Bild stören könnten. Dabei spielen auch kulturelle Unterschiede eine Rolle: In Asien, wo Akupunktur in vielen Ländern zur etablierten Medizin zählt, gab es zwischen 1966 und 1995 insgesamt 47 Studien, die allesamt zum Ergebnis kamen, dass Akupunktur eine wirksame Behandlungsmethode ist. Im Westen gab es zur gleichen Zeit 94 Studien, von denen fast die Hälfte Akupunktur für nutzlos erklärte. Wenn wir forschen, suchen wir eben meist nicht nach dem Neuen, sondern nur nach Erklärungen, die unsere Vermutungen untermauern sollen. Es ist die wissenschaftliche Variante des Bestätigungsfehlers: Die Forscher bevorzugen, oft unbewusst, Zustimmung statt Wahrheit.

Wer aber nicht sucht, der kann auch nicht finden: Wer nur seine Ansicht bestätigen will, wird betriebsblind für Neues. Der irische Psychologe Kevin Dunbar hat ein Jahr in Labors der amerikanischen Stanford University verbracht, um Biochemiker dort bei der Arbeit zu beobachten. Dunbar wollte wissen, wie Wissenschaft in der Praxis passiert: Wie gehen die Forscher in ihren Experimenten vor, wie vermeiden sie Fehler auf der Suche nach der Wahrheit, wann setzt der »Heureka«-Effekt ein?

Wissenschaft, das zeigte sich bei der Auswertung der Aufzeichnungen, braucht vor allem Geduld: Obwohl die Biochemiker ihre Versuche gewissenhaft vorbereiteten, lag mehr als die Hälfte aller Ergebnisse neben den Erwartungen; in manchen Labors erreichte die Quote sogar 75 Prozent.

Interessant war, wie die Wissenschaftler mit diesen unerwarteten Ergebnissen umgingen: Erst suchten sie nach dem Fehler im Versuchsaufbau, nach defekten Messinstrumenten oder falschen Dosierungen. Konnten sie keine Ursache finden, wiederholten sie den Versuch. Sogar wenn die Experimente dann immer wieder dieselben »falschen« Ergebnisse erbrachten, forschten die Wissenschaftler in der Regel nicht weiter nach, verwarfen die Daten und wandten sich neuen Projekten zu.

Dabei hätte gerade der Fehler den Weg zu einer neuen Entdeckung weisen können. Wie der russisch-amerikanische Biochemiker und Autor Isaac Asimov sagte: »Der aufregendste Satz in der Wissenschaft ist nicht ›Heureka, ich hab's!‹, sondern, ›Das ist ja komisch …‹«

Das dachte sich wohl auch der schottische Bakteriologe Alexander Fleming, der im Sommer 1928 eine Agarplatte mit Staphylokokken beimpft hatte. Als er nach den Ferien ins Labor zurückkehrte, bemerkte er, dass das Laborschälchen offenbar nicht sauber gewesen war: Auf der Nährplatte hatte sich ein Schimmelpilz ausgebreitet. Doch anstatt das Schälchen entnervt wegzuwerfen, sah er genauer hin und stellte fest, dass sich die Bakterien rund um den Schimmelpilz nicht vermehrt hatten. Offensichtlich war der Pilz – der nur über einen Fehler im Versuchsaufbau hineingeraten war – in der Lage, die Bakterien abzutöten: Fleming hatte das Penicillin entdeckt. Manche Fehler bringen Erfindungen hervor, die die Welt nachhaltig verändern.

Als der Apotheker Johann Friedrich Böttger Anfang des 18. Jahrhunderts mit Alchemie experimentierte (und dabei durch einen Trick eine angeblich silberne Münze in eine goldene verwandelte), ließ ihn August der Starke nach Sachsen entführen: Wer einen Goldmacher zu Diensten hatte, verfügte über potenziell unermessliche Macht. Letztlich versagte Böttger beim Versuch, unedle Metalle in edle zu verwandeln, doch er experimentierte so lange in dem Labor, das ihm August der Starke im Örtchen Meißen eingerichtet hatte, bis er das Porzellan erfand – und damit die Geschichte Meißens bis heute prägte.

Die hauchfeinen Teetassen in der Erbmasse alter Tanten verdanken wir der Neugier des Apothekers Böttger und der Goldgier des Kurfürsten von Sachsen.

Welche Entdeckungen verbargen sich wohl in den weggeworfenen Reagenzgläsern der Biochemiker von Stanford, die Kevin Dunbar beobachtet hatte? Und warum sahen die Forscher nicht genauer hin? »Ich führte hunderte Interviews mit diesen Wissenschaftlern, und in der Regel geben sie nicht ganz korrekt wieder, was im Labor passiert war«, erzählt Dunbar. »Nicht, dass sie lügen würden: Sie lassen nur viele Details weg. Langweilige Details, aber eben auch wichtige Details.« Das hat zum einen natürlich mit der Fülle der Details zu tun, weiß Dunbar: »Wir werden mit Informationen bombardiert, deswegen filtern wir.«

Offenbar blenden wir dabei jene Informationen aus, die nicht in unser Weltbild passen. In einem Experiment an der Universität Toronto suchte Dunbar gezielt Testpersonen, die der Ansicht waren, dass Antidepressiva Menschen fröhlicher machten. Dann legte er den Probanden widersprüchliche Informationen vor – Studien, die ihre Annahme stützten, und andere, die ihr widersprachen. »Wir sahen immer wieder: Wenn die Information nicht zur eigenen Hypothese passte, wurde sie ignoriert.« Am Ende waren alle Probanden von ihrer Annahme noch überzeugter als vorher, obwohl sie Informationen bekommen hatten, die ihnen zu denken geben sollten.

Eine Erklärung dafür fand Dunbar auf den Hirnscans der Testpersonen. »Wurden sie in ihrer Meinung bestärkt, dass Antidepressiva wirkten, speicherten sie diese Erkenntnis offenbar im Gedächtnis ab.« Andere Informationen wurden nicht etwa abgewogen, sondern aussortiert. Diese Ergebnisse deuten auf ein grundsätzliches Problem hin, wie wir mit neuen Erkenntnissen umgehen. Denn nur, was den Weg vom Kurzzeit- ins Langzeitgedächtnis schafft, kann unser Weltbild nachhaltig prägen oder verändern. Wenn wir aber jeden »Fehler« – und alles, was wir für einen Fehler halten, weil es unser bestehendes Weltbild erschüttert – aussortieren und verwerfen, begrenzen wir damit unsere Chance, aus Fehlern zu lernen. Gerade Fehler können uns, wenn wir uns an einem Problem festgefressen haben, den Weg zum Durchbruch weisen. Aber nur, wenn wir auch bereit sind, diesen Weg zu sehen.

Deswegen hatten die Biochemiker in Stanford ihre Ergebnisse schlicht verworfen, statt sie auszuwerten: Um sich nicht näher mit ihrem Fehler beschäftigen zu müssen. Denn wir hassen es, Irrtümer einzugestehen: Unsere eigene Fehlbarkeit verwirrt uns.

Dabei ist die Geschichte der Wissenschaft eine lange Geschichte der Irrtümer. Einige hielten sich über Jahrhunderte hartnäckig, etwa die Phlogistontheorie, die im 17. Jahrhundert vom Chemiker Johann Joachim Becher entworfen und von seinem Kollegen Ernst Georg Stahl weiterentwickelt wurde. Phlogiston – eine aus dem Griechischen hergeleitete Wortkonstruktion, die etwa »brennbares Wesen« heißen sollte – war nach deren Vorstellung ein gasartiger Stoff, der in verschiedenen Materialien vorkam und bei der Verbrennung entwich. Die Theorie konnte wunderbar erklären, warum einige Materialien beim Verbrennen leichter wurden, schließlich entwich dabei Phlogiston. Oder warum eine Kerze langsam erlosch, wenn man ein Glas über sie stülpte: Die Luft unter dem Glas konnte eben nur eine begrenzte Menge Phlogiston aufnehmen. War sie gesättigt, ging die Flamme aus. Da Kohle rückstandsfrei verbrannte, nahmen die Chemiker an, dass es sehr viel Phlogiston enthielt. Andere Stoffe, zum Beispiel Kupfer, verwandelten sich in der Verbrennung in erdige Substanzen, da sie offenbar nur wenig Phlogiston enthielten. Wurden diese Metalle über einem Kohlefeuer wieder eingeschmolzen, wurden sie durch das Phlogiston aus der Kohle »wiederbelebt«. Gold und Silber, die sich unter Hitze kaum veränderten, galten als phlogistonfrei.

Klingt irgendwie logisch, oder? Leider gab es auch Materialien, die beim Verbrennen schwerer wurden. Eigentlich hätte das die Theorie widerlegt; stattdessen postulierten ihre Vertreter, dass Phlogiston auch ein negatives Gewicht haben könne. Wenn wir unsere Karriere auf einen Glauben aufgebaut haben, fällt es uns eben nicht leicht, einen Irrtum einzugestehen.

Etwa zur gleichen Zeit rang die Physik mit einem anderen Problem: Wenn das Weltall ein leerer Raum war und sich das Licht als Welle ausbreitete (das war die Annahme), wie kann das Licht dann diesen leeren Raum überwinden? Meereswellen zum Beispiel wären ohne Wasser nicht denkbar, sie brauchen ein Medium, das sie anregt, um ans Ziel zu gelangen. Die

Physik behalf sich mit der Erfindung des »Lichtäthers«, dem »blauen Himmel«, einer unsichtbaren, unfassbaren Substanz, die als Medium für das Licht fungierte. Generationen von Forschern versuchten, die Probleme der Äthertheorie zu lösen. Isaac Newton ging von einem feinen Äther aus, der alle Materie durchdrang und ausdehnbar und kontrahierbar war wie ein Gas. Wenn zwei Körper sich einander nähern, so eine seiner Annahmen, wird die Ätherdichte zwischen ihnen laufend feiner. Mit all diesen Ergänzungen der Äthertheorie sollten Phänomene wie Lichtbeugung und Brechung der Farbbestandteile des Lichts erklärt werden. Die Tatsache, dass Äther nicht per se nachgewiesen werden konnte, hatte Vorteile: Einer so geheimnisvollen Substanz konnte jede erdenkliche Eigenschaft zugeschrieben werden. Noch 1889, fast 200 Jahre nach Newton, stellte Heinrich Rudolf Hertz die Frage, ob nicht womöglich alles aus Äther geschaffen sei. Kurze Zeit später gelang es einem genialen Denker, das Äther-Paradigma zu brechen: Erst Albert Einsteins Spezielle Relativitätstheorie aus dem Jahr 1905 fand eine befriedigende Antwort auf die Frage der Lichtausbreitung – und machte den Lichtäther überflüssig. Die Wissenschaft diskutierte trotzdem noch jahrzehntelang über die Frage, ob nicht doch was am Äther dran sei.

Einsteins Relativitätstheorie erschütterte die Physik; dabei hatte kurz zuvor ein Mentor dem jungen Max Planck noch abgeraten, das Fach überhaupt zu studieren, »weil alles Wesentliche bereits erforscht ist«. Die Haltung verweist auf eine klassische Denkfalle: Wir wissen, dass unsere Vorfahren irrten (und zwar bis in die jüngste Vergangenheit), ziehen daraus aber nicht den Schluss, dass auch unser gegenwärtiger Kenntnisstand nur vorübergehend ist. »Wir neigen dazu zu glauben, wir seien ›angekommen‹ und dass die Fehler hinter uns liegen«, erklärt der Fehlerforscher Ulrich Frey. Das macht uns blind gegenüber unseren eigenen Irrtümern. Dabei bedienen wir uns ähnlicher Denkkonstrukte wie unsere Vorfahren, zum Beispiel in der Kosmologie. Schon früh im 20. Jahrhundert stellten Astronomen fest, dass sie die Bewegungen der Sterne, etwa in der Milchstraße, anhand der sichtbaren Sternmasse nicht befriedigend erklären konnten. Nach dem Newton'schen Gravitationsgesetz müssten die äußeren Sterne der Galaxien viel langsamer um das Zentrum kreisen, als sie das tatsächlich tun. Irgendeine unsichtbare Kraft zieht an den Sternen. Ist womöglich das Gravitationsgesetz falsch? Forscher postulierten lieber die Existenz »dunkler« Materie, die all die beunruhigenden Phänomene erklären soll. Weil diese Masse – wie der Äther – aber nicht zweifelsfrei nachgewiesen werden kann, gibt es eine Reihe konkurrierender Theorien, wie genau sie aussehen könnte. Kaltes Gas? Kalter Staub? Oder gar Axionen, hypothetische Elementarteilchen?

Wissenschaftliche Irrtümer haben eine lange Lebensdauer; umgangssprachlich hält sich die Idee vom Äther, der den Raum füllt, bis heute – etwa, wenn Radiosender ein Programm »über den Äther schicken«. Irrtümer sind vor allem dann schwer aufzugeben, wenn wir sie intuitiv für richtig halten, oder nicht in der Lage sind, die neue Idee intuitiv zu erfassen. Das Wissenschaftsforum Edge.org sammelte vor Kurzem in aller Welt populäre und hartnäckige Irrtümer. Mit am häufigsten genannt wurde die Vorstellung, Stress würde Magengeschwüre verursachen – eine Fehleinschätzung, die sich trotz gegenteiliger Indizien so hartnäckig hielt, dass der junge Arzt Barry Marshall sich in einem seltenen Akt heroischer Selbstopferung absichtlich mit dem tatsächlich dafür verantwortlichen Bakterium infizierte und anschließend heilte, um seine Theorie zu beweisen. Der Physiker Haim Harari präsentierte noch simplere

Beispiele: Die meisten Menschen würden sagen, wer zu einer Zahl 20 Prozent hinzufügt und dann wieder 20 Prozent abzieht, kommt bei der Ursprungszahl heraus (das ist falsch, wie diese Rechnung zeigt: 100 + 20 = 120 – 24 = 96). Nach unserer Intuition wird ein Apfel stärker von der Erde angezogen als ein Blatt (falsch); und Kraft setzt einen Körper in Bewegung: Das stimmt zwar, aber Kraft verursacht nicht Bewegung, sondern Beschleunigung (die durch Reibung verringert wird und deswegen dazu führt, dass wir das Gaspedal halb durchgedrückt halten müssen, um die Geschwindigkeit konstant zu halten). Gravitation, Kraft und Masse gehören zu den Grundlagen der Physik, doch ist unter Nichtphysikern nur eine kleine Minderheit in der Lage, deren Zusammenspiel schlüssig zu erklären.

Andere Antworten auf die Edge-Frage tauchten tiefer in die grundsätzlichen Fragen der Wissenschaftstheorie ein. Der Neurowissenschaftler Christian Keysers klagte, für lange Zeit habe sich der Glaube gehalten, das Gehirn kontrolliere Bewegung und Wahrnehmung über komplett separate Bereiche und Wege – ein Glaube, so Keysers, der sich aus der Entwickung der künstlichen Intelligenz auf das Menschenbild übertragen hat, denn Roboter sind genau so konstruiert. Erst die Entdeckung der Spiegelneuronen in den 1990er Jahren, die beim Betrachten von Gestiken, Mimiken, Bewegungen in uns denselben Bewegungsimpuls wie die Bewegung auslösen, zeigte, dass visuelle Wahrnehmung und Motorik im Gehirn eng verknüpft sind. Eine bedeutende Erkenntnis: Spiegelneuronen werden für unsere Fähigkeit zum Mitfühlen verantwortlich gemacht. Keysers postulierte die Fehleinschätzung als »Computer-Denkfehler«: »Wenn wir uns das Gehirn wie einen Computer vorstellen, schadet das unserem Verständnis dessen, was das Gehirn tatsächlich ist.«

Zu den interessanten Irrtümern zählt auch die Vorstellung,

schlechte Luft (lateinisch mala aria) könnte Krankheiten auslösen – ein Glaube, der sich über Jahrhunderte gehalten hatte. Aus mehreren Gründen, erklärt der Biochemiker Derek Lowe in seiner Antwort auf die Edge-Frage: »Zum einen gab es tatsächlich so etwas wie giftige Dämpfe, die Menschen krank machen können« – etwa Ausdünstungen aus Vulkanen. Vor allem aber überlebte die Theorie aus jenem Grund, aus dem alle Theorien bestehen: »aus Mangel an überzeugenden Alternativen«. Die Vorstellung, winzige lebende Organismen könnten Krankheiten auslösen, schien den meisten Menschen absurd – auch, weil wir dazu neigen, den Menschen als Maßstab für alles zu nehmen. Wir sind intuitiv unfähig (oder unwillig), Dinge und Maßstäbe zu verstehen, die jenseits unserer biologischen Wahrnehmungsfähigkeit liegen, wie etwa die Entfernungen zwischen Sternen oder den leeren Raum zwischen Atomkern und Elektronen. Diese Schwelle zu überwinden, sieht Keyser als eine große geistige Errungenschaft des Menschen: »Für mich besteht die Geschichte der Wissenschaft auch darin, unsere Wahrnehmung zu erweitern und zu akzeptieren, dass sie überhaupt erweitert werden muss.«

So stolpern wir von Irrtum zu Irrtum und werden doch klüger dabei – wundersam wie die Tatsache, dass Geschirr selbst im dreckigen Spülwasser sauber wird. Die Phlogiston- und Äthertheorie waren falsch, doch sie halfen, unser Grundverständnis der Physik und Chemie zu schärfen. Die Phlogistontheorie half, Ordnung in die Chemie zu bringen, und legte den Grundstein für die Oxidationstheorie, wonach zugeführter Sauerstoff die Verbrennung unterhält und nicht »entweichendes Phlogiston«. Selbst die Studie über Hormontherapie für Frauen, deren sich widersprechende Ergebnisse auf ein kollektives Versagen der Forscher hindeuten (und die Verschwendung von 625 Millionen US-Dollar) und die das Vertrauen einer ganzen Generation von Frauen in die Medizin erschüttert hat, brachte nach jüngster Evaluierung eine Fülle neuer Erkenntnisse. »Mit dieser Studie hat die Wissenschaft eigentlich genau so funktioniert, wie sie funktionieren soll«, sagte JoAnn E. Manson, Leiterin der Präventionsmedizin an einem Bostoner Hospital, gegenüber der *New York Times*. »Oberflächlich betrachtet, hatte die Studie viele Schwächen und Probleme. Aber in Wahrheit konnten wir daraus Informationen von unschätzbarem Wert ziehen.«

Das Problem sind nicht unsere Irrtümer, sondern die Unfähigkeit oder das Widerstreben, sie einzugestehen. Das hat auch damit zu tun, dass jene Überzeugungen, in die wir am meisten investiert haben, Teile unseres Selbstbildes formen. Werden diese Überzeugungen infrage gestellt, empfinden wir das als Angriff auf unsere Identität. Solche Missklänge zwischen Realität und Selbstbild empfinden wir als »kognitive Dissonanz«; ein Gefühl, das der Sozialpsychologe Elliot Aronson als »so elementar wie Hunger oder Durst« beschrieben hat. Deshalb tun wir alles Mögliche, die neue Wahrheit zu diskreditieren oder so lange umzudefinieren, bis sie wieder in unser Weltbild passt. Die Psychologie hat dafür den Begriff »shoehorning« geprägt, das bedeutet etwa, »etwas mit dem Schuhlöffel hineinzwängen«. Ein extremes Beispiel dafür hat der Psychologe Leon Festinger untersucht, der sich einer religiösen Sekte anschloss, die den Weltuntergang für ein bestimmtes Datum vorhersagte. Die Gruppe hatte bereits alle weltlichen Belange aufgegeben – Häuser verkauft, Jobs gekündigt, sich vom ungläubigen Partner getrennt –, als sie sich im Haus der Sektenführerin (einer Hausfrau aus Chicago) am fraglichen Datum versammelte. Dort würden sie, so die Prophezeihung, von einer fliegenden Untertasse abgeholt und so gerettet. Die

Gruppe starrte in steigender Verzweiflung auf die Uhr, deren Zeiger sich unaufhaltsam Mitternacht näherten, doch niemand kam, sie zu retten. Am Morgen wurde klar, dass auch die Welt nicht im Begriff war unterzugehen. Wie gingen die Menschen, die ihren gesamten Glauben und ihre Existenz in diese Prophezeihung investiert hatten, mit diesem offensichtlichen Irrtum um? Sie suchten eine logische Erklärung: Sie hatten in dieser Nacht gemeinsam so innig gebetet, dass Gott sich entschied, die Erde noch einmal zu verschonen. Gleich am Morgen riefen sie die Tageszeitungen an, um die frohe Wahrheit zu verkünden. (Der Ehemann der Sektenführerin hatte sich übrigens am fraglichen Abend einfach ins Bett gelegt und die Nacht durchgeschlafen – ebenso ein Beweis großer partnerschaftlicher Toleranz wie auch eines felsenfesten Weltbildes.)

Ein extremer Fall, sicher, aber ein gutes Beispiel dafür, wie wir alles daransetzen, um einen gravierenden Irrtum, der unsere Identität infrage stellt, umzudefinieren. Das gibt es auch in der Wissenschaft: In Karikaturen sind Wissenschaftler emotionslose, trockene Wesen in Laborkitteln, doch im wahren Leben wird in der Wissenschaft leidenschaftlich um Erkenntnis gerungen, werden Allianzen geschmiedet, Kontrahenten bekämpft. Neue Theorien werden mit Blut, Schweiß und Tränen geschrieben; Menschen investieren die besten Jahre ihres Lebens und alle Kraft ihres Intellekts in diese Gedankengebäude, die sie daher wie Festungen verteidigen.

Die Wissenschaft gibt uns, wie gesagt, ein gutes Abbild dessen, wie wir selbst uns die Welt aneignen. Unablässig schmieden wir neue Theorien, warum die Dinge so sind, wie sie sind; versuchen die Vergangenheit zu interpretieren und die Gegenwart zu erklären. Dabei geraten wir in das gleiche Dilemma wie die Wissenschaft insgesamt: Wahr kann eine Theorie nur dann sein, wenn sie unendlich beweglich ist, bereit, sich jederzeit neuen Erkenntnissen anzupassen, fortzuentwickeln, notfalls sich um 180 Grad zu drehen. Doch eine solche Theorie, eine solche Grundüberzeugung ist letztlich nutzlos, weil sie sich weigert, sich festzulegen. Gerade dafür aber brauchen wir die theoretischen Konstrukte: um das Unvorhersehbare vorherzusehen. In säkularen Zeiten dienen sie dazu, der Welt einen Sinn zu geben; oder um zu verstehen, was um uns herum geschieht. Also legen wir uns fest, übermalen den blinden Fleck mit dem, was uns am wahrscheinlichsten erscheint, füllen leere Räume mit dunkler Materie, mit dunkler Energie. Wir erklären die Welt, weil wir es müssen.

Und deshalb irren wir.

Perfektionismus

Wenn Fehlerlosigkeit zum Wahn wird

»Das Bessere ist der Feind des Guten!« Dieses Zitat des französischen Philosophen Voltaire ist zum Credo der Leistungsgesellschaft geworden: Geht da noch was? Das Streben nach Vollkommenheit hat der Menschheit Bachs Kunst der Fuge *beschert und Apples iPhone-Software iOS. Beide jedoch verfehlten ihr Ziel: Erstere wurde lange als »Mathematik« verspottet (»Sudoku auf dem Klavier«, schrieb die Wochenzeitung* Die Zeit *erst kürzlich) und war zu Bachs Lebzeiten ein ökonomischer Fehlschlag, Letzteres hat Milliarden verdient und ist doch voller Macken. Das Streben nach Perfektion kann den Menschen ein machtvoller Antrieb sein oder sie zerstören. Ob Perfektionismus produktiv oder destruktiv wirkt, hängt vor allem davon ab, wie wir mit dem Gegenteil der Perfektion umgehen: mit dem Fehler.*

Jerry Seinfeld und Bernard Loiseau haben sich wohl nie getroffen, doch sie teilen eine Charaktereigenschaft, die für ihren jeweiligen Erfolg unabdingbar ist: Beide streben nach Perfektion. Aber die Art und Weise, wie sie mit diesem Streben umgehen, könnte unterschiedlicher nicht sein. Vordergründig geht es ihnen nur um den perfekten Witz, um das perfekte Dinner, in Wahrheit geht es um Leben oder Tod.

Und es geht nur für einen von beiden gut aus.

Wer den Komiker Jerry Seinfeld in seiner nach ihm benannten Fernsehserie gesehen hat, sieht nicht unbedingt einen Getriebenen: Sein breites Grinsen, der lockere Habitus, vor allem aber die abfälligen Scherze und kleinen Bosheiten lassen auf einen Menschen schließen, dem nichts wichtig oder gar heilig ist. Die Serie dreht sich um das Leben und die Missgeschicke von vier New Yorker Singles, deren Liebesbeziehungen meist aus immer den gleichen Gründen scheitern und deren erratische Charakterzüge den Irrsinn und die Einsamkeit des Lebens in der Großstadt spiegeln. Die meiste Zeit verbringen die vier Schauspieler in einem Apartment und einem Coffeeshop, wo sie das Leben an sich und ihre eigenen Unzulänglichkeiten analysieren. In den amerikanischen Medien wurde die Serie in den 1990er Jahren als nihilistische, narzisstische, banale, wertverleugnende Fortsetzung der Reagan-Jahre gescholten. Ein Kritiker rümpfte die Nase, die Serie drehe sich schlicht »um gar nichts«.

Doch »Seinfeld« war vor allem eins: zum Schreien komisch. So komisch, dass die Serie 180 Episoden in neun Staffeln produzierte, die noch 20 Jahre nach der Erstausstrahlung in ewigen Wiederholungen gezeigt werden. Sie hat ihren Erfinder selbst für amerikanische Verhältnisse unermesslich reich gemacht; Jerry Seinfeld besitzt eine umfangreiche Porsche-Sammlung (»ein paar Dutzend«, wie er selber sagt), und sein Vermögen wird von *Forbes* auf 800 Millionen Dollar geschätzt. Das ist eine unfassbare Summe für einen Witzeerzähler, und eine Summe, bei der die meisten Menschen anfangen zu rechnen, wie gut man da allein von den Zinsen leben könnte (109 589 Dollar bei fünf Prozent Verzinsung – täglich). Jerry Seinfeld müsste längst nicht mehr arbeiten, und wenn, könnte er sich den Fernsehkanal aussuchen, bei dem er für einen weiteren Millionenvertrag unterschreiben würde.

Doch Seinfeld zieht seit Jahren, oft in unangekündigten Auftritten, als Bühnenkomiker durch das Land. Es ist die härteste Prüfung, die sein Gewerbe bietet, Bühnenkomiker arbeiten ohne Netz und doppelten Boden, ohne den Zeitversatz einer Fernsehaufnahme, die schlechte Scherze im Nachhinein eliminiert. Seinfeld selbst hat Live-Auftritte beschrieben als den Moment, »wo du mit einer Binde um die Augen an der Wand stehst, die Zigarette im Mund, und jeden Moment auf dich gefeuert wird«.

Nicht viele Multimillionäre wagen sich zweimal wöchentlich allein auf eine Bühne, um einen Saal voll fremder Menschen mit Scherzen zu unterhalten, immer in Gefahr, nicht mehr witzig genug zu sein – warum tut Jerry Seinfeld sich das an?

Um besser zu werden. Jerry Seinfeld ist immer auf der Suche nach dem nächsten perfekten Witz. Und das ist alles andere als eine triviale Unternehmung, jedenfalls nicht so, wie Seinfeld das angeht.

Es gehe ihm nicht einfach darum, *einen* Lacher für seinen Scherz zu bekommen, sondern den richtigen Lacher, erzählte Seinfeld einem Reporter der *New York Times*. Er analysiere das Gelächter im Saal wie ein Geologe an einer kalifornischen Universität die Bewegung tektonischer Platten: Wohin verschiebt sich die Stimmung? Ist das Publikum noch bei der Sache, oder ist das jetzt ein Höflichkeitsgekicher? Verliere ich den Zugriff? Nicht alle Lacher sollen gleich sein, auch das fordert Seinfeld: Im Laufe einer Show hat jeder Lacher eine Aufgabe wie die Spieler in einem Baseballteam. Einer schlägt unvermittelt zu, der andere ist schnell, der dritte taktisch klug. »Wenn alle gut gelungen sind, gewinnen wir.«

An manchen Scherzen arbeitet Seinfeld über mehrere Jahre. Er schreibt seine Ideen per Hand in Notizblöcke, um sie dann immer weiter zu editieren, redigieren, verfeinern. Er verzichtet auf Flüche und Schimpfwörter (die Lacher, die sie generieren, sind ihm zu billig) und kümmert sich nicht um Trends: »Ich vertrete alte Werte«, sagt er, nur halb im Scherz. Wenn er versucht zu erklären, worum es ihm in seinen Scherzen geht, verweist er als Beispiel auf das satte Ins-Schloss-Fallen der Tür eines seiner Porsche-Oldtimer: *Fump!* Präzision und Perfektion. Kollegen nennen Seinfeld den »ultimativen Feinhandwerker«. Daraus entstehen zeitlose Ideen, wie jener Vergleich von Männern mit Heliumballons: Am Anfang einer Beziehung sind sie prall gefüllt und streben nach oben und müssen von den Frauen festgehalten werden, um nicht davonzufliegen. Später hängt derselbe Ballon kraftlos, verschrumpelt in der Ecke, zu schwach, sich noch selbst vom Boden zu erheben. Ist das noch Komik oder schon Poesie?

Gegenüber dem Reporter der *New York Times* räumt Jerry Seinfeld ein, dass er sein Leben lang »eine Tendenz in Richtung Depression« verspürt habe; doch, und das ist sicher entscheidend, sieht er seine Arbeit auf der Bühne nicht als spirituelle und künstlerische Arbeit: »Es geht mir nicht darum, eine tiefe emotionale Leere auszufüllen.« Am liebsten vergleicht er sich mit Sportlern, etwa einem Basketballspieler, der einen Ball auf seiner Fingerspitze rotieren lässt: »Ich spiele hier ein schwieriges Spiel, und wenn du jemand sehen willst, der ein schwieriges Spiel gut beherrscht, bist du bei mir richtig.«

Der Wunsch nach Perfektion treibt auch den Starkoch Bernard Loiseau an. Doch in diesem Spiel, bei dem er sich in die Arena wagte, wird mit harten Bandagen gekämpft.

Loiseau ist ein Aufsteiger, der ohne Schulabschluss im Alter von 15 Jahren als Küchenjunge im Restaurant der Brüder Troisgros angeheuert hatte. Pierre und Jean Troisgros gehörten, zusammen mit Paul Bocuse, nach dem Zweiten Weltkrieg zu den Begründern der Nouvelle Cuisine. Die jungen Wilden wollten die Schwere der traditionellen französischen Küche über Bord werfen. Statt alles in Butter zu sautieren und mit Rahm zu übergießen, wurde leicht und in Wasser gekocht, wurden die Portionen verkleinert, die Kochzeiten verkürzt. Es war eine aufregende Zeit; die Köche, bis dahin nur Personal am Herd, wurden selbstbewusster, verließen die Küche und begrüßten die Gäste. Sie wurden zu Stars, hatten ein eigenes Gesicht. Das war eine Befreiung, aber auch eine Verantwortung. Sie waren Revolutionäre, die mit den Traditionen brachen; aber hatte das, was sie anboten, auch Substanz? Nun hing plötzlich alles an den Köchen und ihren Ideen.

Doch der Coup glückt: Als der *Guide Michelin* die Brüder Troisgros mit drei Sternen auszeichnet, füllt sich ihr Restaurant mit der französischen High Society. Die Nouvelle Cuisine hat den Durchbruch geschafft. Und der Küchenjunge Bernard Loiseau fasst einen kühnen und verhängnisvollen Entschluss: »Irgendwann werde ich auch mal drei Sterne bekommen.«

1974 übernimmt er als Chefkoch La Côte d'Or, ein heruntergekommenes Landhaus im Burgund, in der tiefsten französischen Provinz. Um sich von der Konkurrenz zu unterscheiden, setzt er die Neue Küche radikaler um als andere: Er basiert seine Saucen auf Wasser; verbannt Eigelb und Sahne aus der Küche. Es ist der Versuch, den Geschmack aller Speisen auf die höchste Reinheitsstufe zu treiben; er nennt seine »Wasserküche«, wie Kritiker spotten, eine »Küche der Essenzen«. Bernard Loiseau ist auf dem Weg zum Ursprung des Kochens und der Geschmackserfahrung, eine spirituelle Gralssuche. Es geht ihm nicht um die schnelle Befriedigung des hungrigen Gaumens, sondern darum, aus allen Speisen ihren puren, ureigenen Geschmack herauszukitzeln. Die Probekoster vom

Guide Michelin belohnen seinen Wagemut: 1977 bekommt er seinen ersten, 1981 seinen zweiten und 1991 seinen dritten Michelin-Stern verliehen. In ganz Europa gibt es nur zwei Dutzend Köche, die ebenfalls drei Sterne tragen. Vier Jahre später wird Bernard Loiseau von Präsident François Mitterrand in die französische Ehrenlegion aufgenommen. Der kleine Küchenjunge hat es an die Spitze der französischen Küchenelite geschafft. Er wird nicht so unermesslich reich wie Jerry Seinfeld, doch er ist nun der bekannteste Koch Frankreichs, und sein Restaurant verzeichnet zweistellige Umsatzzuwächse.

Doch in den kommenden Jahren rutscht Bernard Loiseau langsam, aber unaufhaltsam in eine tiefe Depression.

Der permanente Hochdruck, unter dem Küchenchefs arbeiten, trägt sicher dazu bei: Die Küchen von Sterne-Restaurants gehören zu den stressigsten Arbeitsplätzen der Welt. Sterne-Restaurants sind oft auf Monate hinaus ausgebucht; Abend für Abend müssen im La Côte d'Or 25 Angestellte ein volles Restaurant mit 120 Plätzen versorgen. Der Zeitdruck ist brutal, die Fehlertoleranz gering. Gäste, die teils mehrere hundert Euro für ein mehrgängiges Menü bezahlen, erwarten Makellosigkeit und Erfindergeist zugleich; sie wollen überwältigt werden. Die Gewinnmargen sind trotz der hohen Preise gering, weil der Personalbedarf die Fixkosten in schwindelerregende Höhen treibt. Im La Côte d'Or kostet jeder Gast den Küchenchef 75 Dollar, noch bevor er das erste Glas Wein bestellt hat.

Wenn Jerry Seinfeld die Bühnenkomik mit dem Erscheinen vor dem Erschießungskommando vergleicht, lässt sich die Sternen-Küche mit dem Tanz auf einem Hochseil vergleichen, das zwischen zwei Felsnadeln gespannt ist: ohne Netz, ohne doppelten Boden. Jeder Koch ist nur so gut wie der nächste Gang.

Der Stress beginnt Loiseau auszuzehren. »Ihr seid die Besten!«, ruft er seinem Küchenpersonal immer wieder zu, doch Zweifel plagen ihn. Einen Gastrokritiker des Magazins *The New Yorker*, mit dem er befreundet ist, fragt er immer wieder halb scherzhaft, halb bange: »Ich bin doch der Beste, oder?« Isst ein Gast seinen Teller nicht leer, versetzt ihn dies in helle Aufregung, und der Restaurantmanager muss ihm versichern, dass das Essen tadellos ist, der Gast nur Platz lassen wollte für den Nachtisch. Er lässt in der Küche komplette Gerichte in den Müll werfen, wenn die Sauce nicht perfekt auf den Teller getropft wurde. Es ist, als hätte er durch all die Anerkennung, die Sterne und die Ehrenlegion, nichts an Sicherheit gewonnen. Im Gegenteil. Loiseau hat so hart um seinen Platz an der Spitze gekämpft, dass er nun nichts mehr fürchtet als den Absturz.

Die Angst ist nicht ganz unbegründet: Die Nouvelle Cuisine, die sich eigentlich die ständige Erneuerung auf die Fahnen geschrieben hatte, ist in die Jahre gekommen, hat sich etabliert. Aus dem Jungen Wilden Loiseau ist über die Jahre ein Bewahrer seiner Tugenden geworden. In der Gastronomie sorgen nun andere für Aufsehen: Der Katalane Ferran Adrià baut die Küche zum Chemielabor um, schäumt Gemüse auf, injiziert Olivenöl mit einer Spritze ins Brot, baut »Tomatensphären«, kleine Kügelchen mit weichem Kern und harter Schale. Diese »Molekularküche« hat nichts von der Sinnlichkeit der »Küche der Essenzen«, sie ist ein Hightech- und Highpublicity-Produkt. Ein Essen in Adriàs Restaurant El Bulli dauert Stunden, zieht sich über 30, 35 Gänge hin: Melonenkaviar, Mousse aus Muschelfleisch in einem hauchdünnen Mantel aus Schweinefett, duftende Kunstnebel im Salzstreuer und so fort.

Loiseau lehnt die Molekularküche ab, doch sie vergrößert seine Ängste. Gäste beginnen, noch hinter vorgehaltener

Hand, zu klagen, dass das Essen im La Côte d'Or zwar immer noch ausgezeichnet, aber eben nicht mehr überraschend sei. Schließlich machen Gerüchte die Runde, dass Loiseau seinen dritten Stern verlieren könnte. Im *Gault-Millau*-Restaurantführer fällt sein Restaurant von 19 auf 17 Punkte (von 20 möglichen). Am 24. Februar 2003 lässt Bernard Loiseau über Mittag in seinem Restaurant eine getrüffelte Poularde zubereiten, die zu seinen Spezialitäten gehört, ein Gericht, das mit einem Preis von 267 Dollar auf der Karte steht. Danach geht er nach Hause, nimmt die Schrotflinte und tötet sich mit einem Schuss in den Mund.

Sein Restaurant, derzeit geführt von seiner Witwe als Managerin, hält bis heute die drei Sterne fest.

Was hat Jerry Seinfeld, was Bernard Loiseau nicht hatte? Beide streben nach Perfektion, beide haben Erfolg, doch nur einer überlebt. Ein wichtiger Unterschied ist der äußerliche Druck. Jerry Seinfeld sucht sich seine Auftritte selbst aus, und auch wenn sie sicher aufreibend sind, sind sie nach einer guten Stunde auch wieder vorbei. Bernard Loiseau dagegen stand Abend für Abend in der Küche, unter extremem Stress bis spät in die Nacht.

Entscheidend ist aber sicher die Selbstwahrnehmung: Bernard Loiseau fühlte sich gehetzt. Er hielt sich an der Spitze, doch vor seinem geistigen Auge kann er seinen Fall bereits sehen. Seinem Mentor Paul Bocuse schrieb er kurz vor seinem Tod: »Wenn ich meinen dritten Stern verliere, bringe ich mich um.« Er könne mit einer Niederlage nicht umgehen.

Jerry Seinfeld mag unzufrieden sein nach einer nur halb gelungenen Improvisation, doch er weiß, dass es wenige Komiker gibt, die es im Timing und in der Originalität mit ihm aufnehmen können. Nach einem Auftritt in Manhattan sagt er hinterher in der Kabine, etliche Gags hätten daneben gelegen, bräuchten noch Arbeit, doch das sei okay: »Das war hier nur ein Training.« Auch wenn die Zuschauer gar nicht das Gefühl hatten, das Set sei nicht perfekt gewesen – diese Haltung, diese Art, mit eigenen (und seien es auch nur angenommenen) Fehlern und Schwächen umzugehen, macht den wichtigsten Unterschied zwischen Bernard Loiseau und Jerry Seinfeld aus. Gefragt, ob er den ultimativen Witz suche, schüttelt Seinfeld den Kopf und sagt: »Ich habe einige, die perfekt sind. Ich brauche nur sehr lange, sie zu entwickeln.«

Die Psychologie unterscheidet die beiden Charaktere nach »funktionalen« und »dysfunktionalen« Perfektionisten: Erstere können ihr Streben produktiv einsetzen, Letztere scheitern irgendwann an ihrem eigenen Anspruch. Die größte Lebensgefahr geht für dysfunktionale Perfektionisten von sich selber aus: Bernard Loiseau ist durchaus kein Einzelfall. Der britische Starchirurg Alexander Reading, 45 Jahre jung, zählte zu den erfolgreichsten Operateuren des Landes, mehrfach ausgezeichnet. Er hatte die Forschung zu neuen Erkenntnissen bei der Implantation künstlicher Hüften geführt. Doch nach einer schiefgelaufenen Operation im Juni 2011 ging er nach Hause und erhängte sich in der Garage seines 900 000 Euro teuren Anwesens, wo ihn seine Frau am nächsten Morgen fand. Kollegen galt er als Perfektionist: Eigene Fehler konnte er nicht ertragen.

Der Fußballtorwart Robert Enke, der Autor Ernest Hemingway: Suizide von Menschen, die an ihrem eigenen Anspruch zerbrechen, gehen quer durch alle Berufe und Lebenslagen. Die Schriftstellerin Sylvia Plath zählte zu den erfolgreichsten jungen Autorinnen der Nachkriegszeit, schloss die Universität mit *summa cum laude* ab, gewann ein Fulbright-Stipendium und zog nach England um. Im Winter

1962/1963 erlebt sie ihre kreativste Schaffensperiode und ihren größten Erfolg; ihr erster Roman erscheint. Morgens zwischen 4 und 7 Uhr früh, noch bevor ihre beiden kleinen Kinder aufwachen, schreibt sie jene Gedichte, die sie später, veröffentlicht als Bändchen unter dem Titel »Ariel«, weltberühmt machen werden. Doch sie erlebt den Ruhm nicht: Am 11. Februar 1963 schluckt sie Schlaftabletten, dreht den Gashahn auf und legt den Kopf in den Backofen. Die beiden Kinder schlafen im Zimmer nebenan.

Studien belegen seit einiger Zeit einen engen Zusammenhang zwischen Perfektionismus und Depression und damit auch mit einem erhöhten Suizidrisiko. Dennoch sind die Autoren Plath und Hemingway, der Torwart Enke, Chirurg Reading und Starkoch Loiseau eher untypische Fälle: Die meisten dysfunktionalen Perfektionisten schaffen es nie an die Spitze. »Perfektionisten sind selten Superstars«, sagt der kanadische Psychologe Paul Hewitt, der sich seit mehr als 20 Jahren mit dem Thema beschäftigt. Hewitt beschreibt den typischen Fall eines Studenten, der überzeugt war, er müsse in einem bestimmten Fach unbedingt die Note A+ schaffen. Der Student arbeitete hart und erreichte sein Ziel, war danach aber noch deprimierter als zuvor. Begründung: Er hatte viel zu hart arbeiten müssen, um die Note zu erreichen. Wäre er wirklich gut, so sein Argument, hätte er die A+ mit weniger Aufwand bekommen können. Dieses Denken ist typisch für Perfektionisten: Sie kennen nur absolute Wahrheiten. Wer nicht hundertprozentig reüssiert, hat zu 100 Prozent versagt. Dies ist eine letztlich selbstzerstörerische Argumentation, weil sie dem Strebenden nie Ruhe gönnt, nie auch nur einen Achtungserfolg zugesteht.

Das ist ungefähr so, als würde ein Starregisseur, der außer vier Oscars auch alle anderen wichtigen Filmpreise weltweit gewonnen hat, am Ende seiner 40 Jahre dauernden Karriere sagen: »Keiner wird sich an meine Filme erinnern. Ich habe zwar ein paar Preise gewonnen, aber darum geht es mir nicht. Auch nur einen wirklich guten Film zu machen – das habe ich in all den Jahrzehnten nicht geschafft.« Das Fazit von Woody Allen.

Die Ursachen für Perfektionismus sind zumindest teilweise genetisch bedingt; diesen Verdacht legen Zwillingsstudien nahe: Eineiige Zwillinge weisen bei psychologischen Tests auf Perfektionismus sehr ähnliche Ergebnisse auf – viel ähnlicher als zweieiige Zwillinge, die zwar annähernd die gleiche Erziehung genossen, nicht aber dasselbe Genmaterial hatten. Dennoch sind sich Psychologen einig, dass das Elternhaus eine entscheidende Rolle bei der Ausprägung perfektionistischer Tendenzen spielt. Im klassischen Fragebogen zum Erfassen solcher Tendenzen gehen neun der 35 Fragen auf die Erwartungshaltung und Kritikneigung der Eltern ein: »Ich habe nie das Gefühl gehabt, den Anforderungen meiner Eltern genügen zu können« etwa, oder: »Als Kind wurde ich bestraft, wenn ich meine Sachen nicht perfekt machte«, und schließlich: »Meine Eltern haben nie versucht, meine Fehler zu verstehen.«

Mithilfe des Fragebogens werden in der Regel drei Arten des Perfektionismus erfasst, die Paul Hewitt und sein Kollege Gordon Flett definiert haben:

- selbstorientierter Perfektionismus – das sind Menschen, die an sich selbst höchste Ansprüche stellen und über eigene Fehler oder angenommene Unzulänglichkeiten verzweifeln. Einige Forscher vermuten einen Zusammenhang zwischen Essstörungen (Bulimie, Anorexie) und dieser Form des Perfektionismus. Das zwanghafte Hungern passt perfekt ins Schema des obsessiven Strebens nach Perfektion: Das Ziel ist klar, aber unerreichbar (ein bisschen weniger geht immer noch). Und in einer komplexen Welt schafft die Magersucht einen Bereich, auf den der Betroffene ganz allein Zugriff hat, über den er allein Kontrolle ausüben kann

- fremdorientierter Perfektionismus – das sind Menschen, die extrem hohe Ansprüche an ihre Ehepartner, Kinder, aber auch Kollegen oder Menschen stellen, denen sie im täglichen Leben begegnen. Sie haben in der Regel eine sehr geringe Toleranz gegenüber den Fehlern anderer. Es sind etwa jene, die an der Hotelrezeption ein Theater veranstalten, weil das vorbestellte zweite Kopfkissen im Zimmer fehlt. Fremdorientierten Perfektionisten fällt es oft schwer, Beziehungen einzugehen – niemand kann ihnen genügen
- sozial orientierter Perfektionismus – das sind Menschen, die glauben, den extrem hohen Ansprüchen anderer genügen zu müssen. Sie glauben, von anderen nur akzeptiert zu werden, wenn sie keine Fehler machen. Und sie sind in einer besonders vertrackten Lage: »Sie haben das Gefühl, je besser sie etwas hinbekommen, umso höher steigen die Ansprüche«, erklärt Perfektionismus-Forscher Gordon Flett, »das führt zu einem Gefühl der Hilf- und Hoffnungslosigkeit.«

Das trifft schon auf sehr kleine Kinder zu. Flett holte sich für ein Experiment 30 Vier- und Fünfjährige ins Labor und versuchte, anhand einfacher Fragen (»Wie fändest du es, perfekt zu sein?«), ihre Perfektionismus-Neigung zu determinieren. Danach gab er ihnen eine Aufgabe am Computer. Doch der Computer war so manipuliert, dass die Aufgabe gar nicht gelöst werden konnte. Alle Kinder waren frustriert – doch perfektionistisch veranlagte Kinder zeigten deutlich stärkere Anzeichen von echtem Stress und Angstzuständen.

Ein privilegiertes Elternhaus bietet nicht unbedingt Schutz vor solchen Ängsten – im Gegenteil. Die Psychologin Suniya S. Luthar von der New Yorker Columbia University hatte sich lange Zeit mit Kindern beschäftigt, die in Armut aufwuchsen oder in Familien, in denen Eltern psychisch krank sind. Vor wenigen Jahren richtete sie ihre Aufmerksamkeit auf die Kinder in jenen beschützten Wohngegenden, die Gewaltkriminalität und Mangel nur als Thema der Abendnachrichten wahrnehmen. Ihr Forschungsaufsatz, »Die Kinder der Wohlhabenden«, warnt davor, Kinder aus armen Gegenden als »gefährdet« und solche aus behüteten Wohngebieten pauschal als »tendenziell gering gefährdet« einzustufen. In Wahrheit zeigten die Kinder der Reichen bereits in der siebten Klasse alarmierende Anzeichen für Drogenkonsum, der sogar deutlich höher lag als bei Kindern aus den heruntergekommenen Innenstädten. Ein Unterschied: Bei den reichen Kindern korrelierte der Drogenmissbrauch häufiger mit Angstzuständen und Depression – ein Anzeichen dafür, dass die wohlhabenden Kinder die Drogen zur Selbstmedikation einsetzten, glaubt Luthar. Diese Art von Drogenkonsum ist besonders gefährlich, weil er über die Phase des Ausprobierens hinaus andauert und häufiger in eine Sucht mündet. Der wichtigste Grund für Angst und Drogenkonsum: permanenter Leistungsdruck, verbunden mit Wohlstandsverwahrlosung durch die Hochleistungseltern. Offenbar potenzieren sich Versagensängste in Gegenden, in denen schon die Eltern unter hohem Erfolgsdruck und dazu im Wettbewerb mit den Nachbarn stehen und diesen Druck an ihre Kinder weitergeben. Der Erfolg der Söhne und Töchter ist für viele Eltern das wichtigste Statussymbol; und das Scheitern die größte Katastrophe. (Luthar benennt den Grund mit dem deutschen Wort: Es ist die Angst vor *schadenfreude* der weniger Reichen.) So wird Perfektionismus in Familien über Generationen vererbt – litten die Eltern darunter, lassen sie auch ihre Kinder leiden.

Dazu kommt, dass die Probleme der Kinder von den Eltern zwar wahrgenommen werden, aber diese, aus Angst vor dem sozialen Stigma, erst dann professionelle Hilfe suchen, wenn die Kinder rebellisch oder ernsthaft krank (und damit zum echten Problem für die Eltern) werden. Und die Schulpsychologen, die Probleme womöglich frühzeitig erkennen, haben Angst, die reichen Eltern anzusprechen – aus Furcht, von diesen womöglich bedroht und verklagt zu werden. Auch, weil sich in jenen Gegenden, die der amerikanische Autor Jonathan Franzen in seinen Gesellschaftsromanen so treffend, so böse beschreibt, die Nachbarn eifersüchtig belauern, um zu sehen, welches Kind denn als Erstes fällt. »Bis zu den 1970er Jahren kümmerte sich die Psychologie kaum um Kinder in Armut«, schreibt Luthar im Fazit ihrer Studie, »jetzt ist es wichtig, die Vernachlässigung einer anderen Gruppe von Jugendlichen zu korrigieren, die bisher in der Wissenschaft kaum vorkommt: die Kinder in reichen Familien.«

Auch wenn die sozialen Unterschiede in Deutschland geringer sind als in den USA – das Problem von Jugendlichen unter selbst- oder fremdverordnetem Leistungszwang ist längst auch bei uns ein Thema. Die deutsche Perfektionismus-Expertin Christine Altstötter-Gleich sieht vor allem die Ausprägung bei Studenten mit Sorge: »Sie sind die Besten an ihrer Schule und nehmen sich unheimlich viel vor. Dann kommen sie an die Uni und sind plötzlich nur noch Mittelmaß. Damit werden einige nicht mehr fertig.« Die Leiterin einer psychologischen Beratungsstelle für Studenten klagt, die Beschleunigung der Studiengänge lasse den Studenten keine Chance mehr, auch nur durchzuatmen: »Es gibt keinen Raum mehr für Unvollkommenheit.« Wer heute studiert, muss versuchen, in drei Jahren alles eng getaktet auf die Reihe zu bringen – Auslandssemester, Praktika, beste Noten, einen makellosen Lebenslauf. Und all das in einer Zeit, in der sich viele junge Menschen eigentlich ausprobieren müssten, finden müssten. Doch wer ausprobiert, kann scheitern, und für einen Neuanfang fehlt die Zeit. »Diese extreme Rastlosigkeit ist neu«, sagt die Therapeutin im Interview mit dem Magazin *Spiegel*.

Besonders der Druck auf junge Frauen wächst. Noch immer werden von ihnen höhere Leistungen erwartet als von Männern, und in vielen Universitäten stellen sie die Mehrheit. Zum akademischen Wettbewerb addiert sich der Wettbewerb um Attraktivität; angefeurt durch ein in Castingshows zugespitztes Körperideal, dem nur Top- und Supermodels entsprechen können. Von hunderten Bewerberinnen bleibt am Ende nur eine übrig – und Millionen Zuschauerinnen das Gefühl, sie seien unzulänglich. Die Universitäten, klagt das amerikanische Magazin *Psychology Today*, seien längst »Inkubatoren für Essstörungen«.

Ob es tatsächlich eine Zunahme an Perfektionisten gibt (oder nur eine Zunahme der Diagnosen aufgrund höherer Sensibilität für das Thema), lässt sich nicht beweisen. Das Phänomen ist in jedem Fall weit verbreitet: Mindestens jeder Zehnte kämpft im Lauf seines Lebens mit einer Depression; und bei zwei Dritteln dieser Depression spielt Perfektionismus eine Rolle, schätzt die Psychologin Altstötter-Gleich. Sicher ist aber, dass die mediale Zersplitterung der Welt in viele Einzelbereiche das Leben für Menschen mit hohen Ansprüchen nicht einfacher macht: »Wir kriegen heute viel unverhohlener Ideale präsentiert«, sagt Altstötter-Gleich. »Wir propagieren Makellosigkeit als Ideal, zugleich leben wir in einer Leistungsgesellschaft, in der schneller, höher, weiter immer auch ›besser‹ bedeutet.« An sich, so die Psychologin, sei dies kein Problem: »Das Streben nach Verbesserung treibt unseren Fortschritt an.« Doch manche Menschen können mit den vielen, vielen Bereichen, in denen der moderne Mensch so dringend nach oben strebt, nicht mehr umgehen. Welches Körpergewicht ist ideal, welcher Body-Mass-Index? Wie viele Kalorien stecken in dem, was vor mir auf dem Teller liegt? Wie viele Facebook-Freunde sind zu wenige? Wer serviert seinen Freunden den perfekten Espresso? Wie viele Tippfehler hat eine E-Mail?

Für einen Perfektionisten steckt die moderne Welt voller Fehlerfallen.

In einem Betrieb können Perfektionisten eine Zeit lang als vorbildhafte Angestellte gelten, die den Qualitätsanspruch eines Unternehmens hochhalten: Wir machen alles besser als die Konkurrenz! Ein funktionaler Perfektionist kann in der Tat seine Kollegen anspornen, mehr zu leisten. Doch dysfunktionale Perfektionisten sprengen eine Organisation: Sie investieren viel zu viel Zeit in die Vorplanung eines Projekts, kontrollieren zwanghaft jeden Schritt und sind unfähig zu delegieren, weil sie niemandem trauen. Perfektionisten sind geborene Zauderer: Ein Projekt zu Ende zu bringen, würde womöglich bedeuten, Mängel zu akzeptieren. Perfektion ist immer ein Produkt der Zukunft. Was nicht fertig ist, könnte makellos werden – irgendwann. Nächtelang feilen sie an Details. Manche werden darüber zur Belastung für die Firma. Der Forscher Paul Hewitt hat etliche Perfektionisten betreut, die über ihre Obsession den Job verloren haben: »Diese Leute wurden nicht sanft aus dem Betrieb geschubst. Sie wurden gefeuert. So: ›Sie sind gefeuert!‹« Hewitt hat Perfektionisten unter Obdachlosen gefunden.

Der ständige Druck, alles richtig zu machen, setzt einem Menschen auch körperlich zu, führt zu Schlaflosigkeit und chronischer Erschöpfung, zu Herzrhythmusstörungen und hohem Blutdruck. Stresshormone erhöhen die Gefahr von Infektionen. Vor allem aber setzt der Stress dem Gehirn zu: Der präfrontale Cortex, jener Bereich des Gehirns, der bei der

Selbstkontrolle und der Verarbeitung unserer Erfahrungen eine wesentliche Rolle spielt, reagiert auf Stress extrem empfindlich. Die Gestressten reagieren impulsiver, sind weniger leistungsfähig und machen mehr – Fehler. Was wiederum den Stress erhöht und zu Panik führen kann. Vielleicht realisiert der Betroffene, dass er ein Problem hat. Doch die Hürde, zum Psychotherapeuten zu gehen, ist unüberwindlich hoch. Zum einen realisieren viele nicht, dass Perfektionismus ein emotionales Problem ist; sie halten ihren Arbeitseifer für eine logische, bewusst gesteuerte Entscheidung – und nicht für eine emotionale Kettenreaktion aus Fehler, Angst und Obsession. Zum zweiten wäre der Versuch, Hilfe zu suchen, das ultimative Eingeständnis, ein Versager zu sein. Auch dies ist eine Spielart des Perfektionismus: der Versuch, vor anderen perfekt dazustehen, also die eigenen Schwächen stets zu vertuschen.

Und so wie übertriebene Hygiene dazu führen kann, dass sich das Immunsystem gegen den Körper wendet, so kann übertriebene Perfektion in einem Burn-out-Syndrom münden: Dann, wenn wir nicht mehr in der Lage sind, Fehler lebenstauglich auszugleichen. »Es gibt kaum einen Burn-out-Patienten, der nicht das Streben nach Perfektion als einen der Gründe für seine Erkrankung angibt«, erklärt Altstötter-Gleich. »Typisch ist, dass dann oft eine Lappalie ausreicht, um den Zusammenbruch auszulösen: eine Schramme am Auto, oder der Hund stirbt.« Die Perfektionisten stehen dann unter einem so hohen Druck, dass sie kollabieren. Und plötzlich kracht die ganze Welt zusammen.

Und dann? Perfektionismus lässt sich nicht einfach »heilen« (er ist noch nicht einmal, trotz 30-jähriger Forschung auf dem Gebiet, als »Krankheit« klar definiert), schon deshalb nicht, weil sich perfektionistische Tendenzen als hochgradig stabil erweisen: Selbst wenn Menschen aufgrund ihres obsessiven Strebens nach Makellosigkeit depressiv werden und diese Depression erfolgreich behandeln lassen, bleibt am Ende der Behandlung der perfektionistische Charakterzug erhalten. Im Kern, so die Perfektionismus-Forscherin Christine Altstötter-Gleich, handelt es sich beim Drang nach Makellosigkeit um eine Form der emotionalen Labilität, »wie bei jeder Art von leicht neurotischer Persönlichkeitsstörung«. In der Regel leiden Menschen mit Drang zu Perfektion unter einem niedrigen Selbstwertgefühl.

Diese Erkenntnis ist vor allem für Eltern wichtig; sie haben es in der Hand, ob ihre Kinder zu funktionalen oder dysfunktionalen Perfektionisten werden. »Hohe Ansprüche sind nichts Negatives«, betont Christine Altstötter-Gleich; wer seine Kinder fordert, ermöglicht ihnen, Ziele zu erreichen, die sie sich selbst nicht zugetraut hätten – das stärkt das Selbstbewusstsein. Entscheidend ist aber, wie die Eltern damit umgehen, wenn die Kinder die gesetzten Ziele nicht erreichen. »Schwierig wird es, wenn die hohen Ansprüche mit gefühlsmäßiger Kälte einhergehen«, warnt die Psychologin. Diese Eltern zeigen dann kaum Zuwendung, sind aber streng, verlangen viel von den Kindern und zeigen keine Toleranz bei Fehlern. »Die Kinder wünschen sich Anerkennung von den Eltern und versuchen, durch Leistung auf sich aufmerksam zu machen.« Versagen die Eltern den Wunsch nach Zuwendung, »macht sich ein Gefühl der Hilflosigkeit breit«. Die Kinder entwickeln das Gefühl, dass sie den Ansprüchen der Eltern nicht genügen. »Sie entwickeln zwar hohe Standards, zweifeln jedoch gleichzeitig daran, dass sie diese erreichen werden, und haben Angst vor den Konsequenzen, die mögliche Fehler nach sich ziehen.«

Letztlich liegt dem Drang nach Perfektion auch die Angst zugrunde, von der Gruppe verstoßen zu werden – die Höchststrafe für das soziale Wesen Mensch. Wir sind mitunter bereit, unsere tiefsten Überzeugungen zu verraten, nur um in unserem sozialen Umfeld nicht isoliert zu werden. Aus dieser Angst resultiert der Drang nach Makellosigkeit, glaubt die amerikanische Sozialforscherin Brené Brown. »Perfektion erscheint uns nur aus einem Grund attraktiv«, sagt sie: »Wir glauben, Perfektion könne uns beschützen. Wir glauben, wenn wir perfekt leben, perfekt aussehen und uns perfekt verhalten, können wir Schuld, Scham und Schande vermeiden.« Wer nichts falsch macht, ist nicht angreifbar, kann nicht infrage gestellt werden. Muss sich auch selbst nicht infrage stellen. Perfektionismus, sagt Brown, sei »ein 20-Tonnen-Panzeranzug, den wir mit uns rumschleppen. Wir glauben, er beschütze uns, doch in Wahrheit verhindert er, dass wir uns frei bewegen können.«

Ohnehin biete Perfektion nicht den gewünschten Schutz, warnt Brown: »Sich perfekt einzufügen heißt nicht, auch dazuzugehören«, warnt sie in einem Vortrag auf dem globalen Ideenportal TED. Wer sich immer nur den echten oder gefühlten Erwartungen anderer unterordne, lebe letztlich im falschen Leben. Ironie dieses Strebens: Bei anderen finden wir Perfektionismus überhaupt nicht positiv, im Gegenteil. »Meistens imponieren uns gerade jene Menschen, die sich nicht einfügen, anpassen, unterordnen.« Musiker, Kreative. »Wir werden zu Menschen hingezogen, die echt sind. Wir lieben ihre Authentizität. Im Grunde wissen wir, dass das Leben voller Fehler und Lücken ist.«

Ein Charakterzug, der diesen nicht perfektionistischen Menschen eigen ist: Verletzlichkeit; die Fähigkeit, sich emotionalen Risiken und Unsicherheit auszusetzen. »Ich erforsche Verletzlichkeit seit zwölf Jahren, und inzwischen glaube ich, dass Verletzlichkeit der akkurateste Maßstab für Mut ist. Verletzlichkeit ist die Voraussetzung für Innovation, Kreativität und Veränderung.« Das Portal TED, dieses Schaufenster der brillantesten Denker und ihrer neuen Ideen, sei letztlich eine Konferenz des Scheiterns, sagt Brené Brown: »Was dies hier so großartig macht, ist, dass kaum jemand hier Angst hat zu scheitern. Jeder, der hier oben auf der Bühne stand, ist schon mal gescheitert.«

Ist Scheitern die Voraussetzung für Erfolg? Sicher ist, wir neigen dazu, in Lebensläufen anderer zwar die Erfolge zu sehen, aber nicht den Weg dorthin. Wissenschaftler forschen jahrelang an einem Ergebnis, doch von all den gescheiterten Experimenten, den gedanklichen Irrwegen berichtet kein Journal. Dabei waren die Fehler notwendige Treppenstufen auf dem Weg zum Durchbruch, zu jenem genialen Heureka-Moment, der am Ende die gesamte Karriere definiert.

Vielleicht ist das Scheitern selbst keine Voraussetzung für diesen Durchbruch, sicher sind es aber die Bereitschaft und der Mut, das Scheitern in Kauf zu nehmen. Die Möglichkeit, Fehler zu machen, ist auch die Voraussetzung für Erneuerung: Innovation findet stets an den Rändern statt; an den Grenzen des Möglichen, an den Rändern des menschlichen Wissens. Perfektion ist dort per Definition nicht möglich, weil niemand wissen kann, was jenseits des Horizonts auf uns wartet. In der Innovation sind wir alle Dilettanten; selbst wenn wir uns planvoll ins Risiko begeben: Haben wir die Grenze ins Unbekannte überschritten, kann jeder Tritt ein Fehltritt sein.

Wenn nichts sicher ist, ist alles möglich.

Deswegen ist Perfektionismus weit mehr als eine psychische Störung. Die Forderung nach Makellosigkeit ist auch eine Haltung, letztlich ein totalitärer Impuls. Wer Fehlerlosigkeit fordert, glaubt sich im Besitz der absoluten Wahrheit und duldet keine Abweichung. Wenn das Leben auszeichnet, dass alles ständig fließt, dann ist die Makellosigkeit der Tod:

Was perfekt ist, darf sich nicht mehr wandeln, kann sich nicht mehr entwickeln. Eine leblose griechische Statue, in Marmor gemeißelt.

Die Beschäftigung mit dem Perfektionismus zeigt, wie wichtig es ist, bewusst mit Fehlern umzugehen. Der Berliner Philosoph Bernd Guggenberger warnt, Freiheit könne nur in einer »fehlerfreundlichen« Umwelt gedeihen. Nur wenn der Mensch auch Fehler machen darf, darf er frei sein – Mensch sein. Fehler sind der menschliche Maßstab: Ich irre, also bin ich!

Die Genialität der Evolution

Warum die Natur den Fehler liebt

Nur die Stärksten kommen durch: Wenn wir an Darwin denken, fällt uns zuerst die Selektion als Triebkraft der Evolution ein. Liefert damit nicht die Natur den Beweis dafür, dass Fehler das Fortkommen und Überleben behindern, weil sie in freier Wildbahn gnadenlos bestraft werden? Im Gegenteil. In Wahrheit ist die Evolution ein Musterbeispiel für fehlerfreundlichen Fortschritt.

Sind die Dinosaurier ausgestorben? Nein. Jedenfalls nicht ganz. Weil die Evolution den Fehler liebt.

Heute gelten Dinosaurier als Musterbeispiel einer evolutionären Sackgasse; zu groß, zu schwer, zu unflexibel. Das ist nicht ganz fair, immerhin waren die Riesenechsen rund 170 Millionen Jahre auf der Erde zu Hause und an ihrem Aussterben am Ende nicht selbst schuld. Die meisten Säugetierarten schaffen höchstens sechs Millionen Jahre; die am höchsten entwickelte Art – *Homo sapiens sapiens* – wird es womöglich auf nicht viel mehr als ein paar hunderttausend Jahre bringen.

Das vergleichsweise schlechte Image der »Schrecklichen Echsen« als Evolutionsverlierer gründet sich auf zwei Ursachen. Zum einen sind sie ganz offensichtlich nicht mehr am Leben, also gescheitert, zum zweiten haben sie sich über Jahrmillionen in eine Richtung entwickelt, die uns heute grotesk erscheint: immer größer, immer breiter, immer schwerer. So waren die ersten Dinosaurier noch vergleichsweise leichtfüßige, zweibeinige Fleischfresser, die sich eine ökologische Nische erkämpften. Doch nach einem Massensterben, das fast die gesamte Tierwelt der Erde auslöschte, begann für die Saurier im Trias vor gut 200 Millionen Jahren eine Blütezeit, in der sie geschätzt bis zu 90 Prozent der Fauna auf dem Planeten ausmachten. Möglich war dies nur als Pflanzenfresser; allerdings bot die Flora überwiegend Schwerverdauliches wie Schachtelhalme und Koniferen.

Eine Überlebensstrategie schien daher, das Essen so lang wie möglich im Körper zu behalten. In der Folge entwickelten sich gigantische Sauropoden, deren Namen heute das Staunen der Saurierforscher über die Gigantomanie der Natur ausdrücken: Brachiosaurus, Seismosaurus, Supersaurus. Ein Tier wie ein Airbus; bis zu 30 Meter lang, bis zu 100 Tonnen schwer. Ihre Entwicklung hatte Jahrmillionen gedauert; sie waren perfekt an ihre Umwelt angepasst. Doch als vor 65 Millionen Jahren in der Gegend der heutigen Karibik ein Meteorit auf die Erde krachte und einen 200 Kilometer breiten Krater schlug, waren die Dinosaurier am Ende: Ein nuklearer Winter mit saurem Regen, massiver Abkühlung und langer Dunkelheit vernichtete große Teile der Pflanzenwelt. Die gepanzerten Riesen waren für die katastrophale Veränderung ihrer Umwelt nicht gerüstet; sie brauchten enorme Mengen an Nahrungsmitteln, die es nun nirgendwo auf der Erde mehr gab. Praktisch alle Saurierarten starben aus.

Bis auf eine Gruppe, die unter den Giganten bis dahin eher wie eine Aberration der Natur erscheinen musste: gefiederte, eierlegende kleine Raubsaurier mit leichten, hohlen Knochen. Als sich die Umwelt radikal veränderte, waren sie die Einzigen, die unter den neuen Bedingungen noch genügend Futter fanden und die mit der Kälte umgehen konnten. Aus diesen kleinen Saurierablegern gingen die heutigen Vögel hervor. Amsel, Drossel, Fink und Star: die einzigen legitimen Nachfahren der größten Landlebewesen der Erde.

Wie die Vögel in die Welt kamen, ist ein Beispiel dafür, wie Evolution funktioniert und warum sie als Prinzip so erfolgreich ist. Nämlich genau deswegen, weil sie NICHT nach Perfektion strebt und weil sie das andere, die Abweichung, das vermeintlich Unnütze, den Fehler zulässt – und sogar schützt. Die Biologin Christine von Weizsäcker hat dafür den Begriff der »Fehlerfreundlichkeit« geprägt; ein Konzept mit weitreichender Konsequenz. Als Beispiel führt sie das Prinzip der rezessiven Vererbung an. So werden genetische Ausprägungen bezeichnet, die sich nur schwer verbreiten, da sie bei den meisten Lebewesen im Erbgut verborgen bleiben und nur dann zum Tragen kommen, wenn beide Elternteile diese Variante vererben: etwa die Augenfarbe Blau. Das Gegenteil sind »dominante« Erbfaktoren, die beim Zusammentreffen über die »rezessiven« obsiegen, zum Beispiel die Augenfarbe Braun. Bekommt ein Kind von einem Elternteil die Erbinformation für blaue, vom anderen für braune Augen, wird es in der Regel braune Augen haben.

Wozu sind jene Merkmale gut, die sich im Wettstreit der Gene offenbar nicht durchsetzen können? Sie sind irgendwann im Verlauf der Evolution entstanden, doch nutzlos für das Überleben der Art. Warum schleppen wir sie dann in unserem Erbgut mit uns herum? Die Antwort ist: Evolution ist »zukunftsoffen«. Wenn man eine Lehre aus der Erdgeschichte mit ihren Massensterben, Klimaschocks, Meteoriten- und Supervulkankatastrophen ziehen kann, dann diese: Man kann nie wissen, was noch alles auf uns als Art zukommt. Genau auf diese unvorhersehbare Zukunft versucht sich die Evolution einzustellen: »Was auf den ersten Blick wie Schwäche aussieht, nämlich die Rezessivität, bedeutet in Wirklichkeit Stärke, nämlich das Ansammeln eines Vielfaltvorrats von genetischen Mutationen, geschützt unter dem Deckmantel gegenwärtig wohlfunktionierender Normalität«, schreibt Christine von Weizsäcker in einem Beitrag für die Zeitschrift *Erwägen, Wissen, Ethik*. Das Entscheidende dabei ist, dass Fehler nicht nur »toleriert« werden, sondern als etwas offenbar potenziell Wertvolles für eine ungewisse Zukunft aufbewahrt werden.

Die Evolution ist ein faszinierendes Beispiel für den Umgang der Natur mit Fehlern. Das beginnt damit, dass Evolution ohne Fehler gar nicht möglich wäre: Am Beginn jeder Weiterentwicklung steht immer die Mutation ein schlichter Kopierfehler in der Reproduktion. In der Regel werden solche Fehler repariert; im ungünstigsten Fall führen sie dazu, dass ein Wesen nicht lebens- oder fortpflanzungsfähig ist. Immer wieder aber gelingt es einer Mutation zu überleben und Nachkommen zu haben. Daraus können möglicherweise »Leichtbaudinosaurier mit Löchern in den Knochen werden, die mit den vorderen Extremitäten wedeln«, erklärt Christine von Weizsäcker. Im Moment des ersten Erscheinens mögen solche Mutationen als bedauernswerte Irrwege der Natur erscheinen. Doch dann »liefern neue Umweltbedingungen die Bestätigung für diesen ›Fehler‹ – dann wird der ›Fehler‹ zur ›Erfolgsgeschichte‹«. Stürzt ein Meteorit auf die Erde, überleben nur jene Arten, die den vormaligen »Fehler« im Erbgut tragen.

Derartige Beispiele gibt es auch für uns Menschen. In unseren Breiten ist die Sichelzellanämie eine Erbkrankheit, die zu lebensgefährlichen Durchblutungsstörungen führen kann.

Die Mutation des Hämoglobin-Gens wird rezessiv vererbt; stammt sie nur von einem Elternteil, kann sie in dieser »Heterozygotie« (Mischerbigkeit) helfen, schwere Formen der Malaria zu überleben – was bei uns als Fehler gilt, rettet in Afrika Leben.

Die Idee einer fehlerfreundlichen Evolution unterscheidet sich grundsätzlich von dem, was Christine von Weizsäcker als »Vulgärdarwinismus« bezeichnet: die Idee, dass die Natur das Recht des Stärkeren pflege und alles Schwache dem Verderben preisgebe, ja, dass es sogar von Nutzen sei, die Schwachen zu eliminieren, um den Starken mehr Lebensraum zu lassen. Tatsächlich stammt das Konzept des »Survival of the Fittest«, des »Überlebens der Stärksten« gar nicht von Charles Darwin selbst, sondern vom Sozialphilosophen Herbert Spencer und wurde später vom deutschen Biologen Ernst Haeckel (1834–1919) übernommen und weiter zugespitzt. Haeckel schreibt, es sei »eine unleugbare Tatsache«, dass nur »die auserlesene Minderzahl der bevorzugten Tüchtigen« imstande sei, in der Natur zu überleben, während der Rest »elend verderben muss«. Da ist bereits unüberhörbar, warum sich später die Nazis auf Haeckels Übersetzung der Darwin'schen Ideen beriefen. Sozialdarwinismus ist der untaugliche Versuch, Rassenwahn und Grausamkeit als »naturgegeben« zu rechtfertigen.

Doch wer die Evolution nur unter dem Aspekt der Selektion betrachtet, hat schlicht und einfach nicht genau genug hingeschaut. Eine gnadenlose Selektion würde am Ende ja im Idealfall nur einen Sieger kennen: jenen, der alle anderen gefressen oder verdrängt hat – das perfekte Wesen. In Wahrheit ist die Geschichte der Evolution eine Geschichte unendlicher Kreativität und bizarrer Umwege. Sie hat blitzschnelle Geparden, aber eben auch Faultiere hervorgebracht, effiziente Langstreckenflieger wie den Albatros, aber eben auch eitle Paradiesvögel. Das Ziel der Evolution ist niemals Fehlerlosigkeit, sondern Vielfalt – denn nur ein Reichtum an Optionen garantiert Antwortfähigkeit und Lernfähigkeit.

Die Idee, die Natur strebe nach Perfektion, zähle zu den verbreiteten Grundirrtümern über das Wesen der Evolution, schreibt auch der Konstanzer Evolutionsbiologe Axel Meyer in einem Aufsatz für die Wochenzeitung *Die Zeit*. Zu rasch ändern sich zum Beispiel die Umweltbedingungen, als dass eine perfekte Anpassung überhaupt möglich sei – werden heute Körpergröße und Schnelligkeit gebraucht, kann es sein, dass in der nächsten Generation bereits das Gegenteil von Nutzen ist. Und welches Merkmal sich bei der Fortpflanzung durchsetzt, sei mitunter mehr dem Zufall geschuldet als der Auslese. Deswegen hat die Evolution auch nicht notwendigerweise eine Richtung, in der sie immer weiter fortschreitet (auch dies ein gängiger Irrtum). Zwar beruht der Erfolg der Menschen auf einem Denkorgan, das im Lauf der Zeit immer komplexer und damit »fortschrittlicher« wurde – doch in erdgeschichtlicher Zeitrechnung ist unsere Spezies bislang nicht mehr als ein kurzes genetisches Aufflackern. Viel erfolgreicher sind die Bakterien, von denen manche seit Anbeginn des Lebens auf der Erde kaum verändert existieren. Was funktioniert, muss eben nicht mehr verbessert werden.

Eine perfekte Anpassung kann es aber auch aus einem anderen, wichtigen Grund nicht geben: »Die Evolution fängt ja nicht mit jeder Generation neu an, wie ein Autokonstrukteur vor einem weißen Reißbrett«, erläutert Meyer in einem Interview mit dem Deutschlandfunk über die »Missverständnisse der Evolutionstheorie«. »Die Evolution muss ja in jeder Generation einen funktionsfähigen, sich fortpflanzen könnenden Organismus bauen und ist deshalb darauf angewiesen, mit relativ kleinen Veränderungen auszukommen.« So wird es keine Landwirbeltiere mit mehr als fünf Fingern geben; diese Begrenzung ist seit dem Landgang der ersten Wirbeltiere vor 350 Millionen Jahren festgelegt.

Und vieles, was uns heute als Ergebnis einer zielgerichteten Entwicklung erscheint, ist in Wahrheit der Versuch, eben das Beste aus dem Material zu machen, das gerade zur Verfügung stand. Der Evolutionsbiologe Stephen Jay Gould hat dafür den Begriff der »Exaptation« geprägt: Federn zum Beispiel hatten ursprünglich allein die Aufgabe, den Körper zu wärmen, und mussten von der Vogel-Evolution erst mühevoll als Fluginstrument umfunktioniert werden. Andere Eigenschaften sind womöglich nur das Nebenprodukt einer Anpassung; etwa, wenn eine Genveränderung zwei Eigenschaften bedingt, von denen nur eine einen Selektionsvorteil mit sich bringt. Gould nennt diese Eigenschaft »Spandrille«, eine Analogie aus der Architektur: Dort bezeichnet Spandrille die Fläche zwischen einem Rundbogen und seiner rechteckigen Umrahmung, etwa in alten Kirchen. Diese Fläche entsteht aus der Konstruktion des stützenden Bogens, ist aber an sich nutzlos. Dafür wird sie, wohl um die Nutzlosigkeit zu überdecken, reich verziert.

So könnte es sein, spekuliert Gould, dass unser großes Gehirn uns zwar einen Vorteil bei der Jagd und im Überleben in der freien Wildbahn verschaffte. Dass aber all das, was das große Gehirn nebenbei noch alles kann – reden, planen, Sonaten schreiben und über Fehler und den Sinn des Lebens nachdenken –, nichts weiter ist als ein Abfallprodukt der Evolution.

Christine von Weizsäckers Betrachtung der Evolution und ihr Konzept von der »Fehlerfreundlichkeit« haben enorme, auch politische Konsequenzen. Wenn »Fehlerfreundlichkeit eine wesentliche Eigenschaft alles Lebendigen ist«, wie die Biologin schreibt, und »eine Voraussetzung für Vielfalt, Ausdifferenzierung und Höherentwicklung« – dann machen wir im täglichen Umgang mit Fehlern in Schule, Technik, Kindererziehung und Gesellschaft ziemlich viel falsch. Wir sind im besten Falle »fehlertolerant«, sehen nachsichtig über die vermeintlichen Schwächen anderer hinweg. »Fehlertoleranz« bedeutet jedoch, dass wir nach wie vor glauben, im Besitz der Wahrheit zu sein und allenfalls Puffer für die Unzulänglichkeit anderer zulassen wollen. Doch auch in einem »fehlertoleranten« System ist die Richtung vorgegeben; Abweichungen sind nur geduldet, und das auch nur, solange sie das System an sich nicht infrage stellen.

Wer »fehlertolerant« agiert, weiß zwar um die Fehlbarkeit allen menschlichen Handelns, aber ohne wirklich zu verstehen, dass Zukunftsoffenheit einen Schutzraum für Fehler braucht. Die Natur hat in der Vererbung eine geradezu geniale Konstruktion für diesen Schutzraum geschaffen; rezessiv vererbte Abweichungen werden für die Zukunft aufbewahrt, ohne dass sie in der Gegenwart Schaden anrichten können. Wer Zukunftsfähigkeit fordert, muss bereit sein, Effizienz dafür zu opfern. Eine superschlanke Produktion aus hochspezialisierten Experten bietet keinen Spielplatz für abseitige Ideen, für kreative Umwege und Irrwege, für Gedankenspiele, für das Scheitern. Eine derartige Produktion mag robust sein, weil sie einen vorübergehenden Einbruch, eine leichte Marktschwäche durch die hohe Effizienz ausgleichen kann, doch sie ist nicht flexibel.

Wenn wir für die Ungewissheit gewappnet sein wollen, nützt es nichts, uns von Experten beraten zu lassen, wie das zweite Kapitel in diesem Buch gezeigt hat: So wichtig es ist, Lehren aus der Vergangenheit zu ziehen, so nutzlos ist doch meistens der Versuch, aus der Vergangenheit die Zukunft vorhersagen zu wollen. Niemand hat den Fall der Mauer vorhergesehen, und niemand die Rebellion der arabischen Jugend. Niemand weiß, ob das Klima kollabiert, und wenn ja, wie schnell, und niemand weiß, welche Auswirkungen dies an welchem Ort der Erde hat. Deswegen brauchen wir das Andersartige, die Querdenker, die scheinbare Abart der Normalität.

Vielfalt bedingt Antwortfähigkeit; in der Natur führt Vielfalt zur Resilienz: Ein vielfältiges Ökosystem ist weitaus widerstandsfähiger als eine Monokultur. Doch unsere Gesellschaft entwickelt sich in eine andere Richtung: Lebensformen gleichen sich überall auf der Welt an. In Jahrtausenden entwickelte Kulturtechniken verschwinden in nur einer Generation. Das Überleben im harten Klima Alaskas oder Sibiriens war eine Leistung des Menschen, die durch einen Lebensstil ersetzt wurde, der überwiegend auf dem Verbrauch von Erdöl beruht. Natürlich erscheint es jungen Alaskanern heute unnötig anstrengend, ein Kajak aus Knochen zu bauen, Robben von Hand zu jagen und aus deren Haut wetterfeste Kleidung herzustellen, wo doch alles im Supermarkt um die Ecke gekauft werden kann. Doch der Verlust des Inuit-Lebensstils führt, wie der Verlust Hunderter traditioneller Gesellschaften rund um die Erde, dazu, dass immer weniger Menschen auf der Welt wissen, was nötig ist, unter extremen Bedingungen ohne erdölbasierte Technik zu überleben.

Die Evolution zeigt, dass die unwahrscheinlichsten Mutationen womöglich die einzige Überlebenschance einer Art in der Zukunft sein könnten. »Es lohnt sich, aus der erfolgreichen Entfaltung des Lebendigen zu lernen, dass es eine Ausgewogenheit zwischen der Fehlervermeidung und dem freundlichen Zulassen von Abweichungen geben muss«, mahnt Christine von Weizsäcker. »Das ist der Sinn einer fehlerfreundlichen Kultur. Und das macht fehlerfreundliche Technologiepfade so fruchtbar und so menschengerecht.«

In der modernen Welt sind diese fehlerfreundlichen Technologiepfade selten geworden, klagt die Forscherin, denn »wo früher viele Trampelpfade waren, bauen wir Autobahnen«. »Errare« bedeute, »suchend herumzuwandern in der Welt«. Doch je besser wir die Welt zu beherrschen glauben, und je mehr wir die Verantwortung für Erkenntnis auf Spezialisten und Experten übertragen, umso weniger Geduld haben wir mit dem Irrweg. Dabei gibt es sogar aus der Technikgeschichte eindrucksvolle Beispiele dafür, wie haushoch eine evolutionäre Entwicklung der menschlichen Planung überlegen ist. Zum Beispiel bei der Realisierung des Menschheitstraums vom Fliegen für die breite Masse.

Es war ein Imperium, in dem die Sonne niemals unterging: Nie gab es auf der Erde ein größeres Weltreich als das British Empire. Nach dem Ersten Weltkrieg zählten Großbritannien und seine Kolonien und Protektorate fast 500 Millionen Menschen, ein Viertel der damaligen Erdbevölkerung. Und das Riesenreich umfasste von Neuseeland über Britisch-Indien und Kanada ein Viertel der Fläche der Welt. Doch auf dem Höhepunkt der Macht drohte die schiere Größe dem Imperium zum Verhängnis zu werden. Zwar waren große Distanzen für die Seeweltmacht Großbritannien eigentlich kein Problem. Doch in der beginnenden Beschleunigung der Moderne war die Zeit, die für die Überquerung des Atlantiks oder die Passage bis zum indischen Subkontinent aufgewendet werden musste, einfach viel zu lang.

Zudem wurde nach dem Ersten Weltkrieg klar: Die Zukunft gehört dem, der den Luftraum beherrscht. Die britische Regierung schuf 1919 eigens die Position des Luftfahrtministers, um diese Lufthoheit zu sichern. Sie sollte ein Abbild sein für die Überlegenheit der britischen Marine im Meer. Anfang der 1920er Jahre übernahm Lord Christopher Thomson das Amt, ein Karrieremilitär, geboren in Indien. Sein Ehrgeiz war es, die entfernten Kolonien näher an das britische Mutterland heranzuholen. Dafür wollte Lord Thomson nichts weniger als das größte Luftschiff der Welt bauen.

Welcher Art der Luftfahrt die Zukunft gehören würde, war zu dieser Zeit noch nicht entschieden, die Frage »leichter als Luft« (Zeppelin und Ballon) oder »schwerer als Luft« (Flugzeug) noch offen. Die Flugzeuge jener Zeit schienen für die gestellte Aufgabe jedoch deutlich im Nachteil: Es waren meist wacklige Doppeldecker, die außer dem Piloten nur wenige Passagiere tragen konnten, eine geringe Reichweite hatten und häufig abstürzten. Luftschiffe dagegen waren zwar langsam, konnten aber dafür große Distanzen überwinden. Vor allem waren sie gigantisch, beeindruckend und hatten Kabinen, die den Passagieren Luxus und Prestige boten. Sie waren das ideale Symbol, um den Weltmachtstatus der Briten zu verkörpern.

In den 1920er Jahren setzte Lord Thomson daher das Projekt »R101« in Bewegung, mit hochgesteckten Zielen. Bei einer Fahrtgeschwindigkeit von rund 100 Kilometern pro Stunde sollte die Reise nach Bombay statt 17 nur noch fünf Tage dauern, die Passage nach Hongkong statt 30 nur noch acht Tage. Die Passagiere würden über Einzel- und Zweibettzimmer verfügen, einen Speisesaal, ein Promenadendeck und ein Raucherzimmer. In Kriegszeiten sollte das Luftschiff 200 Soldaten transportieren können oder fünf Flugzeuge, die an den riesigen Bauch der fliegenden Festung gehängt würden.

Weil Lord Thomson nicht nur Adliger war, sondern auch Politiker der sozialistisch orientierten Labour-Partei, bestand er darauf, dass der Auftrag für den Bau des Luftschiffs an eine regierungseigene Fabrik ging. Auch deswegen mussten die Verstrebungen aus Stahl sein und nicht aus dem neuen, viel leichteren Duraluminium. Außerdem legte Lord Thomson den Tag des ersten Langstreckenflugs unverrückbar fest: Am 4. Oktober sollte die R101 nach Karatschi aufbrechen. Das war notwendig, um pünktlich zur britischen Reichskonferenz wieder zurück in London zu sein, die die wichtigsten Statthalter des Imperiums in der Hauptstadt zusammenbringen würde. Dort sollte, so war der Plan, Lord Thomson mit dem größten Luftschiff der Welt in London einschweben und frische Blumen aus Karatschi mitbringen.

Kann ein so elegant ausgetüftelter Plan überhaupt schiefgehen?

Er konnte. Das Schlimme aber war: Er konnte, aber er durfte nicht scheitern.

Das Projekt R101 hatte von Beginn an mit Problemen zu kämpfen: Das Luftschiff war zu schwer, schwanzlastig und kam kaum vom Boden weg. Deswegen musste es noch einmal um ein paar Streben auf ungeheure 223 Meter verlängert werden; es war nun so groß wie die größten Schiffe seiner Zeit. Doch die Außenhülle scheuerte auf der neuartigen Konstruktion, sog sich bei Regen mit Wasser voll und erwies sich als nur gut ein Zehntel so reißfest wie vorgesehen. Aus den Gastanks entwich Wasserstoff. Der Auftrieb war immer noch so schwach, dass bei einer Probefahrt eilig zwei Tonnen Diesel aus dem Tank abgelassen werden mussten, damit das Luftschiff überhaupt andocken konnte. Der einzige echte Testflug fand bei idealem Wetter statt und musste abgekürzt werden, um das R101 für den Flug nach Karatschi fertig zu machen.

Die gesamte Geschichte des Projekts R101 war das Gegenteil einer fehlerfreundlichen Entwicklung: Zu viele Eckdaten waren von vornherein vorgegeben, der Zeitplan rigide festgelegt. Fehler in der Konstruktion konnten nicht mehr genutzt werden, das Projekt in eine neue Richtung zu lenken; sie mussten ausgemerzt oder ausgebessert werden. Die Zeit drängte. Die Flugerlaubnis wurde erst am Tag des großen Indienflugs ausgestellt.

Am Abend des 4. Oktober 1930 war es schließlich so weit. Projekt R101, Stolz des britischen Imperiums, hob unter feinem Nieselregen in Cardington nördlich von London ab, überquerte in zunehmend ungemütlichem Wetter den Ärmelkanal. In den frühen Morgenstunden folgenden Tages stürzte das größte Luftschiff der Welt in einem Regensturm im Norden Frankreichs ab und ging in Flammen auf (die Gastanks waren mit Wasserstoff gefüllt). Von den 54 Menschen an Bord überlebten nur sechs. Unter den Toten war Lord Thomson. Der Absturz beendete das Zeitalter der Luftschiffe in Großbritannien ein für alle Mal.

Der britisch-amerikanische Physiker Freeman Dyson hat sich in einem Vortrag vor Studenten der Jerusalemer Hebräischen Universität mit der Katastrophe des R101 auseinandergesetzt. Dyson zog eine faszinierende Parallele zur Entwicklung der »Schwerer-als-Luft«-Fliegerei zur selben Zeit. Er beruft sich dabei auf den Luftschiff-Konstrukteur Nevil Shute Norway (der später unter dem Namen Nevil Shute zu einem der erfolgreichsten britischen Romanautoren avancierte). Norway hatte an der Konstruktion des Schwesterschiffs der R101 gearbeitet und danach seine eigene Firma gegründet. »Airspeed Limited war eine von Hunderten kleiner Firmen, die in den 1920er und 1930er Jahren Flugzeuge konstruierten und verkauften«, erzählt Dyson. Norway schätzte, dass es zu dieser Zeit auf der ganzen Welt etwa 100 000 verschiedene (!) Flugzeugtypen gab, größtenteils Fehlkonstruktionen. Es war eine Phase großer Kreativität: Niemand wusste, wie das ideale

Flugzeug einmal aussehen würde, aber jeder hatte irgendeine Idee und hoffte, sich damit auf dem Markt durchzusetzen.

Der Wettbewerb war hart, und er war für manche fatal. »Die Evolution des Flugzeugs war ein Darwin'scher Prozess, in dem fast alle Variationen scheiterten«, so Freeman Dyson. »Flugzeuge stürzten ab, Piloten kamen ums Leben, Investoren wurden ruiniert, aber das Maß der Verluste war nie so groß, dass es die Evolution gestoppt hätte.« Weil die Flugzeuge klein waren und die Firmen, die sie konstruierten, ebenfalls, waren die Verluste »tolerierbar«, so Dyson lakonisch. »Nach jedem Absturz gab es immer noch neue Piloten und neue Investoren, die vom Ruhm träumten« – und sich an die Konstruktion des nächsten Prototypen wagten. Am Ende schälten sich rund 100 Typen heraus, die die Basis für heutige Flugzeuge bilden. Die Sicherheit, Zuverlässigkeit und Effizienz der heutigen Luftfahrt beruht auch darauf, argumentiert Dyson, dass zu Beginn der Entwicklung viele Fehler möglich waren, aus denen spätere Konstrukteure lernen konnten.

Das ging so lange gut, bis sich erneut das britische Luftfahrtministerium einmischte, diesmal nach dem Zweiten Weltkrieg. Das britische Empire zerfiel, und wieder waren die Politiker auf der Insel auf der Suche nach einer Technologie, die Überlegenheit signalisieren und das Reich zusammenhalten sollte. Die neu gegründete British Overseas Airways Corporation, kurz BOAC – Vorläufer der heutigen British Airways – war auf der Suche nach einem Flugzeug, das Passagiere schnell und effizient in die entfernten Ecken des Commonwealth transportieren konnte. Die Konstrukteure des Flugzeugbauers De Havilland hatten im Krieg die ersten einsatzfähigen Düsenjets konstruiert; nun entwickelten sie ein Passagierflugzeug. In den USA waren die Ingenieure der Boeing Corporation zugange, doch während die Amerikaner noch mit Konstruktionsproblemen kämpften, rollten die Briten die De Havilland Comet aus, das erste Serien-Düsenverkehrsflugzeug der Welt. Das Ziel der britischen Regierung war, fünf Jahre Vorsprung vor den Amerikanern zu gewinnen und damit die technologische Überlegenheit des Empires zu demonstrieren.

1952 nahm die staatliche BOAC den Liniendienst mit der Comet auf. Während die Amerikaner mit der propellergetriebenen Lockheed Super Constellation über ihren Kontinent zuckelten, waren die britischen Passagiere der Comet mit 800 Stundenkilometern Reisegeschwindigkeit fast doppelt so schnell am Ziel. Wenn sie denn ankamen: 1953 und 1954 stürzten vier voll besetzte Comets ab, es gab keine Überlebenden. Das Problem war Materialermüdung: Nach einigen Flugstunden riss die Außenhaut an den Kanten der viereckigen Bordfenster in der Druckkabine. Die Flugzeuge zerbrachen in der Luft. Die Comets war schlicht nicht ausgereift und hätten nie für den Transport von Passagieren eingesetzt werden dürfen. Das Luftschiff-Unglück der R101 war kaum eine Generation alt, da hatte die britische Luftfahrt denselben Fehler zum zweiten Mal gemacht.

Eine Ursache dafür war, dass in beiden Fällen zwei Kulturen aufeinandertrafen, die unterschiedliche Ziele verfolgten. In der Politik gewinnen diejenigen die Oberhand, die als entscheidungsstark gelten, die große Pläne schmieden, Termine setzen und darauf pochen, dass diese auch eingehalten werden: »Lieber eine schlechte Entscheidung riskieren, als gar keine Entscheidung fällen«, charakterisiert Dyson die Denkweise der Politik. Ingenieure dagegen sind darauf trainiert, Schwächen in ihrer Konstruktion zu suchen, das Versagen einzukalkulieren – »sicher ist sicher«. Beim R101 und bei den Comet-Jets trafen dagegen Politiker Entscheidungen, die eigentlich den

Ingenieuren vorbehalten gewesen wären – nämlich die Entscheidung, dass die Fluggeräte sicher genug für den Transport von Passagieren sind.

Freeman Dyson nennt die britischen Luftfahrtkatastrophen klassische Beispiele für »ideologiegetriebene Technologie«, für einen Entwicklungsprozess, der die Möglichkeit des Scheiterns von vornherein ausschließt – weil nicht sein kann, was nicht sein darf. »Wenn eine Technologie die Möglichkeit hat, gegenüber konkurrierenden Technologien zu versagen oder schlechter abzuschneiden, ist dieses Versagen Teil des Darwin'schen Evolutionsprozesses, der zu Verbesserungen führt und möglicherweise später zum Erfolg. Wenn aber eine Technologie nicht versagen darf und dann dennoch versagt, richtet dieses Scheitern viel größere Schäden an.«

Maximale Schäden, bis zum Super-GAU, dem größten anzunehmenden Unfall. Die Kernkraft ist für Freeman Dyson das Musterbeispiel einer ideologiegetriebenen Technologie, die ihr Scheitern dem unbedingten Willen der Politik verdankt, sie zum Erfolg zu führen. Dyson bedauert das – als Physiker fasziniert ihn die Möglichkeit, mit einem funktionierenden Fusionsreaktor die Energieprobleme der Menschheit zu lösen. Doch genau diese Vision war es, die der Fusionstechnologie den Garaus gemacht hat und die schlussendlich auch die Energiegewinnung durch Kernspaltung ruinieren werde, fürchtet Dyson. Nach dem Zweiten Weltkrieg wurden überall auf der Welt Atomenergiebehörden gegründet, »bezaubert von der Hoffnung, dass diese Naturgewalt, die im Krieg für Tod und Leid gesorgt hatte, nun im Frieden Wüsten erblühen lassen würde. Nuklearenergie war so fremdartig und zugleich so kraftvoll, dass sie wie Magie erschien«. Demokraten und Diktatoren, Kapitalisten und Sozialisten gleichermaßen sahen in der Kernkraft die Zukunft der Energieversorgung. Viel Geld floss in Bau und Betrieb der ersten Reaktoren, viel nationaler Stolz stand auf dem Spiel.

Die Technik der Atomenergie war noch lange nicht ausgereift, doch zu viel stand auf dem Spiel – also wurden die Fehler ignoriert oder übertüncht. »Die Ideologie sagte, dass Atomenergie gewinnen musste. Also wurden die Rechnungen so geschönt, dass die riesigen Investitionen nicht auftauchten.« Die Regeln für die Reaktorsicherheit wurden so lange angepasst, bis sie den Reaktoren gerecht wurden (und nicht mehr dem Sicherheitsbedürfnis der Ingenieure). Störfälle wurden vertuscht, die Öffentlichkeit mit euphemistischen Wortschöpfungen wie »Restrisiko« beschwichtigt und das Problem der Endlagerung auf eine unbestimmte Zukunft verschoben. Am Ende sollte die Atomkraft als das erscheinen, was die Fürsprecher schon immer vorhergesagt hatten: als sauber, billig und sicher. Doch gerade der unbedingte Wille, die Kernkraft zum Erfolg zu führen, war letztlich verantwortlich für ihre frühe Erstarrung, dafür, dass sie uns heute so veraltet erscheint wie Dampflokomotiven. »Wäre es der Kernkraft erlaubt worden, am Anfang zu scheitern«, sagt Dyson, »hätte sich daraus vielleicht eine bessere Technologie entwickeln können, die auch die Unterstützung der Öffentlichkeit gehabt hätte.« Das »Scheitern« heißt nicht der GAU, sondern die Erkenntnis, dass die verbreiteten Reaktormodelle letztlich unwirtschaftlich und unsicher sind. Stattdessen wurden Meiler in Tsunami-Zonen gebaut, und als Fukushima explodierte, war der Traum von der billigen Energie endgültig vorbei. Nun beginnt in Deutschland der milliardenteure Rückbau einer veralteten, zu spät gescheiterten Technologie.

Wie es besser geht, zeigt ausgerechnet ein Ereignis, das als ein GAU der jüngeren Vergangenheit auf den Finanzmärkten gilt: die Dotcom-Blase. Ende der 1990er Jahre erlebte die Software-Industrie einen beispiellosen Boom. Schon in den Anfängen des Internets zeichnete sich ab, dass die weltweite Vernetzung von Computern unser Leben einschneidend verändern würde – aber in welcher Richtung? Investoren suchten händeringend nach kreativen Geschäftsideen. Die Stimmung glich jener Euphorie zu Beginn der Fliegerei: Viele waren bereit, viel zu riskieren. Keiner wusste, welches Modell am Ende die nötige Reiseflughöhe erreichen würde. Spektakuläre Abstürze waren unvermeidbar.

Viele Start-ups setzten auf Shopping und Konsum und lagen in der Rückschau damit im Prinzip richtig – heute setzt der Internethandel allein in Deutschland jährlich 40 Milliarden Euro um, bei locker zweistelligen Zuwachsraten. Doch einige der Neugründungen der späten 1990er Jahre machten schwerwiegende Fehler. Etwa beim Versuch, Lebensmittel übers Internet zu vertreiben: Das kalifornische Portal webvan.com versprach, seinen Kunden frische Lebensmittel pünktlich in einem 30-Minuten-Zeitfenster nach Hause zu liefern. Mit Geld von Yahoo, der Investmentbank Goldman Sachs und weiteren Banken breitete sich der Service in mehreren Städten aus; ein Börsengang im März 2000 brachte 375 Millionen Dollar ein. Kurze Zeit später hatte das Unternehmen sogar einen Aktienwert von 1,2 Milliarden Dollar. Voll Zuversicht vergab webvan.com Aufträge für Lagerhallen und Logistikzentren mit einem Volumen von einer Milliarde Dollar. Dabei verdiente das Unternehmen überhaupt kein Geld: Die Margen im Lebensmittelhandel waren viel zu gering. Nach 18 Monaten war webvan.com pleite, und 2000 Angestellte waren arbeitslos.

Kein Einzelfall. Das britische Shopping-Portal boo.com verbrannte 188 Millionen Dollar in nur sechs Monaten, bevor es pleite ging – vor allem, weil die Website viel zu langsam lief und der weltweite Versand mit den komplexen Währungs-, Steuer- und Sprachproblemen das Unternehmen überforderte. Der Spielwarenversender »etoys« trieb 166 Millionen Dollar von Investoren ein, bevor er Konkurs anmeldete; der urbane Heimlieferservice Kozmo.com verlor in wenigen Monaten 280 Millionen Dollar. In beiden Fällen war der Umsatz bei Weitem zu niedrig, um die laufenden Kosten und die exorbitanten Marketingausgaben zu decken. Der Haustierbedarfshandel pets.com schaltete sogar eine Anzeige in der Pause der amerikanischen Super Bowl, dem teuersten Anzeigenplatz der Welt für 1,2 Millionen Dollar. Auch dieser Versender verdiente nie Geld, legte am Ende eine 300 Millionen Dollar teure Pleite hin.

Ende 2002 war die Dotcom-Blase endgültig geplatzt. Nach Schätzungen der *Los Angeles Times* gingen durch den Crash fünf Billionen Dollar verloren – mehr als das Doppelte des Bruttonationaleinkommens von Deutschland. Das Geld stammte teils von Großinvestoren, aber auch von Kleinanlegern, die gehofft hatten, am Internetboom mitverdienen zu können. Viele hatten lange gezögert, waren dann in letzter Minute eingestiegen und verloren alles. Dennoch wäre es verkehrt, das erste Kapitel des Dotcom-Zeitalters allein über sein Ende zu definieren, als Geschichte des Scheiterns. Denn zu den Überlebenden des Crashs zählen Unternehmen, die danach zu Giganten heranwuchsen. Das Web-Versandhaus Amazon zum Beispiel wuchs eher organisch als exponentiell, hatte stets eine flüssig laufende Website und bot bald lokale Seiten in Landeswährung an – hatte also von den Fehlern der gescheiterten Start-ups profitiert.

Andere etablierten eine Kultur des Erfolgs, die auf dem Prinzip »scheitere früh, scheitere schnell, scheitere häufig« basiert. Das gilt zum Beispiel auch für Google. Der Suchmaschinenriese hat seine Mitbewerber auch deswegen weit hinter sich gelassen, weil das Unternehmen seine Mitarbeiter aktiv dazu ermuntert, zu experimentieren. Was dabei herauskommt, hat nur selten das Zeug zum Erfolg. Die Netzwerk-Plattform Google Wave hielt nicht einmal drei Monate durch. Kein Einzelfall: Kaum jemand kann sich noch an »Knol« erinnern, die Google-Alternative zu Wikipedia, oder »Lively«, den »Second-Life«-Abklatsch. Oder wer nutzte schon »Friend Connect«, die Anfänge eines sozialen Netzwerks, das Mark Zuckerbergs Facebook Paroli bieten sollte? Die einstige Google-Vizepräsidentin und jetzige Chefin von Yahoo, Marissa Mayer, sagte, dass 80 Prozent aller Google-Erfindungen als Flop enden. Scheitern hat hier Strategie: Nur wer sich so viele Fehler zugesteht, kann seine Position als Marktführer in einem Segment verteidigen, das sich ständig verändert.

Vor allem aber brachten die Jahre des Booms mit den scheinbar unerschöpflichen Ressourcen eine Explosion der Kreativität im Silicon Valley. Vieles von dem, was heute Internet, Web 2.0 und die sozialen Netzwerke prägt, wurde in den Jahren des Booms erdacht, ausprobiert, verändert, verworfen. Der Risikokapitalgeber Fred Wilson sieht die Dotcom-Blase daher letztlich als eine Erfolgsgeschichte. Sicher sei viel Geld verschleudert worden, doch »nichts Wichtiges wurde je ohne unvernünftigen Überschwang gebaut«. Ob Eisenbahnen, Automobilisierung oder Raumfahrt – die Geschichte des technischen Fortschritts ist auch eine Geschichte irrationaler Euphorie am Beginn jedes Umschwungs.

Der Crash markierte auch einen Wendepunkt in der Gemeinde der Software-Entwickler im Silicon Valley. In den folgenden Jahren der Rezession wuchsen Projekte heran, die auf Schwarmintelligenz statt auf Risikokapital beruhten. Zum Beispiel die Internet-Enzyklopädie Wikipedia, die jede Trennung zwischen Anbieter und Nutzer auflöste: Wir sind alle Wikipedia, und Wikipedia ist unser aller Produkt. Die Entwicklung solcher Open-source-Projekte ist im besten Sinne evolutionär und fehlerfreundlich: Statt monatelang hinter verschlossenen Türen an einem ausgefeilten Produkt zu arbeiten, sind alle Fortschritte, aber auch alle Misserfolge öffentlich, Hierarchien nebensächlich. Statt politischer Vorgaben von oben treiben die Wünsche von unten das Projekt voran. Weil die Plattform ständig verbessert werden kann, ist sie niemals fertig. Diese Herangehensweise setzt sich inzwischen auch bei kommerziellen Projekten durch: Software kommt immer häufiger bereits in einer Beta-Version auf den Markt, also in einem Stadium, in dem nicht alle Fehler ausgemerzt sind. Der Sinn einer Beta-Veröffentlichung liegt zum Beispiel darin, Kunden an der Fehlersuche zu beteiligen und Probleme aufzudecken, die den eigenen Entwicklern nie aufgefallen wären. Der Google-Mailservice gmail wurde im März 2004 als Beta-Release veröffentlicht und erst im Juli 2009 fertiggestellt – nach einer fünfjährigen Testphase. Andere begreifen den Prozess einer Software-Entwicklung ohnehin als einen nie endenden Fluss aus Freigabe, Feedback, Verbesserung, erneuter Freigabe, Feedback, Verbesserung. Der Internet-Musikdienst Spotify zum Beispiel läuft seit 2006 als »permanentbeta«, ausgedrückt in einer Software-Nummerierung, die mit »0.x« beginnt. Ob es je eine endgültige Version geben wird, ist fraglich, wozu auch?

In der schnell getakteten Welt der Software-Entwicklung ist »permanent-Beta« eine notwendige Anpassung; doch das Konzept, das sich dahinter verbirgt, geht tiefer: Permanent-Beta bedeutet, das Funktionieren wichtiger zu nehmen als die Perfektion, den gewagten Versuch höher zu schätzen als den definierten Ablauf. »Permanent-Beta« ist evolutionär und fehlerfreundlich und genau deswegen so erfolgreich. So, wie es der britische Philosoph und Autor Gilbert K. Chesterton formulierte: »Alles, was es wert ist, getan zu werden, ist es auch wert, schlecht getan zu werden.«

Knapper brachte es der Turnschuhhersteller Nike auf den Punkt: »Just do it.«

Fehlerkultur

Wie wir lernen, aus Fehlern zu lernen

Wenn Fehler für die Evolution eines gesunden Geschäftsmodells von Bedeutung sind – wie gehen wir dann mit ihnen um? Wie stellen wir sicher, dass wir Fehler nicht nur dulden, sondern sie begrüßen, weil sie uns voranbringen? Nur wenige Unternehmen haben es geschafft, eine wirklich fehlerfreundliche Kultur zu etablieren. Erstes Gebot dafür ist eine »Kultur der psychologischen Geborgenheit«.

Lars Hinrichs gehörte in Deutschland zu den Wunderkindern des Dotcom-Booms. Als die meisten Menschen noch nicht mal eine E-Mail-Adresse haben, entwirft Hinrichs, noch Teenager, ein Portal für Politik im World Wide Web. »Politik Digital« hat vom Start weg Erfolg und besteht bis heute. 1999 übergibt er die Idee einem gemeinnützigen Betreiber und gründet eine Beratungs- und Software-Entwicklungsfirma, genau im Aufschwung des Digitalgeschäfts. »Wir waren jung, wir hatten verrückte Ideen, und man hat uns wahnsinnig viel Geld gegeben«, erzählt Hinrichs später. Der Sohn einer Hamburger Unternehmerfamilie erreicht mit seinem Unternehmen in nur zwei Jahren, worauf andere ein Leben lang hinarbeiten: eine Firma, die seinen eigenen Namen an der Tür trägt, mit 35 Angestellten. »Es war wie in einem Hypnosezustand. Wir waren die Internetgeneration, und wir dachten, wir könnten über Wasser gehen.« Hinrichs gibt Wirtschaftsmagazinen Interviews über die Zukunft des digitalen Geschäfts, und Risikokapitalgeber schaufeln ihm Millionen in den Betrieb. Da ist er gerade 24 Jahre alt.

Als Hinrichs 25 ist, ruft er den Konkursverwalter an.

Das Unternehmen ist pleite: kein eindeutiges Geschäftsmodell, und der Dotcom-Boom ist vorbei. In einem Alter, in dem seine Schulkameraden sich gerade auf ihren ersten Job bewerben, hat Lars Hinrichs 3,5 Millionen Euro Investorengelder verbrannt. Eigentlich kann er einpacken, allenfalls noch im elterlichen Betrieb unterkriechen. Doch Lars Hinrichs ist viel zu jung und viel zu ehrgeizig, um jetzt schon aufzugeben. Also macht er etwas Ungewöhnliches: Er setzt sich hin und schreibt eine Liste aller Fehler, die er und sein Compagnon bei der Gründung und Führung des Unternehmens gemacht haben.

»Es gab eigentlich keinen Managementfehler, den wir nicht gemacht haben«, erzählt Hinrichs zehn Jahre später beim Interview in seinem Hamburger Büro, in einem entspannten Rückblick. »Bei hundert habe ich die Liste beendet, sonst wäre es zu deprimierend gewesen.« Hinrichs hält die Aufzählung bis heute unter Verschluss, nennt aber »die zwei wichtigsten Punkte: Zu viel Geld bei der Gründung schadet; und zwei Chefs sind ein Problem.« Außerdem: »Man sollte immer nur eine Sache machen. Klarer Fokus, klares Ziel. Und wir hatten die falschen Leute eingestellt. Die nicht richtig motiviert waren oder aus den falschen Gründen motiviert.«

Die Liste diente Hinrichs später als »Not-to-do« bei seiner nächsten Unternehmung. Hinrichs hatte Stanley Milgram gelesen und war von dessen Theorie des »Kleine-Welt-Phänomens« fasziniert, wonach alle Menschen über sechs Ecken oder weniger miteinander bekannt sind. Ließe sich daraus ein Geschäftsmodell bauen? Aber sicher: Im Jahr 2003, zwei Jahre nach der Pleite, gründet Hinrichs allein und mit nur 30 000 Euro Startkapital ein Internet-Netzwerk für Berufstätige – lange vor Facebook oder bevor der Begriff »Web 2.0« in Mode kam. »Ich wollte ein Produkt entwickeln, das Sinn macht und das vom ersten Moment an Geld verdient.« Als er fünf Jahre später in den Aufsichtsrat wechselt, ist sein Anteil an »Xing«, wie das Netzwerk inzwischen heißt, mehr als 50 Millionen Euro wert.

Für Lars Hinrichs waren seine Fehler eine Goldgrube. »Hätte ich die Fehler beim ersten Mal nicht gemacht, wäre Xing womöglich nicht so schnell erfolgreich gewesen.« Als er aus dem Xing-Management ausstieg, setzte Hinrichs sich erneut hin und schrieb noch eine Liste, »diesmal mit 128 Punkten. Die Hälfte davon waren Dinge, die gut gelaufen waren und die ich wieder so machen würde, und die Hälfte waren wiederum katastrophale Fehler«. Die Quintessenz für Hinrichs: »Fehler kann man nicht vermeiden. Man muss sie nur rechtzeitig korrigieren, bevor sie Schaden anrichten. Und vor allem: Am Ende muss man mehr richtig machen als falsch.«

Lars Hinrichs' Liste ist ein bemerkenswertes Beispiel für gelebte Fehlerkultur, zumal in Deutschland, wo Perfektion – made in Germany – als hohes Gut gilt und Fehler oft noch als Ausweis eines persönlichen Versagens. Scheitern klebt in Deutschland wie Pech an dem, der etwas gewagt und nicht gewonnen hat, weiß auch Hinrichs: »Leider gilt ja noch immer oft: Einmal gescheitert, gleich immer gescheitert.« Hinrichs' Liste ist ein Akt der Selbstbefreiung aus diesem Dogma der Makellosigkeit und ein Ansporn zum Unternehmertum: »In Deutschland wird immer noch zu viel abgewogen zwischen Chancen und Risiken. Je mehr man über eine Gründung redet, umso mehr schlägt das Pendel in Richtung Risiko aus. Der beste Fehler, den man da machen kann, ist der Schritt, ins kalte Wasser zu springen. Wenn Sie erfolgreich sind, war es der richtige Weg. Und wenn Sie nicht erfolgreich sind, haben Sie wahnsinnig viel gelernt.«

Wie schwierig es in Deutschland ist, so zu seinen Fehlern zu stehen, hat vor einigen Jahren der Psychologe und Managementforscher Michael Frese erfahren. Frese zählt zu den führenden Fehlerforschern in Deutschland, und er hat sich auf das schwierige Gebiet der Fehlerkultur gewagt. »In Deutschland ist es einfacher, Forschung über das Sexualleben älterer Manager zu betreiben als über ihre Fehler«, seufzt Frese. »Als wir hier mit der Fehlerforschung begannen, war es schwierig, Führungskräfte davon zu überzeugen, dass das für sie ein interessantes Thema sein könnte. Die erste Antwort war immer: ›Wir machen keine Fehler.‹« Leistung, so Frese, sei eben der zentrale Wert in der Wirtschaft, der Maßstab für Erfolg, und Fehler würden als das Gegenteil von Leistung verstanden.

Ist das tatsächlich ein spezifisch deutsches Problem? Durchaus: In einer internationalen Vergleichsstudie kam Frese mit anderen Forschern zu dem Ergebnis, dass die Toleranz gegenüber Fehlern kulturell sehr unterschiedlich verteilt ist – Deutschland landete unter 61 Staaten auf dem vorletzten Platz, vor Singapur. Den Grund dafür sieht Michael Frese in der deutschen Geschichte, und er geht dafür weit zurück. »Im Englischen gibt es den Begriff der ›German Angst‹ als eine typisch deutsche Form der Zukunftsangst. Um ganz ehrlich zu sein, ich vermute, dass sich so etwas schon im Rahmen des Dreißigjährigen Krieges entwickelt hat. In diesem Zeitraum wurde Deutschland extrem verwüstet, und die Menschen wussten nie, was der nächste Tag bringt.« In dieser Zeit machten sich die Deutschen die Angst vor dem Neuen zu eigen: »Es ist die Angst vor Veränderung, die auch der Angst vor Fehlern zugrunde liegt. Denn im Grunde sind Fehler genau das: Sie produzieren etwas Unvorhergesehenes, dessen Folgen wir nicht absehen können.«

Genau darin liegt aber die Chance des Fehlers: in der Unabsehbarkeit seiner Folgen.

Wer Angst vor Fehlern hat, hat noch mehr Angst davor, Fehler zuzugeben. Auch dies sieht Frese häufig noch als Muster in Deutschland: Wenn uns selbst Fehler passieren, suchen wir die Schuld in den Umständen; es war das Wetter/die schlechte Marktlage/der falsche Zeitpunkt. Passieren anderen Fehler, liegt es dagegen an deren Schwäche – und das Scheitern wird zur Charakterfrage: Wenn ein Bundespräsident sich ein Bobby-Car-Spielzeugauto für sein Kind schenken lässt, mangelt es ihm an Würde/Intelligenz/Amtsverständnis. Allerdings handelt es sich dabei oft mehr um eine kulturelle Übereinkunft als um tatsächlich empfundene Ablehnung: »Wenn wir Menschen direkt befragen, stellen wir fest, dass sie tatsächlich selbst viel weniger intolerant gegenüber Fehlern sind, als sie das von anderen vermuten.« Mehr noch als den Fehler fürchten wir, von unseren Mitmenschen dafür gescholten zu werden.

Diese Haltung hat absurde Ausweichmanöver zur Folge. »Erstens führt es dazu, dass Menschen in Unternehmen im Zweifel lieber nichts machen, nur um keine Fehler zu produzieren.« Im schlimmsten Fall, wenn die Führung eines Unternehmens jeden Fehlschlag mit harten Konsequenzen bestraft, führt dies zum Stillstand: Der Betrieb läuft zwar reibungslos, aber er bewegt sich nicht mehr weiter – wie eine gut geschmierte Museumslok auf einem Abstellgleis.

Zweitens, warnt Frese, führt Fehlerintoleranz dazu, dass

Fehler vertuscht werden. Leider ist vertuschen mindestens ebenso menschlich wie irren – und das kann im Wortsinn fatale Folgen haben. Zum Beispiel wenn eine Krankenschwester aus Versehen Medikamente vertauscht, aber Angst davor hat, dies zu melden. Wenn ein Bauingenieur sich verrechnet, aber um seine Karriere fürchtet. Selbst wenn keine Katastrophen passieren, sind Vertuschungen ein Problem: Weil sie einem Unternehmen oder einer Organisation die Information entziehen, die im Fehler steckt – und so nicht helfen zu verhindern, dass er sich wiederholt. Etwa, wenn eine deutsche Billigfluglinie zu verheimlichen versucht, dass beim Landeanflug auf einen Flughafen Gas im Cockpit ausströmte und beide Piloten fast ohnmächtig wurden. Wer solche Fehler verheimlicht, riskiert die Katastrophe zu einem späteren Zeitpunkt, auch wenn dieses Mal alles gut gegangen ist.

Wie gute Fehlerkultur aussieht, wusste dagegen schon der Raketenkonstrukteur Wernher von Braun: Als eine Rakete während Tests für die Startvorbereitungen außer Kontrolle geraten war, gestand ein Techniker zerknirscht, er sei womöglich schuld an einem Kurzschluss und an dem Schaden. Von Braun schickte ihm dafür keinen Entlassungsbrief, sondern eine Flasche Champagner. Hätte der Techniker den Fehler vertuscht, hätte womöglich der Antrieb neu konstruiert werden müssen, was viel teurer gekommen und unnötig gewesen wäre.

Die dritte Konsequenz aus einem fehlerintoleranten Umfeld aber verursacht die größten Kosten: Wer fürchtet, etwas falsch zu machen, sichert sich ab – und baut im Extremfall eine eigene Bürokratie dafür auf. »Tritt irgendwo ein Fehler auf, wird eine neue Regel eingeführt, um diesen Fehler in der Zukunft zu verhindern«, erklärt Frese. Dann wird eine Überwachungsinstitution eingeführt, die dafür sorgt, dass die Regel eingehalten wird, »das ist dann aber schon wieder kontraproduktiv, weil sich niemand mehr verantwortlich fühlt. Das Vier-Augen-Prinzip ist gut, das Sechs-Augen-Prinzip kann ein Problem sein«, warnt Frese: »Es führt zur Verantwortungsdiffusion.« Am Ende werden zu Besprechungen 20 Teilnehmer eingeladen, weil keiner mehr allein entscheiden will, und jede Nachricht geht in cc an alle. »Als ich Dekan an einer Universität war, musste ich Sachen unterschreiben, die zuvor schon von 18 anderen Leuten unterschrieben worden waren«, erinnert sich Frese. »Hinter dieser Angst, Verantwortung zu übernehmen, liegt die Angst, zur Rechenschaft gezogen zu werden.«

Natürlich muss es auch anders gehen. Michael Frese schlägt ein »Gegenmodell zur Fehlerängstlichkeit« vor, das mit einer ebenso schlichten wie profunden Erkenntnis beginnt: »Wir alle wissen, dass jeder von uns Fehler macht.« Also könne es nicht allein darum gehen, Fehler zu vermeiden, sondern darum, Fehler, die unvermeidlicherweise passieren, intelligent zu managen. »Wir überlegen, wie wir die negativen Fehlerkonsequenzen vermeiden.« Der erste Schritt dafür: Das Stigma des Fehlers entfernen, »es darf keinen Eintrag in die Personalakte geben« – sonst drohen Angststarre, Vertuschung, Verantwortungsdiffusion. Wenn der Fehler keinen Makel mehr hat, kann eine Organisation offensiv damit umgehen. Das kann zum Beispiel heißen, dass ein Fluglotse, der merkt, dass er eine schwierige Situation zu bewältigen hat, um Hilfe bitten kann – »aber dass die Kollegen dann nicht danebenstehen und sagen, hey, was hast du denn da für einen Unsinn gemacht, sondern nur ruhig darauf deuten, wo gerade Probleme entstehen und wie sie gelöst werden können. Das ist Fehlermanagement«, erklärt Frese.

Hierarchien sind für derartiges Management mitunter ein

Problem, wie die Fluggesellschaft Korean Air auf schmerzhafte Weise lernen musste. 1997 verlor die Fluggesellschaft Flug Nummer 801 beim Anflug auf Guam. 26 Menschen überlebten, 228 starben, weil der Flugkapitän die Boeing 747 in schlechtem Wetter zu tief auf den Flughafen anflog und in einen Hügel krachte. Schlichtes menschliches Versagen? Der amerikanische Wissenschaftsautor Malcolm Gladwell macht »kulturelle Gründe« für den Absturz verantwortlich. Korean Air hatte überwiegend ehemalige Militärpiloten angeheuert, die zwar erfahrene Flieger waren, aber eine rigide Machtstruktur gewohnt waren. Dazu kommt, dass es in asiatischen Ländern sehr viel wichtiger ist, Älteren und Dienstälteren in jeder Situation mit hohem Respekt zu begegnen – und sie keinesfalls direkt zu kritisieren. Das wurde, argumentiert Gladwell, den Passagieren von Flug 801 zum Verhängnis. Denn der Kopilot hatte offenbar Zweifel an der Flughöhe, wagte es aber nicht, den Flugkapitän auf seinen Fehler aufmerksam zu machen. »Wenn wir von Flugzeugabstürzen hören, denken wir an alte Flugzeuge oder schlechtes Pilotentraining«, erklärt Gladwell in einem Interview mit dem *Wall Street Journal*. Doch das Problem war in diesem Fall ein anderes: »Boeing und Airbus bauen moderne, sehr komplexe Flugzeuge, die von zwei gleichberechtigten Piloten geflogen werden müssen.« Das funktioniere gut in Kulturkreisen mit tendenziell flachen Hierarchien, sei aber problematisch bei starkem Machtgefälle.

Gladwell wurde für das Argument, es handle sich um ein kulturelles Problem, kritisiert – schließlich hatte es auch Unfälle mit amerikanischen Flugzeugen gegeben, die auf mangelhafte Kommunikation im Cockpit zurückzuführen waren. Klar ist aber, dass die Verhinderung von Fehlerkonsequenzen im Training höchste Priorität hat. Dafür werden die künftigen Piloten inzwischen im Simulator auch bewusst in Situationen gebracht, wo sie den Ausbilder bei einem Fehler ertappen und diesen korrigieren müssen – obwohl sie die Anfänger sind und der Ausbilder eine Respektsperson. Zum »Crew Resource Management« im Cockpit, einer der wichtigsten Sicherheitsmaßnahmen in der Fliegerei, gehört nicht nur das konzentrierte Abarbeiten von Checklisten, sondern vor allem das offene Ansprechen von Fehlern.

Die meisten Organisationen wissen, dass sie ein Fehlerproblem haben. Soll heißen: Dass Fehler passieren, aber nicht offen darüber geredet werden darf. Wie also lässt sich eine Fehlerkultur etablieren, die Angststarre, Vertuschen und Bürokratie verhindert? Eine kanadische Hilfsorganisation hat dafür eine bemerkenswerte Lösung gefunden.

»Ingenieure ohne Grenzen« ist eine internationale Hilfsorganisation, die in den 1980er Jahren in Frankreich gegründet wurde, nach dem Modell der weitaus bekannteren »Ärzte ohne Grenzen«. Anders als bei den Ärzten, die medizinische Nothilfe in extremen Krisensituationen wie Krieg oder Hungerkatastrophen leisten, ging es den Ingenieuren darum, das Leid mit technischen Lösungen zu lindern: etwa Brunnen zu bohren, damit Menschen in Afrika Zugang zu sauberem Wasser haben. Der kanadische Ableger (EWB – Engineers without Borders) wurde im Jahr 2000 von George Roter und Parker Mitchell gegründet, zwei engagierten jungen Ingenieuren, keine 30 Jahre alt. Roter sagte, er habe keine Lust mehr gehabt, sein ganzes Ingenieurswissen darauf zu verschwenden, dass ein Drucker statt 149 künftig 151 Seiten pro Minute drucken könnte. Mitchell hatte an Türscharnieren für Autos gearbeitet. Zusammen wollten sie stattdessen in Zukunft »das Leben der Menschen mithilfe der Technologie verbessern«.

Um Roter und Mitchell scharte sich schnell eine Gruppe

junger Ingenieure, die mit viel Enthusiasmus, aber wenig Erfahrung nach Afrika reisten. Die meisten opferten ihren Jahresurlaub dafür, um zu helfen. David Damberger reiste nach Malawi, lebte nicht in der Hauptstadt wie die meisten Entwicklungshelfer, sondern auf dem Land, unter den Ärmsten der Armen, um genau zu verstehen, welche Hilfe die Menschen brauchten und wie er ihnen von Nutzen sein konnte. Eines der Projekte, die er evaluierte, war die Wasserversorgung für eine Reihe von Dörfern. Die kanadische Regierung hatte ein Rohrnetz finanziert, das Wasser aus den Bergen in die Dörfer leitete. Doch als Damberger den Wasserhahn aufdrehte, kam kein Wasser – und auch nicht aus dem nächsten und nicht aus dem übernächsten. Von 130 Wasserstellen waren 81 kaputt. Und da waren noch mehr, ältere Wasserhähne, was war mit denen?, fragte Damberger die Einheimischen. Ach, antworteten die, das war das Projekt der Amerikaner vor zehn Jahren, und die waren auch alle nach anderthalb Jahren kaputt.

Wie konnte es sein, fragte sich Damberger, dass eine Hilfsorganisation genau denselben Fehler wiederholt, den eine andere zehn Jahre zuvor gemacht hat?

Damberger wollte es besser machen, kündigte seinen Job in der Energiewirtschaft, reiste nach Indien. Baute dort eine Wasserversorgung für ein Dorf, dessen Kinder bis dahin jeden Tag zwei Stunden Schulzeit verloren hatten, weil sie Wasser holen mussten. »Für meine Freunde zu Hause war ich fast ein Held, weil ich meinen Job für das Hilfsprojekt aufgegeben hatte«, erzählt Damberger, »doch als ich ein Jahr später in Indien nachfragte, erfuhr ich, dass keine einzige Wasserstelle, die ich gebaut hatte, noch funktionierte. Ich hatte genauso versagt wie die anderen vor mir.«

Damberger war nicht der Einzige, der mit seinem Projekt

gescheitert war; und nicht der Einzige, der sich den Kopf darüber zerbrach, warum die gleichen Fehler wieder und wieder passierten. Im Jahr 2008 entschieden sich die Mitarbeiter von »Ingenieure ohne Grenzen« zu einem radikalen Schritt: Sie wollten alle Fehler, die ihnen im Lauf eines Jahres unterliefen, dokumentieren und in einem eigenen »Failure Report«, einem »Jahresbericht des Scheiterns«, veröffentlichen. George Roter, Chef der Organisation, erfuhr davon erst, als der Bericht ein Jahr später auf der Hauptversammlung verteilt wurde. Darin erzählten Mitarbeiter, wie sie Geld verschwendet, den falschen Mitarbeitern vertraut, Projekte in den Sand gesetzt hatten. Ein Freiwilligenhelfer aus Malawi berichtet, wie er mit einer Gruppe von Frauen einen Lehmbackofen baute, damit sie Brot auf dem Markt verkaufen konnten. Nur 100 Dollar wurden investiert, das Brot war ein voller Erfolg. Doch eines Tages blieb der Ofen kalt: Die Frauen hatten ihre eigene Kasse geplündert und nun kein Geld mehr für Mehl. Was war schiefgelaufen? »Wir denken, die Menschen sind so arm, dass wir alles liefern müssen«, zieht der Helfer Bilanz, »aber mein Fehler war, dass die Frauen kein eigenes Geld in das Projekt investiert hatten.« Dann, so die Erkenntnis, hätten sie die Gemeinschaftskasse nicht so leicht aufgegeben. Die Schlüsse, die die Ingenieure aus derartigen Misserfolgen ziehen, sind mitunter brutal in ihrer Ehrlichkeit: »Das Projekt scheiterte, weil wir zu voreilig waren, weil wir uns unserer Sache zu sicher waren, nicht das notwendige kulturelle oder historische Wissen hatten. Wir hatten unsere Hausaufgaben nicht gemacht, sonst hätten wir schon vorher wissen können, wofür wir später bitteres Lehrgeld bezahlten«, schreibt ein Mitarbeiter.

Derartige Offenheit hatte es in der Entwicklungshilfe bis dahin nicht gegeben. Zwar existiert keine Hilfsorganisation, die nicht schon mit einzelnen Projekten grandios gescheitert wäre: Die gesamte Entwicklungshilfe hat es, trotz hehrer Ziele, großem Enthusiasmus und Billionen Dollar Investitionen, nicht geschafft, die Armut in der Welt deutlich zu reduzieren. Scheitern ist in der Entwicklungshilfe eher die Regel als die Ausnahme. Darüber zu reden schien bis dato aber fast unmöglich: Hilfsorganisationen sind auf Spenden- oder Steuergelder angewiesen; wer Geld verschwendet, so die Angst, dem laufen die Spender weg. Wer will schon wissen, dass die aus warmem Herzen kurz vor Weihnachten gespendeten 100 Euro verloren gegangen sind, niemandem halfen, niemandes Not gelindert haben?

Der offene Umgang mit dem Scheitern hat »Ingenieure ohne Grenzen« komplett umgekrempelt. So weit, dass George Roter das ursprüngliche »Mission Statement« auf der Hauptversammlung 2009 auf offener Bühne verbrannte (!) – der Anspruch, die Lebenssituation der Armen »mithilfe der Technologie« zu verbessern, engte die Arbeit zu sehr sein. Inzwischen baut EWB längst keine Wasserstellen mehr, sondern berät Organisationen vor Ort und ist dabei wesentlich erfolgreicher.

Die Kanadierin Ashley Good betreut den »Report des Scheiterns«. Sie kennt die Arbeit vor Ort aus eigener Anschauung, hat in Kairo für die UNO gearbeitet, in Ghana für EWB, bevor sie in der Zentrale der Hilfsorganisation in Toronto landete. Der praktische Wert des Fehlerreports sei relativ überschaubar, sagt sie, »nach fünf Jahren merken wir, dass man von den einzelnen Geschichten nicht viel lernt«. Doch das Kompendium schaffe eine »kulturelle Identität« in der Organisation, die es allen Mitarbeitern möglich mache, offen mit den eigenen Fehlern umzugehen: »Wir fördern eine Kultur der Bescheidenheit.« Die Spender reagierten »überwältigend positiv« auf den Report, versichert Ashley Good: »Spender sind kluge

Leute, die wissen, dass sie in der Entwicklungshilfe meistens angelogen werden, wenn alle ihre Erfolgsgeschichten erzählen. Eine ehrliche Aussprache ist da längst überfällig. Wir haben Spender aus dem Silicon Valley, aus der Software-Industrie, die wissen, wie wichtig es ist, mit Schwierigkeiten offen umzugehen. Und die sagen uns: Ashley, Ihr müsst noch mehr Fehler machen.«

Nach den Erfahrungen mit dem Jahresbericht richtete Ashley Good eine Website ein, auf der Entwicklungshelfer aus aller Welt die Geschichten ihres eigenen Scheiterns aufschreiben konnten. »Ich stellte mir eine große Datensammlung vor, die nach Erdteil, Ländern, Projektart durchsuchbar wäre«, erzählt Ashley Good und lacht. »Es sollte ein Ort sein, an dem sich Entwicklungshelfer aus aller Welt austauschen können. Das würde die Qualität unserer Arbeit einen entscheidenden Schritt voranbringen! Am ersten Tag, als die Website online ging, gab ich etliche Interviews.« Ein vielverprechender Start, doch: »Seitdem ist leider nicht viel passiert.« Als nach zwei Jahren immer noch nur knapp zwei Dutzend gescheiterte Projekte gelistet waren, stellte EWB die Finanzierung der Website ein. »Aus dem Scheitern der Website habe ich zwei Dinge gelernt«, resümiert Ashley Good. »Erstens, die Entwicklungshilfe-Gemeinschaft tut sich immer noch sehr schwer damit, ihre Fehler einzugestehen.« Die Gründe dafür liegen auch darin, dass es in der Entwicklungshilfe keine direkte Verantwortungslinie zwischen Lieferant, Produkt und Kunde gibt, sondern eine komplizierte Dreiecksbeziehung zwischen Helfern, Spendern und Bedürftigen – wo hehre Absichten, Stolz, Eitelkeiten und fehlende Rechenschaft es noch schwerer machen, Irrtümer aufzudecken.

Die zweite Lektion aus dem Scheitern der Fehlerwebsite

war persönlicher, räumt Ashley Good ein: »Ich habe gemerkt, wie schwer es ist, mir das Scheitern einzugestehen. Obwohl ich die Website genau dafür eingerichtet hatte! Aber es gibt einen Kreislauf aus Ignorieren, Leugnen, Schuld abschieben, der sich immer wieder selber erneuert. Deswegen fällt es vielen so schwer, Fehler einzugestehen – nicht weil sie es nicht wollen, sondern weil sie den Fehler gar nicht als solchen erkennen.«

Ein ähnliches Projekt wie die Datenbank der Irrtümer läuft seit einigen Jahren in Deutschland mit leidlichem Erfolg, weitgehend unter dem Radar der Öffentlichkeit, obwohl es sich um ein hochbrisantes Thema handelt: Fehler, die in deutschen Arztpraxen passieren. Die allermeisten Besuche beim Arzt verlaufen natürlich nach Plan, doch geht hin und wieder auch etwas schief – irren ist menschlich –, und dann kann es sehr schnell sehr gefährlich für die Patienten werden. Pro 100 000 Konsultationen kommen in der hausärztlichen Versorgung bis zu 80 »unerwünschte Ereignisse« vor, bei denen Patienten geschädigt wurden oder hätten geschädigt werden können. In modernen, chronisch überlasteten Arztpraxen gibt es viele Fehlerquellen, über die dringend geredet werden muss.

Ein Ort dafür ist die Website »jeder-fehler-zaehlt.de«. Dort können niedergelassene Ärzte anonym beschreiben, was ihnen unterlaufen ist – und wie sie in Zukunft dafür sorgen wollen, dass es nicht wieder vorkommt. Herzzerreißende Geschichten sind da zu lesen: »Samstag, 14 Uhr, Anruf wegen ›Grippe‹. Hausbesuch: muskulöser, leicht übergewichtiger Landwirt, in Arbeitskleidung auf dem Bett liegend.« 70 Jahre alt, war seit fünf Jahren nicht beim Hausarzt. Der Arzt hört ihn ab, hört über der Herzspitze ein eigenartiges Geräusch, schlägt dem Landwirt vor, sofort ins Krankenhaus zu gehen. Doch der winkt ab: »Herr Doktor, Sie sind noch zu jung und frisch von der Uni, Sie machen sich zu viele Sorgen. Gleich Montag gehe ich zum Hausarzt, jetzt nehme ich erst mal ein Aspirin.« Ältere Männer vom Land gehen nicht gern ins Krankenhaus. »Wenn es nicht besser wird, rufe ich Sie an«, verspricht der Landwirt. Der Arzt geht, mit ungutem Gefühl. Um 19 Uhr der Anruf des Sohns: Der Vater ist beim Abendessen am Tisch sitzend zusammengebrochen, »es ist wahrscheinlich schon zu spät«. Der Arzt rast zum Patienten und diagnostiziert nüchtern: »Patient vor versammelter Familie vornübergebeugt auf Küchentisch liegend (Gesicht im Suppenteller eingetaucht), Unterkieferstarre, lichtstarre, entrundete Pupillen.« Kammerflimmern nach Herzinfarkt als wahrscheinliche Todesursache – der Herzinfarkt, den der Arzt bei seinem vorigen Besuch nicht bemerkt hatte. Wäre der Tod zu verhindern gewesen? »Ja, durch energisches Auftreten, Durchsetzen der sofortigen Krankenhauseinweisung zur intensiv-medizinischen Überwachung – auch gegen den erklärten ›Willen‹ des selbstbewussten und indolenten Landwirts.«

Die Berichtsdatenbank von »jeder-fehler-zaehlt.de« umfasst inzwischen mehr als 700 Fälle – nicht viel angesichts dessen, dass das System seit 2004 online ist. Das zeigt, wie schwer es vielen Ärzten immer noch fällt, über Fehler zu sprechen, aus Furcht, das Vertrauen der Partienten einzubüßen – dabei sagt zum Beispiel der Fehlerforscher Michael Frese: »Ein Arzt, der mein Vertrauen haben will, muss mir gegenüber eingestehen, dass er fehlbar ist.«

Schließlich zeigen die Beispiele in der Berichtsdatenbank: Was schiefgehen kann, geht auch schief. Da wird die Chemotherapie eines Patienten, die eigentlich beendet war, fortgesetzt, weil auf der Überweisung vom Krankenhaus ein falsches Kreuz gesetzt war. Da bekommt eine Patientin aus Versehen die doppelte Menge eines Medikaments verschrieben. Da übersieht ein Arzt eine Lungenembolie; ein anderer fordert eine schwindlige Patientin auf, ein paar Meter zu gehen, sie stürzt und zieht sich Hämatome zu. Da vergisst ein Arzt einen Patienten im Wartezimmer, obwohl er ihm einen Transport ins Krankenhaus rufen wollte (»Montagmorgen! Grippewelle!«). »Das passiert bei uns ständig!«, schreibt der Angestellte eines Notfallzentrums im Kommentar: »Der Wartezeit-Rekord eines Rückenschmerz-Patienten lag bei mehr als acht Stunden. Einer Schwester fiel er erst am Abend auf (er saß hinter einer Grünpflanze versteckt…), er selbst war zu schüchtern nachzufragen.«

Mehr als 6000 Mitarbeiter im Gesundheitswesen sind bei »jeder-fehler-zaehlt.de« registriert; einige sind offenbar Medizinstudenten. Für sie bietet die anonyme Offenheit der erfahrenen Kollegen die Möglichkeit, aus der Praxis zu lernen, ohne dass dabei Patienten zu Schaden kommen. Die weitaus größte Zahl der Fehler sind übrigens Prozessfehler, resultieren also nicht aus mangelnder Fachkenntnis, sondern aus Mängeln in Kommunikation und Organisation.

Unter dem Beitrag des Arztes, der den Landwirt nicht ins Krankenhaus geschickt hatte, entspannte sich eine lange Forumsdiskussion, die den Arzt zum Beispiel für seine Offenheit gegenüber den Angehörigen lobt, bei denen er sich sofort entschuldigt und seinen Fehler eingeräumt hatte. Ein Forumsmitglied schreibt nachdenklich: So etwas »wäre mir bei einem Arztrenner/hopper eher passiert als bei einem Landwirt, der fünf Jahre nicht beim Arzt war – und dann am Samstagmittag anruft!!??? So einer ruft nicht an, wenn er nichts hat«.

Eine solche Erkenntniss hätte dem Bauern wahrscheinlich das Leben gerettet.

Deswegen, sagt etwa die Kanadierin Ashley Good, sei es unerlässlich, Fehler nicht schönzureden, sondern klar zu benennen.

Ihr selbst blieb, nachdem »Ingenieure ohne Grenzen« die Finanzierung der Website eingestellt hatte, nichts anderes übrig, als das Scheitern einzugestehen. Sie machte das Beste daraus – und eröffnete ein Büro als Unternehmensberaterin für die Hilfsindustrie, Schwerpunkt Fehlerkultur, unter dem Namen »Fail Forward« – jeder Fehler ein Weg in die Zukunft. »Die Wissenschaft von der Innovation weiß seit Langem, dass Scheitern einer der wichtigsten Komponenten für Innovation ist. Managern kann diese Weisheit relativ einfach schmackhaft gemacht werden«, weiß Ashley Good. »Aber in Wahrheit hassen es alle, wenn etwas schiefgeht. Deswegen braucht es so etwas wie den Fehlerreport. Weil er den Mitarbeitern signalisiert: Wenn du hier keinen Fehler beitragen kannst, bist du entweder nicht ehrlich oder nicht innovativ gewesen.«

Die Erkenntnis, dass Fehler zum Geschäft gehören – zu jedem Geschäft – setzt sich in der profitorientierten Wirtschaft durch, wenn auch nur langsam. Legendär ist die Geschichte vom längst verstorbenen IBM-Chef Thomas Watson, der einen Mitarbeiter in sein Büro zitierte, der eben ein Projekt für eine Million Dollar ruiniert hatte. »Ich weiß, Sie müssen mich entlassen«, sagte der geknickte Mitarbeiter, um dem CEO zuvorzukommen. »Entlassen? Auf gar keinen Fall«, antwortete Watson. »Wo ich doch gerade eine Million Dollar in Ihre Weiterbildung investiert habe!«

Zu den bemerkenswertesten modernen Unternehmensführern zählt Ratan Tata, bis vor Kurzem Chef der Tata Group, eines Industriekonglomerats, das vor allem durch die Konstruktion des Kleinstwagens »Tata Nano« bekannt wurde. Ratan Tata hatte in den 1970er und 1980er Jahren zwei Unternehmen der Tata-Gruppe geführt und war in beiden Fällen gescheitert: Sowohl der Elektrogeräte-Hersteller Nelco als auch die Tuchfabrik Empress Mills gingen unter seiner Führung pleite. Dennoch stieg Ratan Tata 1991 zum Chef der Tata-Gruppe auf, war dann lange Zeit der mächtigste Manager Indiens. In den 21 Jahren als CEO verwandelte er das bis dato sehr auf den indischen Heimatmarkt fokussierte Unternehmen in einen Global Player, ein Konglomerat aus Unternehmen, das in mehr als 80 Ländern Geld verdient und fast 400 000 Menschen Arbeit gibt. Im indischen Markt, wo das Unternehmen lange Zeit vor allem auf Großindustrie – Stahl, Elektrizitätswerke – fokussiert war, suchte Ratan Tata nach Ideen für »frugal innovation« – Ideen für Produkte also, die das Leben der armen Bevölkerung verbessern und dabei dennoch Geld verdienen konnten. Tata plante Minitrucks für fliegende Händler und kleine Handwerker, Hotels mit 20-Dollar-Zimmern, Häuser für 500 Dollar und Wasserfilter aus Reisspelzen. Das waren kluge Konzepte, doch zu wenige. Das konnte nicht alles sein – in einem Subkontinent mit einer Milliarde Einwohner und einer aufstrebenden, boomenden, hungrigen Mittelklasse. Doch woher die Ideen dafür nehmen?

Ein Problem von Tata war, dass 95 Prozent der Mitarbeiter das Unternehmen als »wenig innovativ« einschätzten. In einem solchen Umfeld gedeihen neue Ideen nur schwer; wer will sich in einem konservativen Betrieb schon mit wilden Ideen profilieren? Im letzten Jahr seiner Führungszeit lobte Ratan Tata deshalb einen Wettbewerb aus: Ausgezeichnet werden sollte neben »vielversprechenden Innovationen« und »innovativen Geschäftsideen« unter dem Titel »Wage den Versuch!« auch die beste *gescheiterte* Idee. Geschichten vom Scheitern seien »eine Goldmine« für jedes Unternehmen, ließ Ratan Tata verlauten und ermunterte seine Mitarbeiter, sich mit ihrem schiefgegangenen Projekt zu bewerben. Ausgezeichnet wurde im ersten Jahr ein Team, das ein neues Herbizid entwickeln wollte, doch das Verfahren, das sie dazu ersonnen hatten, erreichte eine Erfolgsrate von mageren 14 Prozent. Die Untersuchungen zeigten allerdings, dass das Marktpotenzial für das Herbizid enorm war – und die Gruppe sich ermuntert fühlen sollte weiterzuforschen.

War der Preis für die beste gescheiterte Idee letztlich ein Erfolg? Das wird sich schwer bemessen lassen: Viele potenzielle Preisträger haben sich womöglich nicht beworben. Wer will sich schon als »Gescheiterter des Jahres« im Geschäftsbericht vorstellen lassen? Diese Fragen scheinen aus den Mienen der fünf Männer zu sprechen, die zum ausgezeichneten Team gehören: Sie lächeln eher unsicher in die Kamera. Wer weiß schon, ob ihnen der gefeierte Fehler nicht später doch noch irgendwann zum Verhängnis wird – etwa bei der nächsten anstehenden Beförderung?

Fehlerkultur braucht mehr als einen Wettbewerb: Fehlerkultur braucht in vielen Unternehmen einen Paradigmenwechsel, eine Neudefinition eingefahrener Begriffe, neue Wege, eine neue Beschäftigung mit dem Risiko aller Operationen. Die Harvard-Professorin Amy Edmondson beschäftigt sich seit Jahren mit dem Umgang mit Fehlern und auch mit den Katastrophen, die aus schwacher Fehlerkultur resultieren. Sie hat unter anderem den Absturz des Space Shuttles »Columbia« untersucht, das am 1. Februar 2003 beim Rückflug zur Erde auseinanderbrach. Schuld am Absturz war ein Schaumstoffteil, das beim Start ein Loch in den Hitzeschild der Raumfähre gerissen hatte. Beim Wiedereintritt in die Erdatmosphäre mit einer Geschwindigkeit von über 20 000 Stundenkilometern überhitzte sich die beschädigte Stelle.

Doch das beschreibt nur die technische Seite des Desasters. Vorausgegangen war eine Fehlerkette, die immer wieder zum

Abriss von Schaumstoffteilen beim Start geführt hatte, was aber nie als Problem erkannt worden war. Schwerwiegender war, dass die NASA-Ingenieure, die Videos des letzten Starts analysierten, zwar das Gefühl hatten, dass die Beschädigung doch größer war, als von der NASA-Führung erkannt – es aber nicht wagten, mit ihren Erkenntnissen zu den Vorgesetzten zu gehen. Sie hatten Angst, für den Fehler zur Rechenschaft gezogen zu werden. Dieses Versäumnis kostete sieben Astronauten an Bord das Leben.

Gegen solche Katastrophen beim Fehlermanagement hilft nur eine »Kultur der psychologischen Geborgenheit«, fordert Amy Edmondson. »Es ist wichtig, eine Umgebung zu schaffen, in der Menschen sich frei fühlen, ihre Befürchtungen zu äußern.« Das fällt vielen Unternehmensführern nicht leicht: »Die meisten Manager verstehen es, dass wir von Fehlern lernen müssen, doch zugleich fürchten sie, dass der Schlendrian einzieht, wenn sie Fehler nicht bestrafen. Dass die Standards nicht eingehalten werden.«

Edmondson definiert drei Schritte hin zu besserem Fehlermanagement. Der erste Schritt besteht darin, das Arbeitsumfeld im richtigen Rahmen zu analysieren. Soll heißen: Fehler haben in unterschiedlichen Arbeitsumgebungen eine unterschiedliche Bedeutung. »Wenn wir Autos am Fließband produzieren, also immer wieder das Gleiche mit hoher Akkuratesse hergestellt werden muss, brauchen die Mitarbeiter die Möglichkeit, sofort ihre Vorgesetzten zu alarmieren, wenn ihnen etwas auffällt. Wenn wir dagegen in einem wissenschaftlichen Labor arbeiten, in dem sowieso 70 Prozent aller Experimente schiefgehen, ist es wichtig, dass alle Mitarbeiter sich dessen bewusst sind« – und sich nicht durch eine hohe Fehlerquote entmutigen lassen und anfangen, das Scheitern zu vertuschen.

Zweite Lektion: »Gehen Sie auf den Überbringer der schlechten Nachricht zu! Lassen Sie ihn leben. Gratulieren Sie ihm zu seinem Mut, dass er zu Ihnen gekommen ist!« Wichtig sei es in solchen Situationen, »dem Drang zu widerstehen, sich über einen Fehler zu ärgern und diesen Ärger am Überbringer der Nachricht auszulassen«. Mitarbeiter müssten wissen, dass Fehler und Ehrlichkeit sie nicht in Gefahr bringen. Nur dann sei es möglich, zum Beispiel gescheiterte Projekte abzubrechen, anstatt sie monatelang weiterzuführen, weil niemand sich traut, das Scheitern einzugestehen. Gerade in komplexen Arbeitssituationen sei es wichtig, nicht dem Ideal der Fehlerlosigkeit nachzuhängen: Auf Intensivstationen und Kraftwerksleitständen können Fehler schwere Folgen haben, doch sei es wichtig zu verstehen, dass sie selbst dort unvermeidlich sind. »Nur so lässt sich verhindern, dass viele kleine Fehler sich zur Katastrophe auswachsen.«

Der dritte Schritt ist aufwändiger: Das Lernen aus dem Fehler muss gelernt werden. »Jede Organisation braucht eine Strategie, wie sie Fehler umfassend analysiert.« Sonst besteht die Gefahr, dass alle Betroffenen die Analyse nur so schnell wie möglich hinter sich bringen wollen, »um zur eigentlichen Arbeit zurückzukehren. Es ist wichtig zu verstehen: Fehleranalyse IST die eigentliche Arbeit«. Die meisten Organisationen, die Amy Edmondson untersucht hat, versuchen bei der Fehleraufarbeitung alles zu tun, um die eigentlichen Ursachen zu vertuschen: »Da heißt es dann, ›die Regeln wurden nicht eingehalten‹, oder ›der Markt war einfach nicht bereit für unser großartiges Produkt‹.« Derartige Sprachregelungen helfen vielleicht, das Gesicht zu wahren, doch sie verhindern, dass aus dem Scheitern Lehren gezogen werden.

Letztlich funktioniert Fehlerlernen nur, wenn es in brutaler Ehrlichkeit vollzogen wird. Die Fehlersuche muss dort landen, wo es wehtut, wo eine großartig erscheinende Idee nicht funktioniert hat, wo ein sich verändernder Markt womöglich zeigt, dass ein Produkt keine Zukunft mehr hat – »keine Schönfärberei«, wie auch Ashley Good von den »Ingenieuren ohne Grenzen« immer wieder fordert. Stattdessen müssen liebgewonnene Werte und Kulturen über Bord geworfen oder, wenn es sein muss, tatsächlich als Mission Statement öffentlich verbrannt werden.

Aber lohnt sich eine so schmerzhafte Suche nach Unzulänglichkeiten, nach Fehlkalkulationen überhaupt? Immerhin kann eine schlechte Fehleranalyse Mitarbeiter demotivieren, für schlechte Stimmung im Betrieb sorgen – im Zweifel ist es einfacher, Erfolge zu feiern und die Misserfolge unter den Teppich zu kehren.

Die Mühe lohnt sich unbedingt, meint Fehlerforscher Michael Frese, der in einer internationalen Vergleichsstudie verschiedener Unternehmen zum Schluss kam, dass eine Verbesserung des Fehlermanagements ein Potenzial zur Gewinnsteigerung von durchschnittlich 20 Prozent mit sich bringt – selbst ein aufwändiges Programm, das Fortbildung und Training der Mitarbeiter mit einschließt, wäre unter diesen Voraussetzungen mehr als kostendeckend.

Die höhere Profitabilität lässt sich erklären. Wenn Fehler kein Stigma tragen, kann die Kommunikation im Unternehmen ehrlicher werden; Informationen müssen nicht zurückgehalten oder verfälscht werden. Eine Kultur der Ehrlichkeit gibt den Mitarbeitern die Freiheit, Kritik zu üben und gescheiterte Projekte beim Namen zu nennen – möglicherweise noch bevor sie in den Markt gehen, weil niemand sich getraut hat, das Scheitern vorherzusagen.

Vor allem aber ist Fehlerkultur ein Schlüssel zu mehr Kreativität im Unternehmen. Mitarbeiter, die scheitern dürfen, wagen sich auf unbekanntes Terrain vor; gehen eher das Risiko ein, neue Ideen auszuprobieren.

Die Harvard-Professorin Amy Edmondson schlägt dafür eine Kategorisierung vor: in »verhinderbare«, »unvermeidbare« und »intelligente« Fehler.

- Natürlich, sagt sie, seien nicht alle Fehler gut: An Produktionsstraßen oder bei Routineaufgaben, wo immer wieder die gleichen Arbeiten getätigt werden müssen, gehe es vor allem darum, Nachlässigkeitsfehler zu verhindern. Das kann entweder durch Checklisten passieren oder, wie im Fall des Autobauers Toyota, durch ein »Andon-Cord«: Passiert in der Produktion ein Fehler, darf jeder Mitarbeiter diese Reißleine ziehen. Die Produktion läuft dann noch eine Minute weiter. Wird der Fehler in dieser Zeit nicht behoben, wird das Band gestoppt, bis die Ursache des Fehlers verstanden und behoben ist.
- Unvermeidbar sind Ausfälle dagegen in komplexen Systemen. »In der Notaufnahme eines Hospitals, auf dem Schlachtfeld eines Krieges oder beim Managen eines Start-up-Unternehmens passiert ständig Unvorhersehbares«, so Amy Edmondson. »Fehler sind in komplexen Zusammenhängen unvermeidbar. Sie als schlecht einzustufen, ist kontraproduktiv«, warnt die Managementforscherin: »Wer schwere Fehler vermeiden will, muss die unvermeidlichen kleinen Fehler finden und korrigieren.« Die meisten Katastrophen in Krankenhäusern resultieren aus einer Serie kleiner Fehler oder Nachlässigkeiten, die sich summieren. Katastrophen in komplexen Systemen passieren, wenn Ereignisse auf eine Art und Weise zusammenfallen, wie nie zuvor geschehen und wie von niemandem vorhergesehen.
- Am wertvollsten sei für Unternehmen aber das »intelligente

Misslingen« an den Grenzen des Wissens. »Wer ein neues Medikament finden will, eine neue Geschäftsidee oder ein neues Produkt hat, wer Kunden in einem neuen, gerade erst entstehenden Markt finden will, braucht Strategien für intelligentes Misslingen«, sagt Amy Edmondson.

In solchen Fällen kann das Scheitern tatsächlich wertvoller sein als das Gelingen. Edmondson zitiert das Beispiel einer Telekommunikationsfirma, die vor Einführung der noch neuen DSL-Technik einen Testlauf in einem kleinen Gebiet gestartet hatte. Doch statt dabei zu prüfen, was alles schiefgehen könnte – der einzige Sinn eines solchen Testlaufs –, wollten die stolzen Techniker zeigen, wie reibungslos alles funktioniert. Sie wählten als Testgebiet eine Gegend aus, in der ohnehin viele Kunden aus der Computerbranche lebten, die sich auf die neue Technik freuten und mit dem Anschluss kaum Probleme hatten. Betreut wurden sie von den besten Technikern des Unternehmens. Danach gab es grünes Licht – und die Markteinführung endete als Desaster. Die meisten Kunden hatten alte, langsame Computer, keine Ahnung davon, wie DSL funktionieren sollte, und der Support bestand aus schlecht bezahlten Callcenter-Agenten, die es auch kaum besser wussten. 75 Prozent der Anschlüsse scheiterten. Eine Katastrophe, die verhindert worden wäre, wenn der Testlauf so angelegt worden wäre, wie er Sinn macht: als intelligente Suche nach Fehlern.

Manchmal ist eine fehlerfreundliche Entwicklung, die das Scheitern mit einkalkuliert, sogar der einzige Weg, ein Projekt zum Erfolg zu führen. Anfang der 2000er Jahre bekam DARPA, das Forschungsinstitut des amerikanischen Verteidigungsministerium, von der Regierung den Auftrag, bis zum

Jahr 2015 ein voll funktionstüchtiges fahrerloses Fahrzeug zu entwickeln. DARPA hätte viel Geld in die Hand nehmen und die besten Ingenieure des Landes zusammentrommeln können. Ein Masterplan wäre erstellt worden, ein eigenes Labor eingerichtet, Prototypen wären entworfen worden. Allein: In Japan und Deutschland arbeiteten die besten Ingenieure schon seit 1977 an einem Roboterfahrzeug, ohne Durchbruch.

Stattdessen ließ DARPA-Direktor Tony Tether an den Universitäten des Landes einen Preis ausloben: Eine 240 Kilometer lange Strecke in der Mojave-Wüste musste bewältigt werden. Das Team, dessen Fahrzeug als Erstes die Ziellinie überqueren sollte, würde einen Preis in Höhe von einer Million US-Dollar gewinnen. Überall machten sich Ingenieure und Software-Entwickler ans Werk, und am 13. März 2004 versammelten sich 21 Teams in der Wüste. Schon beim ersten Probelauf schieden sechs Fahrzeuge aus, weil sie nicht einmal eine Teststrecke absolvieren konnten, die nur eine Meile lang war. Von den verbliebenen 15 fielen zwei noch vor dem eigentlichen Start aus, ein Fahrzeug kippte beim Start um und blieb auf dem Rücken liegen.

Nach drei Stunden waren nur noch vier Fahrzeuge im Rennen, die anderen wegen verklemmter Bremsen, gebrochener Achsen und nicht funktionierenden Navigationssystemen auf der Strecke geblieben. Kein Fahrzeug schaffte es auch nur annähernd über die Ziellinie; das beste Fahrzeug blieb nach 11,7 Kilometern liegen – alle anderen waren schon vorher ausgeschieden oder kaputt. Niemand gewann den Preis, und DARPA schien weiter denn je vom Ziel entfernt, ein Roboterauto zu bauen: »Das Versagen in der Wüste«, titelte gehässig das Magazin *Popular Mechanics*.

In Wahrheit war das Rennen ein voller Erfolg.

Gerade weil so viel schiefgegangen war, hatten die Teams

die Möglichkeit, das Design für den kommenden Wettbewerb anzupassen. Ein Jahr später erhöhte DARPA-Direktor Tony Tether das Preisgelad auf zwei Millionen Euro. Von 23 Teams kamen 22 weiter als 11,7 Kilometer, die Bestmarke ein Jahr zuvor. Fünf Fahrzeuge erreichten das Ziel; Gewinner war das »Stanford Racing Team« der Stanford University.

So sieht intelligentes Misslingen aus: Scheitere früh, scheitere schnell, scheitere oft.

Liebe deine Fehler

Plädoyer für eine neue Fehlergelassenheit

Wann sind wir gescheitert? Wenn wir uns entscheiden, das Scheitern anzunehmen. Was wir von jenen lernen können, die zu Superstars in ihrem Gebiet aufgestiegen sind, ist nicht das Gewinnen – sondern, wie sie mit der eigenen Fehlbarkeit und dem Scheitern umgehen.

Die Koffer sind schon gepackt; alle Habseligkeiten in Kisten verstaut. Am nächsten Tag soll alles zurück nach Taiwan verschifft werden; es ist das Eingeständnis einer Niederlage. Vor sechs Jahren war der junge Ang Lee aus seinem Heimatland Taiwan in die USA emigriert, um Schauspieler zu werden. Alles hatte vielversprechend begonnen: Bereits in der ersten Woche hatte er Jane, seine zukünftige Ehefrau, kennengelernt. Erst in Illinois studiert, dann einen Studienplatz an der renommierten New York University ergattert. Statt auf die Schauspielerei hatte Ang sich auf die Arbeit als Regisseur kapriziert, auch weil er nicht sonderlich gut Englisch sprach. Seine Professoren finden, er habe Talent, doch nun, am Ende des Studiums, scheint er auch am Ende des Wegs angekommen: Ang ist 29 Jahre alt, Arbeit nicht in Sicht, und er hat ein kleines Kind zu versorgen.

Dann passiert etwas Entscheidendes. An diesem Abend vor der Rückkehr nach Taiwan, um 21:30 Uhr, klingelt das Telefon: Seine Diplomarbeit, ein 43-Minuten-Film, ist mit einem Preis der Universität für hervorragende Regiearbeit ausgezeichnet worden. Schon am nächsten Tag steht eine Agentur auf der Matte, um ihn zu repräsentieren. Ang und Jane entscheiden sich zu bleiben: Der Preis, so hoffen sie, wird sein Durchbruch im Filmgeschäft.

Wirklich? Oder nur eine Verlängerung der Niederlage, um am Ende das Scheitern noch grausamer zu gestalten?

Die folgenden Jahre werden eine Tortur für Ang. Die junge Familie – bald vierköpfig – lebt von Janes Gehalt, die schließlich Arbeit findet. Ang wird schnell klar, dass die Agentur ihm keine Arbeit besorgen wird, dass er sein eigenes Manuskript schreiben muss. »Ich schrieb ein Drehbuch nach dem anderen«, erinnerte er sich später. »Die meisten wurden sofort abgelehnt. Bei dem einen oder anderen gab es Interesse, dann musste ich es in aller Eile anpassen, umschreiben und dann wieder wochenlang warten. Es war die härteste Zeit für Jane und mich. Sie hatte keine Vorstellung davon, wie eine Karriere als Regisseur auszusehen hatte, und ich ebenfalls nicht.« Ang ist drauf und dran, sich zum Computerspezialisten umschulen zu lassen, um endlich Geld zu verdienen. Als Jane dies herausfindet, schimpft sie ihn: Er soll sich auf seine Karriere konzentrieren, befindet sie.

So geht das sechs volle Jahre lang. Sechs Jahre, in denen er seine Eltern zu Hause in Taiwan, die ohnehin wollten, er solle lieber »was Nützliches« lernen, um Geduld bitten muss. Sechs Jahre, in denen die Freunde nachsichtig mitansehen, wie Ang einfach nicht vom Fleck kommt. Während ein anderer Absolvent, der die Filmschule an der New York University gemeinsam mit ihm abgeschlossen hat, längst ein Star ist: Spike Lee kann sich vor Angeboten kaum retten.

Schließlich gewinnt Ang einen Drehbuchwettbewerb des taiwanesischen Kulturministeriums. Ist es wieder nur ein Aufschub wie beim vorherigen Mal? Er bekommt 400 000 US-Dollar Preisgeld, es ist seine vielleicht letzte Chance. In nur 24 Tagen und überwiegend in Wohnungen von Freunden dreht er seinen ersten Langfilm, »Schiebende Hände«, über das schwierige Leben chinesischer Einwanderer in New York. Es ist kein leichter Film, aber ein guter, der zu Herzen geht. Diesmal ist es wirklich sein Durchbruch: Die Tür nach Hollywood steht offen.

Seitdem hat Ang Lee fast jedes Jahr einen neuen Film gedreht. Seine Filme wurden für insgesamt 38 Oscars nominiert, haben zwölf davon gewonnen. Ang Lee selbst hat vier eigene Oscars, und er ist der erste Regisseur, der zweimal in Berlin mit dem Goldenen Bären ausgezeichnet wurde. Spike Lee hat er längst überholt. Er gehört zu den wenigen Regisseuren in Hollywood, die konsistent künstlerisch wertvolle und zugleich kommerziell erfolgreiche Filme drehen. Zuletzt »Life of Pi: Schiffbruch mit Tiger«, auf Basis eines Romans, der über ein Jahrzehnt lang in Hollywood als »unverfilmbar« gegolten hatte. Ang Lees Film wurde für elf Oscars nominiert, gewann vier, darunter einen für ihn selbst als bester Regisseur.

Wann sind wir gescheitert? Wenn wir uns entscheiden, das Scheitern als solches anzunehmen. Ang Lee hat sich sechs Jahre lange geweigert einzusehen, dass er als Filmregisseur offenbar ein Fehlschlag war: Er schrieb mehr als hundert Drehbücher, die allesamt offenbar wertlos waren, fehlerhaft, ungeeignet. Und schrieb dennoch weiter.

Unsere geringe Toleranz für Fehler und Niederlagen beruht auch auf einer verzerrten Wahrnehmung: Wir orientieren uns an Siegern und übersehen dabei ihre vielen vorausgegangenen Niederlagen. Dabei sind ihre Durchbrüche, Leistungen, ihre Siege ohne die vielen Fehler und Irrtümer auf dem Weg oft gar nicht denkbar.

Der Amerikaner Thomas Alva Edison gilt zu Recht als genialer Erfinder, doch seine tägliche Arbeit im Labor glich eher Murphy's Law: Was schiefgehen konnte, ging auch schief. In den 1870er Jahren nahm er sich die Glühbirne vor, die zwar schon erfunden war, aber trotzdem nicht vernünftig funktionierte. Die bekannten Konstruktionen waren entweder trübe Funzeln, oder sie brannten nach wenigen Stunden durch. Das Geheimnis lag im Glühfaden, und Edison begab sich auf die Suche. Nichts wollte funktionieren, doch Edison gab nicht auf: Er testete 1600 verschiedene Materialien, bis er schließlich mit verkohlten Bambusfasern Erfolg hatte. »Ich bin in meiner Karriere nie gescheitert«, sagte er später, »ich habe nur 10 000 Wege gefunden, die nicht funktionierten.« Am Ende der 10 000 Irrwege standen 1093 Patente.

Von Edisons unbeschwertem Umgang mit Fehlschlägen können wir viel lernen, sie sind die Grundlage seines Erfolgs. Viele seiner Erfindungen sind auch heute noch wichtig, wichtiger aber als einzelne Fortschritte ist seine »Erfindung der Erfindungsindustrie«, schrieb die *New York Times*: Thomas Alva Edison gilt heute als Wegbereiter der modernen Forschung und Entwicklung. Dabei sind viele seiner Entwicklungen gar nicht seine eigene Idee gewesen, sondern die anderer, die sich aber nicht die Mühe gemacht hätten, sie zu Ende zu denken, sagte Edison: »Viele Menschen scheitern, weil sie aufgeben, ohne zu ahnen, wie nahe sie dem Erfolg bereits sind.«

Die Neigung, Fehler zu ignorieren und die Durchbrüche zu feiern, nennt der Kultursoziologe Dirk Baecker eine »Schlagseite im Denken«: »Wir denken in Resultaten, nicht in Prozessen. Im Prozess spielen Fehler und mögliche Fehler eine entscheidende Rolle, aber im Endergebnis werden sie vergessen.«

Oder, wie der Internet-Unternehmer Lars Hinrichs trocken kommentiert: »Im Nachhinein ist es immer Strategie.«

So halten wir die Illusion aufrecht, dass der Weg zwischen Ausgangspunkt und Ergebnis eine gerade Verbindung war. Doch in Wahrheit führt fast immer nur der Umweg zum Ziel, weil nur auf Umwegen genügend Ortskenntnis gesammelt werden kann, um das Ziel überhaupt zu finden. Wer in Prozessen denkt, wird kein Problem damit haben – wie bei Edisons Suche nach dem perfekten Glühfaden –, 1599 Fehlschläge wegzustecken. Ohne die Fehlschläge zuvor wäre das Ergebnis nicht ausgereift; jeder Irrweg in der Entwicklung macht das Produkt am Ende stabiler, sicherer, qualitätvoller.

Oft lernen wir auch erst durch Fehler den Wirkmechanismus einer Materie kennen. Hirnforscher etwa studieren Wahrnehmungsstörungen, um zu erfahren, wie unser Wahrnehmungsapparat funktioniert: Über die Fehlfunktion verstehen wir die Funktion. »Fehler sind eine unbestechliche Quelle der Information über die Wirklichkeit«, definiert Dirk Baecker. Freud'sche Versprecher etwa »sind Fehler, die mich darüber informieren, dass mein Unbewusstes die Dinge anders sieht als mein Bewusstsein«, erklärt Baecker in einem Interview mit der Tageszeitung *taz*.

Wie wichtig Fehler schon früh für unsere Weltaneignung sind, zeigt eine interessante Untersuchung über die Sicherheit auf Spielplätzen. Vor allem in den USA hat die Furcht vor Schmerzensgeldforderungen dazu geführt, dass Spielgeräte heute mit weichen Matten gepolstert und nur noch halbhoch gebaut werden. Nur keine Stürze! Die Kinder sollen unbeschadet aufwachsen. Was wäre dagegen einzuwenden? Wie die norwegische Psychologin Ellen Sandseter herausfand, hat die übergroße Vorsicht allerdings zur Folge, dass Kinder ohne Sturzerfahrungen deutlich eher dazu neigen, später als Teenager Höhenangst zu entwickeln. Ihnen fehlt das harmlose Fallen, das Klettern an der Grenze der Komfortzone, um die Welt und ihre Risiken sinnvoll einschätzen zu können. Wer die Welt für Kinder immer sicherer macht, macht sie zugleich auch immer kleiner. Denn Fehler sind Grenzerfahrungen; sie zeigen uns: bis hierher und nicht weiter. Das gilt auch im übertragenen Sinn: Wer nie gestürzt ist, wer niemals scheitert, ist nie an seine Grenzen gegangen.

Wer sich nicht in Gefahr begibt, kommt darin um.

Die Unfallgefahr auf Spielplätzen nimmt durch größere Sicherheitsmaßnahmen übrigens nicht ab, sondern zu; die weichen Matten verleiten manche Kinder zu riskanteren Klettermanövern. Genauso wie Sturzhelme Radfahrer schneller fahren lassen und Autofahrer dazu verleiten, weniger Abstand zu halten. Ein derartiger »Rebound«-Effekt ließ sich auch bei Londoner Taxifahrern feststellen, als deren Fahrzeuge zum ersten Mal mit Anti-Blockier-System ausgestattet wurden: Zwei Drittel der Fahrer waren danach risikofreudiger und rasanter unterwegs.

Für eine sinnliche Fehltrittserfahrung, wie sie Kinder beim Klettern auf Bäumen erleben, gibt es in unserer Welt aber kaum noch Platz. Das Problem liegt in dem, was der Philosoph Bernd Guggenberger »Entschwinden der Wirklichkeit« nennt. Vieles, was wir als vertraut empfinden und was in unserem Leben eine große Rolle spielt, »kennen« wir nur in einem abstrakten Sinn. Die wenigsten von uns haben je einen Tropfen Rohöl zwischen den Fingern verrieben, ein Huhn oder eine Kuh geschlachtet oder gar ein Maschinengewehr auf andere Menschen gerichtet und abgefeuert. Doch wir fahren Auto, essen Fleisch und wählen Politiker, die in unserem Namen Soldaten in den Krieg schicken.

Diese »Ohnmacht der Sinne«, wie Guggenberger in seinem Buch *Das Menschenrecht auf Irrtum* schreibt, führt zu einer Entkoppelung: Wir können die Folgen unserer Fehler nicht mehr selbst wahrnehmen. Wir tun uns schwer damit, aus diesen Fehlern zu lernen, und weil wir nicht lernen, begehen wir Fehler in immer größeren Maßstäben. Wir beuten die Ressourcen der Erde aus, bauen Kernkraftwerke und überlassen es den Kindeskindern, sich am Atommüll zu vergiften. Weil wir die Erderwärmung nur auf dem Papier begreifen, fliegen wir dennoch in den Urlaub.

Wir haben uns in einer Welt eingerichtet, in der Fehler tödliche Konsequenzen haben – beim Autofahren, im Operationssaal, beim Betrieb von Flugzeugen. Weil wir um unsere eigene Fehlbarkeit wissen, können wir derartige Systeme nur mit Sicherheitsmaßnahmen betreiben. Doch das Dilemma solcher Sicherungssysteme ist, dass sie die Komplexität des zu sichernden Systems abbilden – und damit den Benutzer erneut überfordern. Beim Reaktorunglück von Tschernobyl blinkten so viele Warnlampen und schrillten so viele Alarmglocken, dass die Arbeiter im Kommandostand am Ende überfordert waren und intuitiv handelten – und damit die Kernschmelze auslösten. Menschen sind im Zweifel viel zu verspielt, ablenkbar, faul, neugierig, um dieser Technik gerecht zu werden.

»Man muss im Kernkraftwerk gewesen sein! Man muss das sinnlich erlebt haben, wie der Mensch dort zum Störfaktor wird«, erzählt Bernd Guggenberger. »Man wird in einen Schutzanzug gezwängt, man hört auf zu lachen. Nur wer sich dort eng als Diener an die Maschine anschmiegt, wird in dieser Umgebung geduldet, als Anhängsel der Maschine.« Doch solche Wesen sind wir nicht – oder nie für lange. »Der kreative Mensch, der Eigeninitiative zeigt, passt nicht zu Strukturen, die so große Sicherheit erfordern.«

Spiel-Raum bleibt heute noch in der Kunst, in der die gezielte Abweichung von der Norm den Freiraum schafft, in dem Neues entsteht. »Auf der Bühne gibt es keine Fehler«, behauptet der amerikanische Jazz-Vibraphonist Stefon Harris in einem inspirierenden Musikvortrag auf dem Videoportal TED, den er mit den Worten beginnt: »Ich habe keine Ahnung, was wir heute spielen werden. Ich werde es nicht wissen, bis es schließlich geschieht.« Die Bühne ist für Harris ein »heiliger Ort, an dem Sie keine Möglichkeit haben, über die Zukunft nachzudenken oder über die Vergangenheit – es gibt so viele Entscheidungen, die hier in jedem Moment getroffen werden müssen«. Er beschreibt das Zusammenspiel mit seinen Bandkollegen als Unterhaltung, in der es keine falschen Töne gebe – »ein Fehler kann nur darin bestehen, dass wir nicht in der Lage sind, auf das zu reagieren, was der andere in diesem Moment in die Musik projiziert hat«. »Komische Töne« außerhalb der gegenwärtigen Tonart seien im Jazz kein Fehler, sondern eine Chance, Tonart, Stimmung, Richtung einer Improvisation zu ändern. Der Bruch mit dem Konsens zeigt unvermittelt neue Wege auf. Wer Ohren hat zu hören, der höre: Jeder Ton verkörpert in einem anderen Zusammenhang eine andere Kraft, kann mal verstörend, mal beruhigend, mal schrill, mal jubilierend sein. Improvisation im Jazz ist eine Entdeckungsreise, eine permanente Grenzerfahrung, ein Spiel mit der Normverletzung, und gerade deswegen so spannend, so befriedigend, so unterhaltsam.

In der klassischen Musik sind die Freiräume viel enger, was auch einer der Gründe ist, warum Orchestermusiker zu den Menschen mit der geringsten Berufszufriedenheit zählen: Sie haben ihr halbes Leben aufgewendet, um ihr Instrument zu beherrschen, nur um dann in ein enges Notenkorsett gezwängt zu werden und die Interpretation dieser Noten von einem Dirigenten mit dem Taktstock aufgezwungen zu bekommen. Die klassische Musik leidet zudem darunter, dass sie überwiegend in Form von CD-Aufnahmen gehört wird, in denen jedes Stück so oft eingespielt wird, bis es nahezu perfekt ist.

Dabei braucht die Musik den menschlichen Makel, das zeigt ausgerechnet die digitale Aufnahmetechnik, mit der es ein Leichtes ist, alle Fehler zu eliminieren. Sänger, die den Ton nicht treffen, werden mithilfe von »Autotune«, einer Computersoftware, auf Linie gebracht. Rhythmusfehler können direkt nach der Aufnahme automatisch ausgeglichen werden. Das Ergebnis ist fehlerfrei, doch stört uns diese Perfektion derart, dass Toningenieure für digital generierte Rhythmen wiederum eine eigene Software brauchen, die den Beat »vermenschlicht«. Dieser »Humanizing«-Filter webt winzige Imperfektionen in den Rhythmusteppich.

Doch Fehler ist nicht gleich Fehler: Wissenschaftler des Max-Planck-Instituts und der Universität Göttingen haben herausgefunden, dass geübte Hörer den Unterschied zwischen »digital vermenschlichter« und »menschengemachter« Musik sehr wohl hören und die menschliche Musik für »präziser« halten. Während die Software völlig zufällig Beats verschiebt, etablieren Menschen in einem Musikstück bereits zu Beginn ein bestimmtes Fehlermuster, das sich dann durch das gesamte Stück zieht. Die Wissenschaftler nennen dies »langreichweitige Korrelationen«: Erstaunlich dabei ist, dass wir offenbar ein Gedächtnis für die minimalen Fehler haben und diese sowohl als Musiker als auch als Hörer durch das gesamte Stück hindurch konsequent verknüpfen. Erstaunlich auch, dass wir die Imperfektionen wahrnehmen, die sich im Bereich weniger Millisekunden abspielen – und sie als wohltuend empfinden. Obwohl wir den exakten Taktschlag als Grundlage für die Musik verstehen, als Voraussetzung für die Reproduzierbarkeit und das Zusammenspiel, erscheint uns der leicht unscharfe menschliche Beat präziser und natürlicher.

Spiel-Raum gibt es auch noch im Sport, wo die Unbeherrschbarkeit der Realität, die Unvorhersehbarkeit beim Zusammentreffen zweier Gegner erst den Reiz des Spiels ausmachen. Deswegen strömen jedes Wochenende Hunderttausende in die Fußballstadien, schauen sich Millionen die Spiele der Nationalmannschaft im Fernsehen an: Nicht aus nationalem Überschwang, sondern weil im Fußball alles möglich ist. Weil verloren geglaubte Spiele in der Champions League durch zwei Tore in der Nachspielzeit gedreht werden können oder die deutsche Nationalmannschaft einen Vier-Tore-Vorsprung in nur 25 Minuten wieder aus der Hand gibt. Fußballstars treffen – wie Jazzmusiker – im Sekundentakt Entscheidungen. Vorwärtsstürmen oder zurückfallen, draufhalten oder abspielen, dribbeln oder zurück zum Torwart? Zwischen Genialität und Scheitern liegen nur Millimeter, je nachdem, ob der Schuh den Ball an genau der richtigen Stelle trifft und der Ball genau ins Lattenkreuz passt – oder eben nicht, und der Spieler den Ball wie ein Anfänger mit aller Wucht als Kerze in den Himmel schickt und unter dem Hohn der Zuschauer zu Boden geht. Diese Millimeter können eine Saison entscheiden, und die nächste gleich mit: Verliert eine Mannschaft ein entscheidendes Spiel, nimmt sie im nächsten Jahr nicht an den europäischen Wettbewerben teil, verliert Millionen, die besten Spieler wandern ab. So viel auch auf dem Spiel steht beim Fußball: Es gibt keine absolute Formel für den Erfolg, und wenn das Spiel auch schneller und präziser geworden ist mit den Jahren, kann doch ein einziger Fehler – selbst ein Schiedsrichterfehler – alle Investitionen, alle Vorbereitungen vernichten.

Dennoch, oder gerade deswegen, haben Fußballspieler unendlich viel mehr Entscheidungsfreiheit als Orchestermusiker. Das Fußballfeld ist ein Fehler-Spielplatz, nur jene Mannschaft kann brillieren, die ins Risiko geht, die den Fehler in Kauf nimmt und blitzschnell auf die Fehler der anderen reagiert. Als der Mittelfeldstar Nuri Sahin zu Borussia Dortmund zurückkehrte, nachdem er in Madrid montelang auf der Bank gesessen und als Auswechselspieler an sich gezweifelt hatte und fast verzweifelt war, spielte er bockig, verstockt, unsicher. Sahin wusste, dass Dortmund seine einzige Chance war, die Karriere als Weltstar doch noch durchzustarten, aber die Angst vor dem Versagen lähmte ihn: Die Geschichte des Fußballs ist voll von Talenten, die nie ihren Durchbruch erlebten. Bis Dortmunds Trainer Jürgen Klopp Sahin aufforderte, in jedem Spiel Fehlpässe zu schlagen; ein nie gehörter Ratschlag eines Trainers. Fehlpässe, argumentierte Klopp, locken den Gegner aus der Reserve und könnten so Räume öffnen; eine… interessante These. In Wahrheit ging es darum, Nuri Sahin Freiraum zu geben; Mittelfeldregisseure brauchen Mut, brauchen Kreativität, müssen Wagnisse eingehen. Das schafft als Mensch nur, wer das Recht hat, Fehler zu machen.

Natürlich gilt dies nicht nur im Fußball: Wie wurde aus dem Jungtalent Michael Jordan der größte Basketballstar der Welt? Wir erinnern uns der großartigen Spiele, jener genialen Würfe, die im Zusammenschnitt der Sportnachrichten erscheinen, doch Jordan hat auch anderes in Erinnerung und exakt darüber Buch geführt. »Ich habe mehr als 9000-mal danebengeworfen«, zählt er auf, »und fast 300 Spiele verloren. 26-mal wurde mir der spielentscheidende Wurf anvertraut, und ich warf daneben. Ich scheiterte immer wieder in meinem Leben. Deswegen bin ich erfolgreich.«

Fehler lehren uns, es beim nächsten Mal besser zu machen; doch viel wichtiger noch: Wenn wir glauben, etwas zu beherrschen, weisen sie uns erneut in unsere Schranken. Wer je versucht hat, einen Freiwurf im Basketball zu landen oder aus spitzem Winkel in ein Fußballtor zu treffen oder im Golf zu putten, kennt das Gefühl der leisen Verzweiflung: Fußballer schauen fragend auf ihre Schuhe, Basketballer trotten mit hängenden Schultern davon. Unsere Fehler lehren uns Demut und, im Umkehrschluss, Toleranz. Wie könnten wir andere aufgrund ihrer Fehler verdammen, wenn wir selbst ständig Fehler machen?

Wie wir mit unseren Fehlern umgehen, wird letztlich immer eine Frage sein, wie wir leben wollen. Die Beschleunigung der modernen Welt lässt die Menschen Erstaunliches vollbringen. Jedes Jahr finden mehr als 30 Millionen kommerzielle Flüge statt; das bedeutet, dass rund um die Uhr in jeder Sekunde irgendwo auf der Welt ein Flugzeug abhebt oder landet: Wir sind ständig unterwegs, irgendwohin. Die Produktion aller Wirtschaftsgüter – Autos, Fernseher, Möbel – wird jedes Jahr effizienter, was den meisten Menschen in der Welt einen höheren materiellen Wohlstand als ihren Eltern beschert. Doch diese Beschleunigung verlangt ein hohes Maß an Kontrolle aller Prozesse; enge Taktung auf den Fertigungsstraßen, immer höhere Präzision. Einiges davon lässt sich über den technischen Fortschritt realisieren; Roboter können immer schneller, präziser, effizienter werden. Doch insgesamt macht Effizienz die Räume enger, die Fehlertoleranzen geringer.

Eine so beschleunigte Welt ist im Kern ungeduldig, unleidlich gegenüber der Abweichung. Fehler aber definieren den menschlichen Maßstab; Fehlerfreundlichkeit das Maß der Freiheit. Nur wo wir scheitern dürfen, können wir uns entfalten, können wachsen, unsere Grenzen entdecken und diese überwinden. Fehler führen uns vor Augen, dass unsere Kontrolle über uns selbst und das Leben Grenzen hat.

Wir funktionieren nicht, wir leben.

Literaturliste*

Philip Ardaghs völlig nutzloses Buch der haarsträubendsten Fehler der Weltgeschichte.
235 Seiten, Arena, 2011
Für Kinder (4–12 Jahre). Eher harmlos und sehr angestrengt auf unterhaltsam getrimmt.

Dirk Baecker/Alexander Kluge: Vom Nutzen ungelöster Probleme.
144 Seiten, Merve, 2003
Eine Serie eminent kluger, tiefgründiger Gespräche zwischen dem Kultursoziologen Dirk Baecker und dem Regisseur und Drehbuchautor Alexander Kluge.

Ralf Caspary (Hrsg.): Nur wer Fehler macht, kommt weiter: Wege zu einer neuen Lernkultur.
157 Seiten, Herder, Freiburg, 2008
Aufsatzsammlung. Empfehlenswert: »Der Fehler ist das Salz des Lernens« von Reinhard Kahl.

Dietrich Dörner: Die Logik des Misslingens. Strategisches Denken in komplexen Situationen.
352 Seiten, rororo, 2003 (Erstausgabe 1989)
Dörners Experiment mit dem Versuch, das fiktive »Tanaland« in Afrika zu retten, gehört zu den Klassikern der deutschen Fehlerforschung. Nicht mehr ganz frisch, aber immer noch aktuell.

Paul Feyerabend: Wider den Methodenzwang.
432 Seiten, Suhrkamp, 1986 (11. Auflage)
Pflichtlektüre für Naturwissenschaftler und Wissenschaftstheoretiker.

* Die folgende Literaturliste enthält Empfehlungen zum Weiterlesen

Radikaler Ansatz: »Der einzige Grundsatz, der den Fortschritt nicht behindert, lautet: ›Anything goes.‹«

David H. Freedman: Wrong. Why Experts Keep Failing Us – And How to Know When not to trust them.
304 Seiten, Little, Brown and Company, 2010
Etwas krawallige, aber sauber recherchierte Abrechnung mit dem Glauben an Expertenwissen und an die Kraft des Brainstorming.

Arthur Freeman, Rose DeWolf: Die 10 dümmsten Fehler kluger Leute.
304 Seiten, Piper Taschenbuch, 2007
Freeman ist Dozent für kognitive Therapie, die Herangehensweise des Buchs ist technisch und handlungsorientiert: Test zur Selbsteinschätzung, Merksätze.

Ulrich und Johannes Frey: Fallstricke. Die häufigsten Denkfehler in Alltag und Wissenschaft.
240 Seiten, C.H. Beck, 2011
Exzellente Analyse und Erklärung, warum unser Denken mit komplexen Situationen oft überfordert ist.

Bernd Guggenberger: Das Menschenrecht auf Irrtum: Anleitung zur Unvollkommenheit.
168 Seiten, Carl Hanser, 1987
Ein frühes Plädoyer für das Recht des Menschen, versagen zu dürfen – und für eine Welt, in der die Technik dem Menschen dient und nicht umgekehrt.

Joseph T. Hallinan: Why We Make Mistakes – How We Look Without Seeing, Forget Things In Seconds And are all pretty sure we are way above average.
304 Seiten, Broadway Books, 2010
Überblick über Kognitions- und Wahrnehmungsforschung und die Folgen für unsere Fehleranfälligkeit.

Tim Harford: Adapt: Why Success Always Starts With Failure.
320 Seiten, Farrar Straus & Giroux, 2011
Kluges Argument gegen Guru-Denken und das Vertrauen auf Top-

Manager und ihre großen Visionen. Stattdessen plädiert Harford für flache Hierarchien und fehlerfreundliche Arbeitsumgebung.

Steven Johnson: Where Good Ideas Come From.
336 Seiten, Riverhead Hardcover, 2010
Der Autor widmet ein Kapitel dem Thema »Fehler als Quelle von Inspiration und Kreativität«.

Daniel Kahneman: Thinking, Fast and Slow.
499 Seiten, Macmillan US, 2011
Der Nobelpreisträger fasst sein Lebenswerk zusammen. Das Buch ist trotz der umfangreichen Forschungsarbeit unterhaltsam und spannend zu lesen.

Michael Kaplan, Ellen Kaplan: Auf Fehler programmiert: Warum der Mensch irren muss.
400 Seiten, Rowohlt, 2011
Intelligente Aufarbeitung der Kulturgeschichte des Fehlers, angereichert mit aktueller Forschung – lesbar und unterhaltsam.

James Reason: Human Error.
316 Seiten, Cambridge University Press, 1990
Standardwerk über das »menschliche Versagen« bei Unfällen. Umfangreiche, sehr technische Analyse.

Ken Robinson: The Element. How Finding Your Passion Changes Everything.
288 Seiten, Viking Adult, 2009
Leidenschaftlicher, unterhaltsamer Vortrag des britischen Bildungsforschers über Querdenker und Menschen, die über das Scheitern ihre wahre Inspiration finden.

Reiner Ruffing: Kleines Lexikon wissenschaftlicher Irrtümer.
160 Seiten, Gütersloher Verlagshaus, 2011
Von Aderlass über DDT und Hexenhammer bis zur Zeitreise: Die harmlose Aufmachung des Buchs täuscht. Der Autor, promovierter Philosoph, recherchiert solide und tiefgründig.

Kathryn Schulz: Being Wrong. Adventures in the Margin of Error.
416 Seiten, Ecco, 2010
Enorm umfangreiche Recherche, in der sich die Autorin von Zeit zu Zeit verliert.

Philip E. Tetlock: Expert Political Judgment.
352 Seiten, Princeton University Press, 2009
Wie gut sind die Vorhersagen von Experten? Je berühmter die Experten, desto schlechter, weist Tetlock nach.

Alina Tugend: Better by Mistake. The Unexpected Benefits of Being Wrong.
304 Seiten, Riverhead Hardcover, 2011
Die Kolumnistin der New York Times beschäftigt sich mit kulturellen Unterschieden beim Umgang mit Fehlern, und damit, wie unterschiedlich Frauen und Männer das Thema betrachten.

Quellenverzeichnis

Einleitung*

Leonard Cohen: Anthem, auf: The Future. 1992
http://www.azlyrics.com/lyrics/leonardcohen/anthem.html

Daniel M. Wegner: Ironic Processes of Mental Control. In: *Psychological Review*, Band 101, Nr. 1, 1994, S. 34–52

Tim Woodman and Paul A. Davis, Bangor University: The Role of Repression in the Incidence of Ironic Errors. The Sport Psychologist, 2008, 22, 183–196
http://www.bangor.ac.uk/olympics/ironic_error.php.en

Bundesministerium für Bildung und Forschung: »Sepsis fordert viel mehr Todesopfer als gedacht«. Pressemitteilung, 07.06.2013
http://www.gesundheitsforschung-bmbf.de/de/774.php

Florian Aigner: Warum alle sich für toll halten – der Dunning-Kruger-Effekt. Scienceblogs, 10. April 2012
http://scienceblogs.de/naklar/2012/04/10/warum-alle-sich-fur-toll-halten-der-dunningkrugereffekt/

Ola Svenson: Are we all less risky and more skillful than our fellow drivers? Acta Psychologica 47 (1981), 143–148
http://heatherlench.com/wp-content/uploads/2008/07/svenson.pdf

David Brooks: The Modesty Manifesto. New York Times, 10.03.2011
http://www.nytimes.com/2011/03/11/opinion/11brooks.html

* Die Literaturhinweise beziehen sich auf die in den einzelnen Kapiteln genannten Quellen, die Reihenfolge orientiert sich an der Nennung im Text.

John P.A. Ioannidis: Why most published research findings are false. PLOS Medicine 2(8): e124
http://www.plosmedicine.org/article/info:doi/10.1371/journal.pmed.0020124

Wir sehen, ohne zu sehen; hören, ohne zu hören

Christopher Chabris, Daniel Simons: The Invisible Gorilla. How Our Intuitions Deceive Us.
320 Seiten, Harmony, 2010
Chabris und Simons erläutern das Prinzip der Unaufmerksamkeitsblindheit am Beispiel des Gorilla- und vieler weiterer Experimente.
http://www.theinvisiblegorilla.com/index.html
http://www.simonslab.com/videos.html

Daniel Simons: The Door Study.
http://www.youtube.com/watch?v=FWSxSQsspiQ

Simons, Chabris: Gorillas in our midst: sustained inattentional blindness for dynamic events. Perception, 1999, volume 28, pages 1059–1074
http://www.cnbc.cmu.edu/~behrmann/dlpapers/Simons_Chabris.pdf

Test Your Awareness – Whodunnit? – Das Video der Londoner Verkehrsbehörde TFL
http://www.youtube.com/watch?v=ubNF9QNEQLA

Joseph T. Hallinan: Why We Make Mistakes – How We Look Without Seeing, Forget Things in Seconds and Are all pretty sure we are way above average.
304 Seiten, Broadway Books, 2010
Seite 23 ff.: Fehlerraten für Radiologen und Flughafenpersonal

Marc Green: Human Factors. »The Grand Illusion«: Assigning Blame in Failure to See.
http://www.visualexpert.com/Resources/seeing.html

George A. Miller: The Magical Number Seven, Plus or Minus Two: Some Limits on Our Capacity for Processing Information. The Psychological Review, 1956, vol. 63, pp. 81–79
http://cogprints.org/730/1/miller.html

Sandra Blakeslee: Car Calls May Leave Brain Short-Handed. New York Times, 31.07.2001
http://www.ccbi.cmu.edu/news/NYTimes%20-multitasking-7-31-2001.pdf

Marcel Adam Just: A Decrease in Brain Activation Associated with Driving When Listening to Someone Speak. Brain Research 1205 (2008), 70–80
http://works.bepress.com/marcel_just_cmu/8/

National Safety Council: Distracted Driving Research & Statistics
http://www.nsc.org/safety_road/Distracted_Driving/Pages/DistractedDrivingResearchandStatistics.aspx

National Safety Council: Understanding the Distracted Brain. Why Driving While Using Hands-Free Cell Phones Is Risky Behaviour. White Paper, April 2012
http://www.nsc.org/safety_road/Distracted_Driving/Documents/Cognitive%20Distraction%20White%20Paper.pdf

Melissa Ludtke, Nieman Foundation: Watching the Human Brain Process Information, Conversation with Marcel Just. Summer 2010
http://www.nieman.harvard.edu/reports/article/102399/Watching-the-Human-Brain-Process-Information.aspx

Ablenkung: unterschätzte Gefahr. Allianz Zentrum für Technik, 06.12.2011
https://azt.allianz.de/presse/presse_archiv/artikelliste_2011/ablenkung.html

Catherine Bush: How to Multitask. New York Times Magazine, 08.04.2001
http://www.nytimes.com/2001/04/08/magazine/how-to-multitask.html

John Medina: Brain Rules: 12 Principles for Surviving and Thriving at Work, Home, and School.
301 Seiten, Perseus
http://brainrules.net

John Medina: The Brain Cannot Multitask. brain rules blog
http://brainrules.blogspot.de/2008/03/brain-cannot-multitask_16.html
Jim Taylor: Technology: Myth of Multitasking. Psychology Today, »The Power of Prime«, 30.03.2011
http://www.psychologytoday.com/blog/the-power-prime/201103/technology-myth-multitasking

Clifford Nass: Multitasking May Not Mean Higher Productivity. National Public Radio, Talk of the Nation, 28.08.2009
http://www.npr.org/templates/story/story.php?storyId=112334449&ft=1&f=5.

Christine Rosen: The Myth of Multitasking. The New Atlantis, Number 20, Spring 2008, pp. 105–110
http://www.thenewatlantis.com/publications/the-myth-of-multitasking

Reto U. Schneider: Mordversuch im Hörsaal. NZZ Folio, Ausgabe Juli 2002
http://folio.nzz.ch/2002/juli/mordversuch-im-horsaal

Gerhard Wahle: Der Wahrheit auf der Spur, Tatsachenfeststellung vor Gericht. Sendemanuskript, Erstausstrahlung 27.06.1999
http://www.wahle.de/jura/tatsachen/zeuge.htm

The National Registry of Exonerations. A Joint Project of Michigan Law & Northwestern Law: Thomas Haynesworth, Case 3872
http://www.law.umich.edu/special/exoneration/Pages/casedetail.aspx?caseid=3872

SAT.1 Frühstücksfernsehen: Das Zeugen-Experiment. 23.11.2010
http://www.sat1.de/tv/fruehstuecksfernsehen/video/das-zeugen-experiment-clip

WDR: Wie sich Augenzeugen täuschen. Quarks & Co, 10.11.2009
http://www.wdr.de/tv/quarks/sendungsbeitraege/2009/1110/003_arena_taeuschen.jsp

Rudolf Sponsel: Aussagepsychologie. Internet-Publikation für Allgemeine und Integrative Psychotherapie, Abteilung forensische Psychologie
http://www.sgipt.org/forpsy/aussageo.htm

Jacque Wilson: Trust Your Memory? Maybe You Shouldn't. CNN, Life's Work, 19. Mai 2013
http://edition.cnn.com/2013/05/18/health/lifeswork-loftus-memory-malleability

Elizabeth Loftus, John C. Palmer: Reconstruction of Automobile Destruction: An Example of the Interaction Between Language and Memory. Journal of Verbal Learning and Verbal Behaviour 13, 585–589 (1974)
https://webfiles.uci.edu/eloftus/LoftusPalmer74.pdf

Elizabeth Loftus: The Reality of Repressed Memories. American Psychologist, 48 (1993), pp 518–537

Elizabeth Loftus: What Jennifer Saw. Interview mit Frontline/PBS
http://www.pbs.org/wgbh/pages/frontline/shows/dna/interviews/loftus.html

Elizabeth Loftus: How False Memories Form.
http://www.uky.edu/~bdabra2/HowFalseMemoriesFormLoftus.htm

Elizabeth Loftus: Implanting False Memories. Lost in the Mall & Paul Ingram; Psyblog, 2008
http://www.spring.org.uk/2008/02/implanting-false-memories-lost-in-mall.php

Annie Murphy Paul: Your Brain on Fiction. New York Times, Sunday Review, 17.03.2012
http://www.nytimes.com/2012/03/18/opinion/sunday/the-neuroscience-of-your-brain-on-fiction.html

Greg Miller: How Our Brains Make Memories. Smithsonian, May 2010
http://www.smithsonianmag.com/science-nature/How-Our-Brains-Make-Memories.html

Bridget Murray: The Seven Sins of Memory. American Psychological Association, Monitor on Psychology, October 2003
http://www.apa.org/monitor/oct03/sins.aspx

Sina Kühnel: False memories und visuelles Gedächtnis. Promotionsprojekt
http://www.techfak.uni-bielefeld.de/GK518/projekte/SKuehnel/projekt.html

Oliver Sacks: Speak, Memory. The New York Review of Books, 21.02.2013
http://www.nybooks.com/articles/archives/2013/feb/21/speak-memory/

Alan A. Stone: The Seven Sins of Memory: How the Mind Forgets and Remembers. The American Journal of Psychiatry, 158 (2001), pp 2106–2107

Ágotha Baráth: Erinnerung ohne Erinnerung. Interdisziplinäre Annäherungen im Falle einer postmodernen Autobiographie. 2010
http://epa.oszk.hu/02100/02137/00021/pdf/EPA02137_ISSN_1219-543X_tomus_15_fas_3_2010_ger_477-482.pdf

Franz Dick: »Anosognosie«, Verhalten, Erfahrung, Therapie. 2/2007
http://dr-franz-dick.com/fortbildungstexte/Anosognosie,%20Verhalten,%20Erfahrung,%20Therapie.%20Franz%20Dick.pdf

Rhawn Joseph: Confabulation. Journal of Clinical Psychology, 42 (1986), pp 845–860
http://brainmind.com/Confabulation.html

Armin Schinder et al: The mechanisms of Spontaneous and Provoked Confabulations. Brain, 119 (1996), pp 1365–1375

Denkfaul, impulsiv und intuitiv

Michael Anissimov: A Concise Introduction to Heuristics and Biases. June 2004
http://www.acceleratingfuture.com/michael/works/heuristicsandbiases.htm

Hammond, Keeney, Raiffa: The Hidden Traps in Decision Making. Harvard Business Review, September-October 1998
http://www.mdecgateway.org/olms/data/resource/7579/Hidden_Traps_in_Decision-Making.pdf

Daniel Kahneman: Thinking, Fast and Slow.
499 Seiten, Macmillan US, 2011

Jonah Lehrer: Why Smart People Are Stupid. The New Yorker, 12.06.2012
http://www.newyorker.com/online/blogs/frontal-cortex/2012/06/daniel-kahneman-bias-studies.html

Wikipedia: Ziegenproblem
http://de.wikipedia.org/wiki/Ziegenproblem

Eliezer Yudkowsky: Cognitive Biases Potentially Affecting Judgment of Global Risks. 2008, Machine Intelligence Research Institute, aus: Global Catastrophic Risks, New York, Oxford University Press, pp 91–119
http://intelligence.org/files/CognitiveBiases.pdf

Oliver Burkeman: Daniel Kahneman: »We're beautiful devices«. The Guardian, 14.11.2011
http://www.guardian.co.uk/science/2011/nov/14/daniel-kahneman-psychologist

Pat Croskerry: The Theory and Practice of Clinical Decision-Making. Canadian Journal of Anesthesia, 2005, 52:6, pp R1–R8
https://www.knowledge.scot.nhs.uk/media/CLT/ResourceUploads/4000825/CanadianJournalofAnesthesiaJune2005.pdf

Marhsmallow-Test im Video
http://www.youtube.com/watch?v=Y7kjsb7iyms

Reto U. Schneider: Das Experiment – Der perfekte Psychotest. NZZ Folio, August 2008
http://folio.nzz.ch/2008/august/das-experiment-der-perfekte-psychotest

Jonah Lehrer: Don't! The Secret of Self-Control. The New Yorker, 18.05.2009
http://www.columbia.edu/cu/psychology/indiv_pages/MischelNewYorker09.pdf

Elizabeth Kolbert: What Was I Thinking? The Latest Reasoning about Our Irrational Ways. The New Yorker, 25.02.2008
http://www.newyorker.com/arts/critics/books/2008/02/25/080225crbo_books_kolbert

Dan Ariely: The Fallacy of Supply and Demand. Chapter 2 from: Predictably Irrational. HarperCollins, Revised and Updated Edition, 2010
http://danariely.com/the-books/excerpted-from-chapter-1—-the-truth-about-relativity/

Dworschak, Grolle: Als wären wir gespalten. Interview mit Daniel Kahneman, Spiegel 21/2012
http://www.spiegel.de/spiegel/print/d-85833401.html

Philip E. Tetlock: Expert Political Judgment.
352 Seiten, Princeton University Press, 2009

Ulrich und Johannes Frey: Fallstricke. Die häufigsten Denkfehler in Alltag und Wissenschaft.
240 Seiten, C.H. Beck, 2011. ISBN 978-3406591136

John Tierney: Do You Suffer from Decision Fatigue? New York Times Magazine, 21.08.2011
http://www.nytimes.com/2011/08/21/magazine/do-you-suffer-from-decision-fatigue.html

Baumeister, Tierney: Die Macht der Disziplin: Wie wir unseren Willen trainieren können.
328 Seiten, Campus, 2012
Roy Baumeister erforscht seit zwei Jahrzehnten die Willenskraft und die

Selbsterschöpfung. Das Konzept ist umstritten, das Buch bietet trotzdem gute Denkansätze.

What You Need to Know about Willpower: The Psychological Science of Self-Control. American Psychological Association
http://www.apa.org/helpcenter/willpower.aspx

Baumeister et al: Self-Control Relies on Glucose as a Limited Energy Source: Willpower Is More Than a Metaphor. Journal of Personality and Social Psychology, 2007, Vol. 92, No. 2, pp 325–336
http://www.fed.cuhk.edu.hk/~lchang/material/Evolutionary/Brain/Self-control%20relies%20on%20glucose%20as%20a%20limited%20energy%20source%20willpower%20Is%20more%20than%20a%20metaphor.pdf

Vorsicht, Technik!

Bureau d'Enquêtes et d'Analyses pour la sécurité de l'aviation civile (BEA): Final Report. On the accident on 1st June 2009 to the Airbus A330-203 registered F-GZCP operated by Air France flight AF 447 Rio de Janeiro–Paris; July 2012

Jeff Wise: What Really Happened Aboard Air France 447. Popular Mechanics
http://www.popularmechanics.com/print-this/what-really-happened-aboard-air-france-447-6611877

Nicola Clark: Report on '09 Air France Crash Cites Conflicting Data in Cockpit. New York Times, 05.07.2012
http://www.nytimes.com/2012/07/06/world/europe/air-france-flight-447-report-cites-confusion-in-cockpit.html

Peter Allen: Poorly-Trained Pilots to Blame for Air France Crash into Atlantic Ocean That Killed 228. Daily Mail UK, 30.07.2011
http://www.dailymail.co.uk/news/article-2020136/Pierre-Cedric-Bonin-David-Robert-blamed-Atlantic-Ocean-Air-France-crash-killed-228.html

Jeff Wise: How Panic Doomed an Airliner. Psychology Today, Blog »Extreme Fear«, 07.12.2011
http://www.psychologytoday.com/blog/extreme-fear/201112/how-panic-doomed-airliner

Tankersly, Sherry: Capt. Sullenberger Details Drama of Emergency Hudson River Landing. Los Angeles Times, 10.06.2009
http://articles.latimes.com/2009/jun/10/nation/na-sully10

Chelsey Sullenberger Biography; biography.com
http://www.biography.com/people/chesley-sullenberger-20851353

Hero Sullenberger and Airtraffic Control As Airbus Crashes On Hudson River (Video interview with Sullenberger)
http://wn.com/hero_sullenberger_and_airtraffic_control_as_airbus_crashes_on_hudson

Charles Perrow: Fukushima and the Inevitability of Accidents. Bulletin of the Atomic Scientist, 2011, 67 (4), pp 44–52
http://www.yale.edu/sociology/faculty/pages/perrow/Fukishima11_1_11.pdf

Wikipedia: Swiss cheese model
http://en.wikipedia.org/wiki/Swiss_cheese_model

Daniel E. Whitney: »Normal Accidents« by Charles Perrow. Massachusetts Institute of Technology Engineering Systems Division, 2003, ESD-WP-LIT-2003-01
http://esd.mit.edu/WPS/wplit-2003-01.pdf

Götz Bolten: Warum verläuft ein Zaun quer durch Australien? Planet Wissen, 10.06.2013
http://www.planet-wissen.de/laender_leute/australien/outback/wissensfrage.jsp

Ulrich und Johannes Frey: Fallstricke. Die häufigsten Denkfehler in Alltag und Wissenschaft. A.a.O.

Smith, Lingas, Rahman: Contamination of Drinking Water by Arsenic in Bangladesh: a public health emergency. Bulletin of the World Health Organization, vol. 78, no. 9, January 2000
http://www.scielosp.org/scielo.php?pid=S0042-96862000000900005&script=sci_arttext&tlng=enen

Georg Küffner: Störfall Krümmel. Eine Zehntelsekunde zu wenig Stromspannung. FAZ, 06.07.2009
http://www.faz.net/aktuell/wirtschaft/unternehmen/stoerfall-kruemmel-eine-zehntelsekunde-zu-wenig-stromspannung-1825288.html

Atul Gawande: The Checklist. The New Yorker, Annals of Medicine, 10.12.2007
http://www.newyorker.com/reporting/2007/12/10/071210fa_fact_gawande

Atul Gawande: The Checklist Manifesto.
http://gawande.com/the-checklist-manifesto

Peter J. Pronovost: Re-Engineering Health Care to Keep Patients Safe. Huffington Post, 02.11.2012
http://www.huffingtonpost.com/peter-j-pronovost/reengineering-health-care_b_2056543.html

Daschner, Dettenkofer Frank, Scherrer (Hrsg.): Praktische Krankenhaushygiene und Umweltschutz. 544 Seiten, Springer. 3. Auflage 2006

Wikipedia: Cascading Failure
http://en.wikipedia.org/wiki/Cascading_failure

Carsten Jasner: Gefühlte Sicherheit. Brand Eins 07/09

An den Grenzen des Wissens

Jon Hamilton: Debunked Science: Studies Take Heat in 2011. National Public Radio, 29.12.2011
http://www.npr.org/2011/12/29/144431640/debunked-science-studies-take-heat-in-2011

Lisa Chedekel: Boston University Researchers Identify Genetic Signatures of Human Exceptional Longevity. Boston University School of Public Health, The Insider, 01.07.2010
http://sph.bu.edu/insider/Recent-News/boston-university-researchers-identify-genetic-signatures-of-human-exceptional-longevity-video.html

Paola Sebastiani et al: Genetic Signatures of Exceptional Longevity in Humans. Science, 01 July 2010 (retracted)
http://www.sciencemag.org/content/early/2011/07/20/science.1190532.abstract?maxtoshow=&resourcetype=HWCIT&RESULTFORMAT=&FIRSTINDEX=0&searchid=1&minscore=5000&hits=10

Joe Palca: Who Will Live to Be 100? Genetic Test Might Tell. NPR, 02.07.2010
http://www.npr.org/templates/story/story.php?storyId=128239173

Joe Palca: Poor Peer Review Cited in Retracted DNA Study. NPR, 22.07.2011
http://www.npr.org/2011/07/22/138585089/poor-peer-review-cited-in-retracted-dna-study

Eckart Bomsdorf: Hundertjährige in Deutschland bis 2111 – ein unterschätztes Phänomen? ifo-Schnelldienst 17/2011 – 64. Jahrgang
http://www.cesifo-group.de/portal/pls/portal/docs/1/1209970.PDF

ScienceDaily: Video Gaming Prepares Brain for Bigger Tasks. 24.09.2010
http://www.sciencedaily.com/releases/2010/09/100924095824.htm

Stephen B. Kritchevsky: A Review of Scientific Research and Recommendations Regarding Eggs. Journal of the American College of Nutrition, December 2004, vol. 23, pp 596S–600S
http://www.jacn.org/content/23/suppl_6/596S.long

John P.A. Ioannidis: Why Most Published Research Findings Are False. PLOS Medicine, 2005, 2(8): e124
http://www.plosmedicine.org/article/info%3Adoi%2F10.1371%2Fjournal.pmed.0020124

Young, Ioannidis, Al-Ubaydli: Why Current Publication Practices May Distort Science. PLOS Medicine, 2008, 5(10): e201
http://www.plosmedicine.org/article/info:doi/10.1371/journal.pmed.0050201

Taylor McNeil: The Man Who Did the Math; Portrait of John Ioannidis. TuftsNow, 04.04.2011
http://now.tufts.edu/articles/man-who-did-math

John P.A. Ioannidis: Contradicted and Initially Stronger Effects in Highly Cited Clinical Research. The Journal of the American Medical Association, 2005, 294(29): pp 218–228
http://jama.jamanetwork.com/article.aspx?articleid=201218

Joan O'Connell Hamilton: Something Doesn't Add Up. Stanford Magazine, May/June 2012
http://alumni.stanford.edu/get/page/magazine/article/?article_id=53345

David Dobbs: How to Set the Bullshit Filter When the Bullshit is Thick. Wired, Neuron Culture, 13.10.2010
http://www.wired.com/wiredscience/2010/10/how-to-set-the-bullshit-filter-when-the-bullshit-is-thick/

David H. Freedman: Lies, Damned Lies, and Medical Science. The Atlantic, November 2010
http://www.theatlantic.com/magazine/archive/2010/11/lies-damned-lies-and-medical-science/308269/

Ericsson, Prietula, Cokely: The Making of an Expert. Harvard Business Review, July-August 2007
http://www.uvm.edu/~pdodds/files/papers/others/everything/ericsson2007a.pdf

As The Facts Win Out, Vaccinations May, Too. 09.01.2011
http://www.npr.org/2011/01/09/132735944/as-the-facts-win-out-vaccinations-may-too

Claudia Wallis: Debunked. Time Magazine, 15.02.2010
http://www.time.com/time/magazine/article/0,9171,1960277,00.html

Judy Ashton: UC Research: Vaccination of U.S. Children Declined after Publication of Now-Refuted Autism Risk. University of Cincinnati, 04.06.2010
http://www.uc.edu/news/NR.aspx?id=15881

Madison Park: Where Vaccine Doubt Persits. CNN, HEALTH section, 20.10.2010
http://edition.cnn.com/2010/HEALTH/10/20/why.not.vaccinate/index.html

Jonah Lehrer: The Truth Wears off. The New Yorker, 13.12.2010
http://www.newyorker.com/reporting/2010/12/13/101213fa_fact_lehrer

National Institute of Mental Health: Questions and Answers About thee NIMH Clinical Antipsychotic Trials of Intervention Effectiveness Study (CATIE) – Phase 1 Results. September 2005
http://www.nimh.nih.gov/health/trials/practical/catie/phase1results.shtml

Tara Parker-Pope: The Women's Health Initiative and the Body Politic. New York Times, 09.04.2011
http://www.nytimes.com/2011/04/10/weekinreview/10estrogen.html

Ulrich Bahnsen: Nehmen oder nicht nehmen? Hormonersatz in den Wechseljahren. Die Zeit, 18.10.2012
http://www.zeit.de/2012/43/Hormonersatz-Wechseljahre

Nachtigall, Suhl: Der Regressionseffekt – Mythos und Wirklichkeit. methevalreport 4(2) 2002
http://www.metheval.uni-jena.de/materialien/reports/report_2002_02.pdf

Jonah Lehrer: Accept Defeat: The Neuroscience of Screwing up. Wired, 21.12.2009
http://www.wired.com/magazine/2009/12/fail_accept_defeat/

Wikipedia: Phlogiston
http://de.wikipedia.org/wiki/Phlogiston

Der Licht-Äther bleibt ein Irrtum. Die Welt, Wissen, 06.09.2006
http://www.welt.de/wissenschaft/article150422/Der-Licht-Aether-bleibt-ein-Irrtum.html

EDGE: Thaler's Question, 23.11.2010
http://edge.org/conversation/thaler-39s-questionsan-edge-special-event

Leon Festinger: When Prophecy Fails. 253 Seiten, Harper Torchbooks, 2011 (Original: 1956)
http://en.wikipedia.org/wiki/When_Prophecy_Fails

Perfektionismus

Jonah Weiner: Jerry Seinfeld Intends to Die Standing Up. New York Times Magazine, 20.12.2012
http://www.nytimes.com/2012/12/23/magazine/jerry-seinfeld-intends-to-die-standing-up.html?pagewanted=all&_r=0

William Echikson: Death of a Chef. The Changing Landscape Of French Cooking. The New Yorker, 12.05.2003
http://www.newyorker.com/archive/2003/05/12/030512fa_fact2

Barbie Latza Nadeau: The Death of Star Chef Bernard Loiseau. The Daily Beast, 25.01.2013
http://www.thedailybeast.com/articles/2013/01/25/the-death-of-star-chef-bernard-loiseau.html

John Colapinto: Lunch with M. Undercover with a Michelin inspector. The New Yorker, 23.11.2009
http://www.newyorker.com/reporting/2009/11/23/091123fa_fact_colapinto

Claire Ellicott: »Perfectionist« Surgeon Hanged Himself after He Made Minor Mistake in Operation. Dailymail, 22.06.2011
http://www.dailymail.co.uk/news/article-2006478/Perfectionist-surgeon-hanged-minor-mistake-operation.html

Sylvia Plath: Poetry of Liberation (Author Profile). Annenberg Learner
http://www.learner.org/amerpass/unit15/authors-7.html

Etienne Benson: The Many Faces of Perfectionism. American Psychological Association, Monitor, November 2003, Vol 34, No 10, Page 18
http://www.apa.org/monitor/nov03/manyfaces.aspx

Perfectionists More Vulnerable to Depression, Study Finds. American Psychological Association, Monitor, May 2006, Vol 37, No 5, Page 14
http://www.apa.org/monitor/may06/perfectionists.aspx

Hewitt, Flett: Dimensions of Perfectionism in Unipolar Depression. Journal of Abnormal Psychology, 1991, Vol 100, No 1, pp 98–101
http://hewittlab.psych.ubc.ca/pdfs/1991hf1.pdf

Hewitt, Flett: When Does Conscientiousness Become Perfectionism? Current Psychiatry, Vol 6, No 7, pp 49–60
http://www.laboratoriosilesia.com/upfiles/sibi/P0707662.pdf

Melissa Jackson: Why Perfect Is Not Always Best. BBC News, 19.06.2004
http://news.bbc.co.uk/2/hi/health/3815479.stm

Seeking Perfection. BBC Science: Human Body & Mind
http://www.bbc.co.uk/science/humanbody/mind/articles/personalityandindividuality/perfectionism.shtml

Melinda Beck: Inside the Minds of the Perfectionists. The Wall Street Journal, Health Journal, 29.10.2012
http://online.wsj.com/article/SB10001424052970204840504578085802751238578.html#

Dalya Alberge: Woody Allen: »None of my Films Will Be Remembered«. The Observer, 08.05.2011
http://www.guardian.co.uk/film/2011/may/08/woody-allen-robert-weide-documentary

FMPS-D – Fragebogen zur Person, Perfektionismus-Skala. Stöber, 1995
http://www.erzwiss.uni-halle.de/gliederung/paed/ppsych/sdfmpsd.pdf

Suniya S. Luthar: Children of the Affluent, Challenges to Well-Being. Curr Dir Psychol Sci. February 2005, 14(1), pp 49–53
http://www.ncbi.nlm.nih.gov/pmc/articles/PMC1948879/

Oliver Trenkamp: Ausgebrannte Studenten: Lost in Perfection. Der Spiegel, Unispiegel, 26.01.2011
http://www.spiegel.de/unispiegel/studium/ausgebrannte-studenten-lost-in-perfection-a-741692.html

Danielle Egan: The Problem with Flawless: Being Perfect Can Wreck Your Life. Vancouver Magazine, 2009
http://danielleegan.files.wordpress.com/2009/10/perfection-can-kill-you.pdf

Andreas Pallenberg: Perfektionismus. WiLa arbeitsmarkt UMWELTSCHUTZ/Naturwissenschaften 50/2010
http://wila-arbeitsmarkt.de/files/1050-uws-perfektionismus.pdf

Hara Estroff Marano: Pitfalls of Perfectionism. Psychology Today, 01.03.2008
http://www.psychologytoday.com/articles/200802/pitfalls-perfectionism

Brene Brown: Die Macht der Verletzlichkeit. TED Talk, Juni 2010
http://www.ted.com/talks/brene_brown_on_vulnerability.html

Brené Brown: Want to Be Happy? Stop trying to be perfect. CNN, 01.11.2010
http://edition.cnn.com/2010/LIVING/11/01/give.up.perfection/index.html

Die Genialität der Evolution

Christine von Weizsäcker und Ernst Ulrich von Weizsäcker: Fehlerfreundlichkeit. Eigenschaft alles Lebendigen. Technikkriterium, Zivilisationsleistung; Erwägen, Wissen, Ethik; Jahrgang 19/2008 Heft 3, pp 291–299

Martin Hubert: Missverständnisse. Darwin-Mutationen. Deutschlandfunk, 29.06.2008
http://www.dradio.de/dlf/sendungen/wib/792158/

Thomas Potthast: Die Evolution und der Naturschutz. Zum Verhältnis von Evolutionsbiologie, Ökologie und Naturethik.
307 Seiten, Campus, 1999

Axel Meyer: Das missverstandene Buch. Über Charles Darwin.
Die Zeit, 19.07.2007
http://www.evolutionsbiologie.uni-konstanz.de/files/resourcesmodule/@random469f059be977e/1184827341_Evolution_1.pdf

Freeman Dyson: The Future of Evolution. metanexus, 13.10.2005
http://www.metanexus.net/essay/future-evolution

Freeman Dyson: Imagined Worlds. Jerusalem-Harvard Lectures.
224 Seiten, Harvard University Press, 1998

Rudy Rucker: The Coming Age of Wonders. Washington Post, 13.04.1997
http://www.washingtonpost.com/wp-srv/style/longterm/books/reviews/imaginedworlds.htm

The R 100: Century of Flight. Daten, Bilder der R100.
http://www.meredithangwin.com/shute-r-100_article.pdf

historicalhowden: R100 vs. R101
http://historicalhowden.com/r100_vs_r101

Empire Air Services: The New Airship Scheme. 06.04.1922
http://www.flightglobal.com/pdfarchive/view/1922/1922%20-%200203.html

»Metal fatigue« Caused Comet crashes. BBC On This Day, 19.10.1954
http://news.bbc.co.uk/onthisday/hi/dates/stories/october/19/newsid_3112000/3112466.stm

Kent German: Top 10 Dot-com Flops; cnet: The Power of 10
http://www.cnet.com/1990-11136_1-6278387-1.html

IHK Berlin: Zahlen und Fakten im Internethandel.
http://www.ihk-berlin.de/servicemarken/branchen/handel/Internethandel/821998/Internethandel.html;jsessionid=9FCE4B7DC427006BEFB36A0F00586495.repl23

Tim O'Reilly: What is Web 2.0. Design Patterns and Business Models for the Next Generation of Software; 30.09.2005
http://oreilly.com/pub/a/web2/archive/what-is-web-20.html

Ibrahim Haddad: Adopting an Open Source Approach to Software Development, Distribution, and Licensing. Sys-Con Education, 05.01.2007
http://education.sys-con.com/node/318776

The American Chesterton Society: A Thing Worth Doing.
http://www.chesterton.org/discover-chesterton/frequently-asked-questions/a-thing-worth-doing/

Marshall Poe: The Hive. Can Thousands of Wikipedians Be Wrong? The Atlantic, September 2006
http://www.theatlantic.com/magazine/archive/2006/09/the-hive/305118/

Fehlerkultur

Holger Schmidt: Lars 2.0. Lars Hinrichs; FAZ, 17.12.2007
http://www.faz.net/aktuell/beruf-chance/mein-weg/lars-hinrichs-lars-2-0-1492661.html

Jan Tißler: »Unterehmertum ist meine Leidenschaft«, Interview mit dem Xing-Gründer Lars Hinrichs. t3n, 01.09.2009
http://t3n.de/magazin/interview-xing-grunder-lars-hinrichs-erfahrungen-neuen-223193/

Matt Phillips: Malcolm Gladwell on Culture, Cockpit Communication and Plane Crashes. Wall Street Journal, 04.12.2008
http://blogs.wsj.com/middleseat/2008/12/04/malcolm-gladwell-on-culture-cockpit-communication-and-plane-crashes/

Aviation: Captain Lost of Situation Awareness During Approach. Video, 03.01.2011
http://www.youtube.com/watch?v=rAstLZHjOio

Engineers Without Borders: Reports: Successes and Failures.
http://www.ewb.ca/reports/

EWB Canada: Failure Report 2012
http://dxpj7nxwqticg.cloudfront.net/wp-content/themes/whiteboard/reports/EWB%20-%20Failure%20Report%202012.pdf

Madeleine Bunting: NGO Hopes to Benefit from Failure. The Guardian, poverty matters blog, 17.01.2011
http://www.guardian.co.uk/global-development/poverty-matters/2011/jan/17/ngos-failure-mistakes-learn-encourage?CMP=twt_gu

Ashley Good: Admitting Failure: Fail Forward. M-Prize Award; 21.12.2012
http://www.mixprize.org/story/fail-forward
http://www.admittingfailure.com

David Damberger: What Happens When an NGO Admits Failure. TEDx talk, April 2011
http://www.ted.com/talks/david_damberger_what_happens_when_an_ngo_admits_failure.html

Ashoka: How to Engineer a Changemaker: George Roter's Engineers Without Borders (Canada) Model. Forbes, 25.02.2013
http://www.forbes.com/sites/ashoka/2013/02/25/how-to-engineer-a-changemaker-george-roters-engineers-without-borders-canada-model/

Sarika Bansal: The Power of Failure. New York Times, Opiniator, 28.12.2012
http://opinionator.blogs.nytimes.com/2012/11/28/the-power-of-failure-2/

Peter Barron Stark: Don't Fear Mistakes, Just Learn From Them. 01.10.2012
http://www.peterstark.com/2012/dont-fear-mistakes-learn/

Jamshedpur: Out of India, The Tata Group. The Economist, 03.03.2011
http://www.economist.com/node/18285497

Amrita Nair-Ghaswalla: The Importance of Failure. The Hindu Business Line, 27.12.2012
http://www.thehindubusinessline.com/features/the-importance-of-failure/article4245778.ece

Rodrigues, Kamath, Menon, Vemuri: Tata InnoVista 2012. Tata Review, June 2012, Chapter »Dare to Try«, pp 92–93
http://www.tata.com/pdf/tata_review_june_12/tata_innovista_special_section.pdf

Otterbach, Hoffmann, Beyer, Gerlach: Jeder Fehler zählt. Forschung Frankfurt, 01/2007
http://www.allgemeinmedizin.uni-frankfurt.de/lit/forschung_ffm_jefez.pdf

Arztfehler: Meist liegt die Ursache im Arbeitsablauf. Ärzte Zeitung, 15.02.2011
http://www.jeder-fehler-zaehlt.de/lit/2011/presse001-11.pdf

Fehlerberichts- und Lernsystem für Hausarztpraxen
http://www.jeder-fehler-zaehlt.de

Amy Edmondson: Strategies for Learning from Failure. Harvard Business Review, April 2011

Joseph Hooper: DARPA's Debacle in the Desert. Popular Science, 06.04.2004
http://www.popsci.com/scitech/article/2004-06/darpa-grand-challenge-2004darpas-debacle-desert

Jeff J. Lin: Ang Lee and the Uncertainty of Success. 23.02.2013
http://jeffjlin.com/2013/02/23/ang-lee-and-the-uncertainty-of-success/

Jennifer Frey: A Chicken Coop, but No Tigers. New York Times, 25.11.2007
http://www.nytimes.com/2007/11/25/nyregion/nyregionspecial2/25Rleenj.html

James Dyson: No Innovator's Dilemma Here: In Praise of Failure. Wired, 08.04.2011
http://www.wired.com/business/?p=32729

Holger Fuss: Seid fruchtbar und macht viele Fehler! Interview mit Dirk Baecker. taz, 24.05.2003
http://www.taz.de/1/archiv/archiv/?dig=2003/05/24/a0236

Bernd Guggenberger: Das Menschenrecht auf Irrtum: Anleitung zur Unvollkommenheit.
168 Seiten, Carl Hanser, 1987

Stefon Harris: Auf der Bühne gibt es keine Fehler. TED talk, November 2011
http://www.ted.com/talks/stefon_harris_there_are_no_mistakes_on_the_bandstand.html

Andi Hörmann: Schiefer Ton, guter Ton. ZEITonline, 12.01.2012
http://pdf.zeit.de/kultur/musik/2012-01/fehler-pop-klassik.pdf

David Owen: The Efficiency Dilemma. The New Yorker, Annals of Environmentalism, 20.12.2012
http://www.newyorker.com/reporting/2010/12/20/101220fa_fact_owen

Flugzeugverkehrsdaten in Echtzeit
http://de.globometer.com/flugzeug-luffahrt.php

Hennig, Fleischmann, Geisel: Musical Rhythms: The Science of Being Slightly off. physicstoday, July 2012, page 64 http://www.physicstoday.org/resource/1/phtoad/v65/i7/p64_s1?bypassSSO=1

Musik mit menschlicher Note. Max-Planck-Gesellschaft für Dynamik und Selbstorganisation, 27.10.2011
http://www.mpg.de/4618529/Musik_Humanizing

Sahin löst den Knoten. Frankfurter Rundschau, Sport, 18.03.2013
http://www.fr-online.de/sport/borussia-dortmund-sahin-loest-den-knoten,1472784,22136016.html

Dank

Mein Dank gebührt allen Wissenschaftlern, die während meiner Recherchen zu diesem Thema Zeit für ein Interview fanden. Dank außerdem an meinen treuen Berater Michael Gaeb und an Eva Rosenkranz für das behutsame und kluge Lektorat, und an Martin Künsting für die Illustrationen auf den Seiten 66 und 67. Und an Carmen, Amaya und Ana Elisa für ihre Geduld.

Personen- und Sachregister

M

N

O

P